セルフ・ネグレクトの人への支援

ゴミ屋敷・サービス拒否・孤立事例への対応と予防

編集代表　岸恵美子
編　　集　小宮山恵美
　　　　　滝沢香
　　　　　吉岡幸子

中央法規

はじめに

　ネグレクトは「他者（親，ケア提供者など）による世話の放棄・放任」であるが，セルフ・ネグレクトは「自己放任」，つまり，「自分自身による世話の放棄・放任」である。具体例としては，いわゆる「ゴミ屋敷」や多数の動物の放し飼いによる極端な家屋の不衛生，本人の著しく不潔な状態，医療やサービスの繰り返しの拒否などにより健康に悪影響を及ぼすような状態に陥ることを指す。

　セルフ・ネグレクトについては，いまだ日本で統一された定義は示されていないが，津村らは海外の研究論文等を参考に「高齢者が通常一人の人として，生活において当然行うべき行為を行わない，あるいは行う能力がないことから，自己の心身の安全や健康が脅かされる状態に陥ること」と定義している。この定義では，判断能力があって「当然行うべき行為を行わない」人も，判断能力が低下していて「行うべき行為を行えない」人も，どちらもセルフ・ネグレクトに含めている。これは，日本人が遠慮や気兼ねなどから支援を求めることをしない国民性であることや，人生のショックな出来事等により生きる意欲が低下して，自ら支援を求めることができない人をも支援する必要があるとしているからである。認知症や精神疾患等により判断能力が低下してセルフ・ネグレクトの状態に陥っている場合でも，判断能力の低下はなく，本人が自分の意思で行っている場合であっても，生命や健康に関わる状態であれば，他者が介入して支援する必要があると考える。

　セルフ・ネグレクトというと，自分が自分を放っておいているのだから，好きでそのような状態になっている人たちに，なぜ手を差し伸べなければいけないのかと考える人もいるかもしれない。しかし本当に個人の責任，個人の問題なのだろうか。わが国においては，行政の窓口はほとんどが申請主義である。自分はどのようなサービスを受けることができるのか，そのためにどのような書類を準備してどの窓口に行けばよいのか，そのようなサービスへのアクセスができない高齢者をセルフ・ネグレクトとして放置してしまうことは，見方を変えれば行政のネグレクトといえるかもしれない。まして，遠慮や気兼ねから，我慢をして迷惑をかけないようにする高齢者は，SOSを発しないために行政から気づかれずに健康状態が悪化し，時には孤立死に至ることもある。

「高齢者虐待の防止，高齢者の養護者の支援等に関する法律」（高齢者虐待防止法）では，「身体的虐待」「心理的虐待」「介護，世話の放棄・放任」「経済的虐待」「性的虐待」の5つを虐待と定義しているが，セルフ・ネグレクトは含まれていない。また国として統一したセルフ・ネグレクトの定義もないため，直接的な法に基づく介入ができず，全国的な件数の把握もなされないため，現場では専門職が対応に苦慮している現状がある。

セルフ・ネグレクトの状態を発見しにくくし，より悪化させるのが，本人の支援の「拒否」である。日本の高齢者は，家庭内のことや自分自身のことについては気兼ねや世間体等から他言しない傾向にあり，周囲の住民も相談されない限り，積極的に踏み込めないことも少なくない。認知能力や判断能力の低下がない高齢者に個人の意思に反して介入することは難しく，まして本人に拒否されれば介入できない難しさが生じる。専門職は介入するにあたり，「本人の安全や健康」と「個人の意思」のどちらも尊重しなければならないため，支援に迷い，多大な時間を要する。しかし一方で「拒否」とは，支援者側から見た姿であり，セルフ・ネグレクトの人は自分らしい生き方を貫き，その自由を奪われたくないと思っているかもしれない。ゴールは「その人らしい生活」であり，自己決定を尊重し，自己決定を含めて支援していくことこそ，セルフ・ネグレクトの人への支援として重要であると考えている。

本書は，これまでの調査・研究で明らかにされてきた「セルフ・ネグレクト」の実態を示し，セルフ・ネグレクトと孤立死の関連，セルフ・ネグレクトの一つのパターンである「ゴミ屋敷」の特徴や対応についても，現在までの調査結果や知見を踏まえて言及している。また，具体的な事例を豊富に紹介し，自治体における有効なケアシステムの例を収載することで，専門職としてどのように介入・支援すればよいか，行政としてどのような仕組みをつくればよいかの参考になるよう構成している。

本書が，直接的に関わる医療・福祉の各専門職や行政職員だけでなく，地域住民や民生委員，弁護士，司法書士などの方々が「セルフ・ネグレクト」への理解を深め，対応を一歩進めるための一助になれば幸いである。

2015年7月

編者一同

目次

はじめに

第1章 セルフ・ネグレクトとは

❶ セルフ・ネグレクトの定義・概念と特徴 ……… 2
  1 定義・概念の整理 ……… 2
  2 セルフ・ネグレクトの特徴 ……… 6

❷ セルフ・ネグレクトが生まれてくる社会的背景 ……… 11
  1 セルフ・ネグレクトと人間関係の希薄さ ……… 11
  2 セルフ・ネグレクトと災害の影響 ……… 12
  3 物が簡単に手に入り，捨てられない社会への変化 ……… 13
  4 セルフ・ネグレクトと個人情報保護の壁 ……… 14

❸ セルフ・ネグレクトに陥りやすい人－リスクファクター ……… 15
  1 要因・リスクファクターのいくつかの考え方 ……… 15
  2 セルフ・ネグレクトに陥る典型的なリスクファクター ……… 15

❹ セルフ・ネグレクトと高齢者虐待 ……… 21
  1 法に位置付けられていないセルフ・ネグレクト ……… 21
  2 区別しがたいネグレクト ……… 22

❺ セルフ・ネグレクトと路上生活者，自殺 ……… 23
  1 路上生活者 ……… 23
  2 自殺 ……… 23

❻ セルフ・ネグレクトと孤立死 ……… 24
  1 孤立死に至るセルフ・ネグレクト ……… 24
  2 孤立死による影響・損失 ……… 25

第2章 わが国におけるセルフ・ネグレクトの現状

❶ 調査結果からわかるわが国の特徴 ················ 30
- 1 日本におけるセルフ・ネグレクトに関する研究の概観 ········ 30
- 2 セルフ・ネグレクトと社会的孤立 ················ 31
- 3 セルフ・ネグレクトと独居 ···················· 33
- 4 拒否をするセルフ・ネグレクト高齢者への介入・支援 ······ 34
- 5 セルフ・ネグレクト事例への具体的な支援・対応 ········ 37
- 6 SOSを発しない・支援を求める力が低下している人への支援 ···· 38

❷ セルフ・ネグレクトとゴミ屋敷 ················ 40
- 1 セルフ・ネグレクトとホーディング(ため込み) ········ 40
- 2 いわゆる「ゴミ屋敷」事例の実態 ─「ゴミ屋敷」の3つのタイプ ··· 41
- 3 ためこみ症(DSM-5) ······················ 43
- 4 行政としての施策 ························ 44

❸ セルフ・ネグレクトと社会的孤立・孤立死 ········ 46
- 1 社会関係の希薄さへの関心の高まり ·············· 46
- 2 孤立死か孤独死か ························ 47
- 3 国内における高齢者の孤立死等の概況 ············ 48
- 4 孤立死・孤独死対策に関する今後の課題 ············ 52

❹ 諸外国におけるセルフ・ネグレクトの扱い ········ 55
- 1 日本と諸外国におけるセルフ・ネグレクトの扱い ········ 55
- 2 アメリカにおける研究の動向 ·················· 56
- 3 諸外国におけるセルフ・ネグレクトの定義 ·········· 57
- 4 意図的なセルフ・ネグレクトに関する議論 ·········· 58
- 5 APSによる支援 ·························· 59
- 6 わが国における課題 ······················ 61

第 3 章 セルフ・ネグレクトの人への対応

❶ セルフ・ネグレクト事例への対応・支援の基本 ……… 68
1 対応・支援のための基本 …………………………… 68
2 事例への対応のプロセス …………………………… 72

❷ 適切な対応に必要な医学的知識 ………………… 78
1 セルフ・ネグレクトと病気 ………………………… 78
2 よくみられる精神疾患 ……………………………… 83

❸ 適切な対応に必要な法的知識 …………………… 92
1 セルフ・ネグレクトをめぐる法律の状況 ………… 92
2 セルフ・ネグレクトに関連する法律 ……………… 94
3 セルフ・ネグレクト高齢者への対応 ……………… 100
4 法改正の論点 ………………………………………… 104

❹ Q&A－対応・支援のポイントが具体的にわかる …… 107
訪問時の対応と留意点 ………………………………… 107
初めての訪問 / 怒鳴られても訪問する？ / 名刺を置いてくることに意味はある？ / 電波が入り込むと言う… / 痩せてきた… / 認知症が疑われるが… / アルコール問題のある人

法的な問題に関わる対応 ……………………………… 113
帰れと言われて帰らなかったら… / 不法侵入になる？ / 家族が同意すれば無理やり片付けができる？ / 責任を問われる？ / 救急車を拒否するときには…

ゴミ屋敷対応 …………………………………………… 119
においが苦手… / ゴミを処分させてくれない / 腐った食べ物を捨てさせてくれない / 1回だけゴミを捨てられたけれど… / 火事にでもなったら… / 近隣からの苦情 / 経済的な問題

多機関・多職種との連携 ……………………………… 125
家族の連絡先を教えてくれない… / 精神疾患が疑われる人への多職種連携 / 会えない人への多職種連携 / 夜間・休日の対応 / 民生委員だけで対応すべき？

第4章 セルフ・ネグレクトを予防する

1 ハイリスク者の発見，重症化予防に必要な専門職としての視点 …… 132
 1 ハイリスク者の発見と見守りの重要性 ………………………… 132
 2 セルフ・ネグレクトのリスクファクターと介入・支援のポイント … 133
 3 予防的な関わりの重要性 ………………………………………… 139

2 地域で予防ネットワークシステムをつくる …………………… 140
 1 高齢者虐待防止ネットワークとセルフ・ネグレクト ………… 140
 2 地域で予防ネットワークシステムをつくる目的とシステムモデル … 141
 3 地域での見守りネットワークシステムをつくるポイント …… 142
 4 地域で"見守る"ということ …………………………………… 146
 5 見守りネットワークシステムの運営上のポイント …………… 148

3 セルフ・ネグレクトのアセスメントツール …………………… 151
 1 セルフ・ネグレクトの測定尺度 ………………………………… 151
 2 アセスメントツール（試案）の開発 …………………………… 152

第5章 セルフ・ネグレクトの人への支援事例

事例1 ライフラインを止めてゴミ部屋に住む独居の50代男性への支援 … 163
事例2 鳩が出入りする家に住み，支援を拒む高齢夫婦への支援 …… 174
事例3 路上にも収集物を放置し近隣から孤立する高齢者への支援 … 186
事例4 水道が止まり地域から孤立した，ゴミ屋敷に住む家族への支援 … 193
事例5 関わりを拒み続けた父親のいる多問題家族への支援 ………… 201
事例6 「私にかまわないで…」と，汚物まみれの部屋で暮らす独居
   高齢者への支援 ………………………………………………… 210

事例⑦ 聴覚障害があり，地域で孤立していた独居高齢者への支援 ······ 219

事例⑧ 精神的に不安定になってしまう独居高齢者への支援 ············ 228

事例⑨ 妻の死去後にアルコール依存症となり，自己管理能力を喪失した
高齢者への支援 ·· 236

事例⑩ 本人のこだわりから治療拒否となった40代女性への支援 ······ 248

事例⑪ 認知症の疑いがある，借金を重ねる独居高齢者への支援 ······ 258

第6章 地域における先進的な取り組み

❶ 東京都北区：高齢者あんしんセンターサポート医事業
── セルフ・ネグレクトへの介入の試み ···························· 269

❷ 東京都足立区：ごみ屋敷対策事業
── 条例の制定と運用 ·· 273

❸ 兵庫県芦屋市：庁内連携の仕組みづくりと地域づくり
── 地域福祉課トータルサポート係の取り組み ···················· 280

❹ 石川県金沢市：地域を基盤としたセルフ・ネグレクト事例へのアプローチ
── 地域包括支援センターの実践 ·································· 286

❺ 福岡県北九州市：いのちをつなぐネットワーク事業
──「見つける・つなげる・見守る」の実践 ······················ 292

❻ 神奈川県横浜市：市営ひかりが丘住宅における相談・生活支援モデル事業
── 大規模団地の見守り施策 ······································· 298

❼ 埼玉県小鹿野町：想いと組織で関わる地域包括ケアシステム
── 住民とともに歩むまちづくり ·································· 306

第7章 今後の課題

セルフ・ネグレクトの人への支援のために ……………………… 312
　1 セルフ・ネグレクトの判断基準の明確化と支援のあり方 ……… 312
　2 法整備・体制の構築 ……………………………………………… 313
　3 自己決定を支える支援者の育成 ………………………………… 315
　4 今後の調査研究の課題 …………………………………………… 316

索引
おわりに
編集・執筆者一覧

第1章

セルフ・ネグレクトとは

1 セルフ・ネグレクトの定義・概念と特徴

1 定義・概念の整理

1 日本における定義

　現在，日本においてセルフ・ネグレクトに関する法的な定義，また，正式に研究者や援助専門職のなかで共通認識化されたセルフ・ネグレクトの定義は存在していない。しかし，高齢者虐待に関する対応・研究に関して，アメリカの影響を大きく受けてきた日本において頻繁に引用されるのが，全米高齢者虐待問題研究所（National Center for Elder Abuse：NCEA）の定義である。これは「自分自身の健康や安全を脅かす事になる，自分自身に対する不適切なまたは怠慢の行為」というものである[1]。さらに，このNCEAにおける高齢者虐待研究において重要な役割を果たした多々良が中心となる多々良研究班の「高齢者自身による，自分の健康や安全を損なう行動」という定義も，初期の議論では多く引用されていた[2]。

　また，津村が主宰する大阪の高齢者虐待防止研究会では，このNCEAの定義を平易にして，「高齢者が通常一人の人として，生活において当然行うべき行為を行わない，あるいは行う能力がないことから，自己の心身の安全や健康が脅かされる状態に陥ること」と定義している[3]。津村らの定義では，わが国における文化的背景を考慮し，「生活において当然行うべき行為を行わない」ことをもセルフ・ネグレクトに含めていることが特徴的である。「生活において当然行うべき行為を行わない」ことは，個人の自由意思に基づくものであり，それをセルフ・ネグレクトに含めることに違和感をもつ人もいるかもしれない。しかし日本の高齢者のなかには，気兼ねや遠慮から人に迷惑をかけることを避けるために支援を求めない人や，自分自身のプライドから支援やサービスを受けることを恥とし，必要な医療やサービスを拒否する人が少なからずいる。筆者らは，これまでの調査研究では津村らの定義を用い，成人の判断能力があっ

て「生活において当然行うべき行為を行わない」人も支援の対象と考えている。

一方,「高齢者の虐待の防止,高齢者の養護者に対する支援等に関する法律」（高齢者虐待防止法）で定義付けはなされていないものの,『東京都高齢者虐待対応マニュアル』[4]をはじめ,自治体の対応マニュアルのなかでセルフ・ネグレクトは紹介されている。

専門職の高齢者虐待への具体的な対応を示した『東京都高齢者虐待対応マニュアル』では,セルフ・ネグレクトについて,「一人暮らしなどの高齢者で,認知症やうつなどのために生活能力・意欲が低下し,客観的にみると本人の人権が侵害されている事例」とした上で,高齢者虐待に準じた対応が求められる例として記述している。厚生労働省のマニュアルである『市町村・都道府県における高齢者虐待への対応と養護者支援について』[5]でもそれを引用し,セルフ・ネグレクトのチェックリストが提示されている。つまり,厚生労働省及び東京都の高齢者虐待対応マニュアルでは,「セルフ・ネグレクト」を高齢者虐待に準じた対応が求められる例としている。ということは,高齢者虐待防止法には規定されていないものの,「セルフ・ネグレクト」も支援が必要な状態であるということになる。

2 セルフ・ネグレクトを構成する要素

理論的な観点からセルフ・ネグレクトを構成する概念を研究しているのは,イギリスのロウダー（Lauder,W.）らである。ロウダーらはセルフ・ネグレクトを説明する概念として,オレム（Orem,D.E.）のセルフケア理論をあげている[6)7)]。

オレムはセルフケアを,健康にとって基本的なものであり,その人の年齢,性別,文化,そして各個人に必要なものとしている[8]。さらにオレムはセルフケアを,①普遍的セルフケア要素（universal self-care requisites）,②発達的セルフケア要素（developmental self-care requisites）,③健康逸脱に関するセルフケア要素（health-deviation self-care requisites）に分類している[8]。

普遍的セルフケア要素とは,日常生活で生きていく上で直接的に必要なもので,バランスの取れた空気,水,食物の摂取,排泄,バランスの取れた活動と休息,孤独と付き合う,体温及び個人衛生というような,人生のあらゆる段階

のすべての人間に内在するものとされている。発達的セルフケア要素とは，個人の発達過程において必要とされるセルフケアである。健康逸脱に関するセルフケア要素とは，病気などによりセルフケアの不足・欠如が生じたときに，それを補償するようなセルフケアをいう[8]。このようにオレムは，セルフケアをすべての人間に共通的に内在するものとしている。

ロウダーらは過去の文献をレビューし，セルフ・ネグレクトの構成要素を，「重度な家屋の不潔さ（severe household squalor）」「ため込み（hoarding）」「不十分な栄養状態（poor nutrition）」「サービスの拒否（service refusal）」「不適切な身体衛生（inadequate personal hygiene）」「服薬管理の問題（medication mismanagement）」，及び「不十分な健康行動（poor health behaviors）」とした[7]。

さらに，北米看護診断協会（the North American Nursing Diagnosis Association：NANDA）がまとめている看護診断（NANDA看護診断）におけるセルフ・ネグレクト診断の指標では，『セルフケア』に分類される状態は「人の様子」「健康行動」として表現されている[9]。

海外も含めたセルフ・ネグレクトの主要な定義を，**表 1-1** にまとめる。多々良研究班，津村らの定義は，意図的かどうかの議論はあるものの，NCEA の定義の影響を強く受けており，現在，わが国の研究者間である程度共通した理解を得られている定義である。筆者らの研究班では，主に津村らの定義をもとに，これまで調査を実施してきた。本書においても，この津村らの定義を「セルフ・ネグレクトの定義」として用いるものとする。

表1-1　セルフ・ネグレクトの主要な定義

出典	定義または概念
NAAPSA※ (1991)[10]	セルフ・ネグレクトとは,不可欠な食物,衣類,住居や医療を供給すること,身体の健康,精神保健,情緒の健康と一般的な安全性を維持するために必要な品物及びサービスを得ること,財政上の問題を処理することを含む不可欠なセルフケアの課題を成すことについて,身体と精神またはそのどちらかの障害,あるいは衰えた能力のための成人の無能力の結果である。
NCEA (1998)[1]	セルフ・ネグレクトとは,自分自身の健康または安全を脅かす行為であると特徴づけられる。セルフ・ネグレクトは一般的に,高齢者が十分な食事,水,衣服,住居,安全,個人衛生及び必要とされる医療の提供を拒否しているまたは十分に提供されていないことを示している。自らの行為の結果を理解できる,意識的な選択をしている,及び自らの選択によって自分自身の健康もしくは安全を脅かす行動を選択している精神的に健全である高齢者の場合はセルフ・ネグレクトの定義から除外する。
ロウダーら (2001)[11]	セルフ・ネグレクトとは,個人や家の中の不衛生などが,社会的に容認される標準を保つのに必要と考えられる,セルフケア行動が不足していることである。
上田ら 寝たきり 予防研究会 (2002)[12]	**意図的自己放任**:本来,自分ですべき身の回りの清潔や健康管理・家事等を本人がする力があっても,自ら放棄し,しなかった結果,心身の健康上の問題が生じること。例えば,自分で意識的に食事や水分を摂らなかったり,病気による食事制限を守らなかったり,必要な治療や服薬をやめた結果,健康状態が悪化した場合もこれに当てはまる。 **無意図的自己放任**:自分の身の回りの清潔・健康管理や家事等が,本人の体力・知識・技能等の不足により,または何らかの事情により本人も気づかないうちにできなくなった結果,心身の健康上の問題が引き起こされること。
多々良研究班 (2004)[2]	高齢者自身による,自分の健康や安全を損なう行動。この場合,精神的に健全で正常な判断力を有する者が自由意思に基づいて,自らの行為の結果を承知のうえで続ける行為は,たとえそれが高齢者自身の健康や安全を脅かすことがあっても,セルフ・ネグレクトとはいわない。
津村ら (2006)[3]	高齢者が通常一人の人として,生活において当然行うべき行為を行わない,あるいは行う能力がないことから,自己の心身の安全や健康が脅かされる状態に陥ること。
東京都高齢者虐待対応マニュアル (2006)[4]	一人暮らしなどの高齢者で,認知症やうつなどのために生活能力・意欲が低下し,極端に不衛生な環境で生活している,必要な栄養摂取ができていない等,客観的にみると本人の人権が侵害されている事例。

※ NAAPSA（National Association of Adult Protective Services Administrators）は,アメリカにおける成人保護機関（Adult Protective Services：APS）の全国組織。
野村祥平・岸恵美子他：高齢者のセルフ・ネグレクトの理論的な概念と実証研究の課題に関する考察,高齢者虐待防止研究,10（1），175-187, 2014. を一部改変

2 セルフ・ネグレクトの特徴

1 セルフ・ネグレクトの状態とは

　筆者らは，日本において初めてセルフ・ネグレクトの高齢者に関する全国調査[13]を行った。過去の文献や調査結果から研究者間で検討して，セルフ・ネグレクトを構成すると思われる34項目を抽出し，地域包括支援センターの専門職が支援が必要であると認識するセルフ・ネグレクトの状態を，因子分析の結果から明らかにした。因子分析の結果として導き出された，支援を必要とするセルフ・ネグレクトの状態を図1-1にまとめる。

　因子分析の結果，「不潔で悪臭のある身体」「不衛生な住環境」「生命を脅かす治療やケアの放置」「奇異に見える生活状況」「不適当な金銭・財産管理」「地域の中での孤立」の6因子が，支援を必要とするセルフ・ネグレクトの状態として命名された[14]。このなかで特に，「不潔で悪臭のある身体」と「不衛生な住環境」の因子をもつ事例を，「極端に不衛生な家屋で生活するセルフ・ネグレクト」，いわゆる「ゴミ屋敷に住むセルフ・ネグレクト」とし，セルフ・ネグレクトの一つのパターンであると考えている。

図1-1　セルフ・ネグレクトの状態

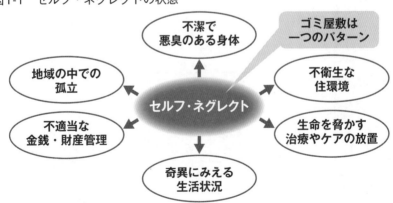

小長谷百絵・岸恵美子他：高齢者のセルフ・ネグレクトを構成する因子の抽出―専門職のセルフ・ネグレクトへの支援の認識から，高齢者虐待防止研究，9（1），54-63，2013.をもとに筆者作成

2 セルフ・ネグレクトを構成する因子

図 1-1 に示した，セルフ・ネグレクトを構成する因子について，順に解説する。

1 不潔で悪臭のある身体

入浴がなされていないとか，顔を洗っていないなどの身体の清潔を保つことを継続的にしていなかったり，爪を切っていない，髪の毛やひげが伸び放題など，通常の人なら行うような身だしなみを整えていない状態である。そのため，身体に汚れや垢がついていたり，その人の周囲に悪臭がすることも少なくない。

また高齢になると，時に失禁をしてしまうことがあるが，通常は自分で下着を洗濯するなど，後始末をする。しかし，認知症の進行により，排泄物で汚れた下着を隠してしまうことがある。また認知症ではなくても，身体機能が低下して歩くのが不自由になったり，生きる意欲の低下などからトイレに行くことさえ面倒になったりすることで，トイレまで行かず洗面器やバケツを使用して排泄をしたりすることもある。

2 不衛生な住環境

部屋を片付けないことや掃除をしないことにとどまらず，ゴミを捨てない（捨てられない），不要な物をため込んでしまう，不要な物を集めてきてしまうことで，住環境が極端に不衛生になる状態である。さらに食べ物やゴミが放置されていることにより，ネズミやゴキブリなどの害虫や小動物が発生したり，周囲にまで影響を及ぼすような悪臭が発生したりする。また「多頭飼育」ともいわれるが，多数の動物を管理しないで飼うことにより，そうした動物の排泄物や餌などが部屋に散乱することで，さらに不衛生になるという悪循環が起きる。

住環境が不衛生であることは個人の家にとどまらず，周囲の家にも影響を及ぼす。害虫や小動物は周囲の家にも移動し，害虫や小動物につくノミやダニなども周囲の家に害を及ぼすことになる。

筆者らは，「不潔で悪臭のある身体」と「不衛生な住環境」が特に問題となるセルフ・ネグレクトを，いわゆる「ゴミ屋敷」と考えており，「ゴミ屋敷」はセルフ・ネグレクトの一つのパターンであるといえる。しかし，「ゴミ屋敷」

に住む人がすべてセルフ・ネグレクトとは言い切れない。

3 生命を脅かす治療やケアの放置

内科的疾患をもっていながら治療を中断していたり，服薬をしなかったり，必要な処置をしないなど，自ら治療やケアを受けないことや，必要な行為をしないことを指す。また，疾患のコントロールのための日常生活上の注意を怠ったり，不適切な食事をするなど，健康・安全のために必要な注意を守らない状態である。さらに，そもそも病院を受診しなかったり，福祉や介護保険などの必要なサービスを拒否する，あるいは申請しない状態も含まれる。

4 奇異に見える生活状況

身体や住環境の不衛生とは少し異なることとして，通常の生活では見られない行動をする，あるいはそのように見える状態である。例えば，破れた衣類を着ていたり，夏なのに何枚も重ね着をしていたり，冬であるのに全裸の状態でいたりと，気候や通常の生活に見合った服装をしていないことがある。本人にとっては自分の価値観に沿っているのかもしれないが，周囲から見ると奇異に見える状態である。

5 不適当な金銭・財産管理

自分のお金を適切に使用することができない，例えば預貯金の出し入れができないとか，公共料金や家賃が支払えないなどの状態である。日常的に買い物ができなかったり，家の中にお金や通帳が放置されている状態もある。認知症等で金銭がうまく使えない場合もあるが，身体機能が低下してお金の出し入れができないことや，経済的な困窮により支払いができなくなるなど，さまざまな背景が考えられる。

6 地域の中での孤立

何らかのトラブルにより，友人や知人，近隣住民との関わりを拒否するとか，家に閉じこもるなどにより，地域の中で孤立する状態である。家族との関わりがある場合も，疎遠になっている場合もあるが，家族とのつながりがあっても地域の中で孤立することを問題としている。

以上に述べた6つの因子が何か一つでも当てはまる場合は，セルフ・ネグレクトの疑いがあると考えて対応すべきであるが，これまでの調査では，一つしか当てはまらないことは少なく，むしろ複数の因子にまたがることが多い。

例えば，身体が極端に不衛生であれば，住環境も不衛生で，地域の中で孤立していることが多くあり，いわゆる「ゴミ屋敷」といわれる状態である。しかし，身体も住環境も不衛生ではないが，必要な医療やサービスを拒否し，生命を脅かす治療やケアを放置している高齢者もおり，むしろそのような高齢者が見逃されやすい。

3 セルフ・ネグレクトの概念仮説

この6因子については，一つでも当てはまればセルフ・ネグレクトといえるのか，どの程度の状態であればセルフ・ネグレクトであるのかなどの基準を明確にし，検証する作業は研究途上である。

現在では，この6因子をさらに筆者らの研究班では検討し，セルフ・ネグレクトの概念について図1-2のように考えている[15]。

セルフ・ネグレクトの主要な概念はまず大きく，『セルフケアの不足』と『住環境の悪化』の要素に大別される。さらに，『セルフケアの不足』は，①「個人衛生の悪化」，及び②「健康行動の不足」の要素をもち，『住環境の悪化』は，③「環境衛生の悪化」，及び④「不十分な住環境の整備」の要素をもつと考えている。③「環境衛生の悪化」に至ることとして，「ため込み（hoarding）」とその結果としての「家庭内の不潔（domestic squalor）」が考えられる。「ため込み（hoarding）」については第2章で詳しく述べるが，「ため込み（hoarding）」がすべてセルフ・ネグレクトであるかどうかは，研究者によって意見が分かれており，筆者らも研究途上である。

また，セルフ・ネグレクトを悪化させる，あるいはリスクを高める概念として，⑤「サービスの拒否」，⑥「財産管理の問題」，及び⑦「社会からの孤立」があげられる。この中でも特に⑤「サービスの拒否」については，主要な概念である『セルフケアの不足』あるいは『住環境の悪化』に該当する人に「サービスの拒否」があることで，セルフ・ネグレクトがさらに重度化・深刻化すると考えている。さらに，拒否があるために，訪問しても本人に会えないことや家の

中の様子がわからないことがあり，『セルフケアの不足』あるいは『住環境の悪化』があるかどうかが，そもそも確認できない。そのため，「サービスの拒否」はセルフ・ネグレクトを発見する上で，主要な概念と同様に重要な概念であると考えている。これらの概念をもとに開発した「セルフ・ネグレクトのアセスメントツール」を第4章で紹介しているので，是非活用していただきたい。

図1-2　セルフ・ネグレクトの概念仮説

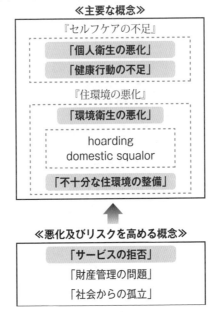

野村祥平・岸恵美子他：高齢者のセルフ・ネグレクトの理論的な概念と実証研究の課題に関する考察，高齢者虐待防止研究，10（1），175-187，2014．を一部改変

2 セルフ・ネグレクトが生まれてくる社会的背景

1 セルフ・ネグレクトと人間関係の希薄さ

　1975（昭和50）年，1986（昭和61）年，1997（平成9）年における，大都市，町村，雇用者，自営業者の近所付き合いの程度は，「親しく付き合っている」と回答した人が3割以上であったが，2002（平成14）年，2004（平成16）年，2011（平成23）年には「よく付き合っている」と回答した割合が，大都市や雇用者では1割強であり，単純な比較はできないが，近所付き合いの程度は低下していると考えられる[16]。会話をする程度について，60歳以上の9割以上は「毎日」と回答しており，「2～3日に1回以下」の回答は約7％であるものの，一人暮らしでは「2～3日に1回以下」の割合が高くなっている。近所付き合いや友人付き合い，グループ活動をしない人ほど会話が少ない傾向にあり，「困ったときに頼れる人がいない人」は，「一人暮らしの男性」「近所付き合いがほとんどない人」「親しい友人・仲間をもっていない人」に多い。また「地域のつながりは必要」と思っている人は9割を超えるが，実際に「地域のつながりを感じる」人は8割弱にとどまっており，自治体の規模が大きいほど「地域のつながりを感じる」人の割合が低くなっている。

　近所付き合いと生きがい・幸福感との関連をみると，「近所付き合いがほとんどない人」「困ったときに頼れる人がいない人」は，生きがいを感じていない割合が高いことが明らかになっている。また，平成21年度国民生活選好度調査（内閣府）[17]によれば，男性より女性は幸福感が高く，年齢別には30歳代をピークに，年齢階層が上がるにつれて低下している。幸福感を判断する際に重視した事項は，健康状況（69.7％），家族関係（66.4％），家計の状況（65.4％）であるが，幸福感を高める手立てとしては，「家族との助け合い」（66.4％），「あなた自身の努力」（65.3％），「友人や仲間との助け合い」（24.3％）である。

　また，『国民生活白書（平成19年版）』によると，「近所に生活面で協力し合う人」は「0人」と回答する人が65.7％にのぼっている[18]。

家族や友人，近所の人との交流がないことや，頼れる人がいないことが，生きがいや幸福感を低下させセルフ・ネグレクトにつながると考えられる。

2 セルフ・ネグレクトと災害の影響

阪神淡路大震災（1995（平成7）年）後の仮設住宅での孤立死の問題は，孤立死への国民の関心を一気に高めたといえるだろう。この大震災では，仮設住宅が存続した1999（平成11）年までの4年9か月間で，誰にも看取られず孤立死した人が233人以上にのぼり，その教訓から，自治会リーダーらによる見守り活動や，住民の交流の場となる集会所の設置などが重要と指摘されてきた。

兵庫県監察医務室の1995（平成7）～2003（平成15）年の検案書から，神戸市内の復興住宅で孤独死したとみられる190人分を抽出して分析した結果，遺体発見までに1週間以上かかった人は，50代が32.8%で最も多かったと報告されている[19]。また，100戸以上の大規模住宅で発見が遅れる例が多く，1～7階の住民が見つかるまでの平均日数が15日前後に対し，8階以上では60日近くだったとも報告され，特に仕事のない人やアルコール依存症の人ほど，大規模・高層住宅に入居すると発見の遅れが深刻であることが指摘されている。

東日本大震災（2011（平成23）年）では阪神淡路大震災の教訓を生かそうとしたが，津波被害により住民がもともと住んでいた場所に仮設住宅をつくれず，遠方の高台などに設置されたケースが多いためコミュニティが形成されにくい結果となった。また，さまざまな地区から抽選で入居者を選んだ自治体も多く，震災前のコミュニティが分断されている地域が少なくない。

実際，最近になり，復興住宅やいまだ仮設住宅で生活している人の孤立死の報道が増えてきている。例をあげれば，漁師であった人が津波で船を流され漁業を営めず，一日中家で酒を飲みながらテレビを見る生活を送るようになり，運動不足や食生活の乱れ，ストレス等が蓄積した結果，孤立死に至ったケースなどがある。仮設住宅や復興住宅でも，見守り活動が専門職や住民のリーダーによって行われているが，生きる意欲を失ってしまい，毎日の生活が不健康な

ものになってしまうとセルフ・ネグレクトとなり，やがて孤立死に至ることもある。見守りだけでなく，生き方そのものも含めて支援していく必要がある。

③ 物が簡単に手に入り，捨てられない社会への変化

　コンビニエンスストアの目覚ましい発展，通信販売やインターネットショップの増加，100円ショップなどの安価に物を購入できる流通の活性化など，地域による差はあるものの，日本という国全体としては，一昔前と比べ，格段に物が手に入りやすい社会になったといえる。

　一方で，物を捨てることが簡単になったかというとそうではない。若者世代に比べて戦前戦後の貧しい時代を生き抜いてきた高齢者は，もったいなくて捨てられないだけでなく，若い頃には思い切って捨てられたものが，どれを捨ててどれを取っておくのかの優先順位をつけることや判断が少しずつ衰えていく。加齢による身体機能の低下で足腰が弱ることでも，ゴミを捨てに行くことは大変になる。実際にセルフ・ネグレクトの高齢者の家には，都会ではコンビニエンスストアで購入した弁当や総菜の空き容器，ペットボトルなどが部屋に散乱していることが多く，地方では野菜や魚など，その地域で手に入りやすい物が散乱していることが多い。「いつかは使う」「後で食べる」「誰かにあげる」と言うが，その日が来る前に食べ物は腐り，物は劣化し，どこに行ったかわからなくなる。

　また，現在の自治体の仕組みでは，ゴミを捨てるいう行為自体も簡単ではない。ゴミの分別は複雑になり，なかには10種類以上に分別する自治体もあり，回収するゴミの種類も曜日によって異なる。足腰の弱い高齢者が，回収の日時に合わせて分別し，ゴミ収集場所に置きに行くことは，おっくうで面倒なものである。申請により，ゴミの個別収集を行う自治体も最近では増えてきたが，身体機能の低下があるなどの条件に合うことが必要であったり，申請手続きが面倒であるなど，高齢者にとっては簡単に利用できるまでには至っていない。

4 セルフ・ネグレクトと個人情報保護の壁

　以前は年に1回とはいうものの，敬老の日になると決まって民生委員が祝いの品物を手渡しするために高齢者宅を訪問したものである。高齢者への尊敬の念を行政が表明するとともに，高齢者の安否確認，生存確認にもなっていた。しかし最近は，役所から名簿をもらうことが個人情報の観点から難しくなり，このような活動をする自治体は一段と減ってきているのが現状である。個人情報の保護に関する法律（個人情報保護法）の制定により「簡単に個人の情報を漏らしてはいけない」ことになり，私たちのプライバシーが守られる一方で，同じ自治体に勤務するとはいえ部署が異なることや，職員と民生委員など立場が異なる場合には，見守りのためとはいえ，簡単に他者に住所を知らせることができなくなった。数年前に「消えた高齢者」問題が話題になった。高齢者が亡くなって何年も経過したにもかかわらず，家族が高齢者の年金をもらい続けていたという事実が発覚したことで世間を驚かせた事件である。

　個人情報は守られなければならないものであるが，個人情報保護法では例外規定が設けられている。「人の生命，身体又は財産の保護のために必要がある場合であって，本人の同意を得ることが困難であるとき」は，利用目的による制限，第三者提供の制限は例外として認められている。

　個人情報保護の壁は決してクリアすることが難しいわけではなく，自治体ごとにルールづくりをしていけばよいのである。個人情報の壁により個人の安全や健康が脅かされることがないように，個人の生命や健康を維持するために情報を活用していくことを忘れてはならない。

3 セルフ・ネグレクトに陥りやすい人―リスクファクター

1 要因・リスクファクターのいくつかの考え方

　セルフ・ネグレクトは疾患名でも症候群でもない。セルフ・ネグレクトは状態像であり、一部の行為を指す。セルフ・ネグレクトの原因はいまだ解明されていないが、セルフ・ネグレクトに陥るリスクを高める要因は複数の研究者らの成果で明らかになっている。

　セルフ・ネグレクトの要因やリスクファクター（危険因子）については、現段階でも明確になっていない部分が多い。

　ダイヤー（Dyer,C.B.）ら[20]のセルフ・ネグレクト事例の調査では、セルフ・ネグレクトの要因として最も多かったのは循環器系疾患で84.0%を占め、そのうち高血圧が51.6%、糖尿病が25.2%であったと報告されている。パブロウ（Pavlou,M.P.）ら[21]は文献検討により、内科的疾患、医療に対する理解力等を要因としてあげている。また、ドン（Dong,X.Q.）ら[22]は、シカゴにおける1993～2005年のコホート調査の結果、セルフ・ネグレクトの死亡リスクは、高齢者虐待よりも高いことを明らかにしている。

　ギボンズ（Gibbons,S.）らは看護診断名としてセルフ・ネグレクトを提案し、社会的孤立をリスクファクターの一つとしてあげている[9]。セルフ・ネグレクトの人が血縁者や近隣から孤立することは多くの文献[3)21)]でも指摘されており、社会的孤立はセルフ・ネグレクトのリスクを高めることはもちろんであるが、セルフ・ネグレクトを悪化させる要因であるともいえる。

2 セルフ・ネグレクトに陥る典型的なリスクファクター

　パブロウらはセルフ・ネグレクトに関する過去の論文を分析して、精神的な問題に関わる認知・判断能力の低下、社会的孤立、人生の困難な出来事、自立

を維持したいプライドなど，16 のリスクファクターをあげている[23]が，日本においては，遠慮や気兼ね，家族からの虐待もセルフ・ネグレクトに陥るリスクファクターになると，筆者らは考えている。以下に，筆者らの考えるセルフ・ネグレクトのリスクファクターをまとめる。

1 精神・心理的な問題

　認知症，統合失調症や妄想性障害，うつ，依存症，アルコール問題，不安障害や恐怖症，強迫性障害，パーソナリティ障害，感覚障害など，何らかの精神・心理的な疾患がある場合や，疾患による症状として，不安や恐怖から部屋に物をため込み，バリアをつくる場合などもある。また一部の精神疾患では，人と接触することの恐怖や不安妄想などから，病院を受診することの拒否や，生命に関わる状況にあっても放っておいてしまうことがある。内科的な疾患がある場合などは，自分の症状を適切に自覚することができず，SOS を発することができない場合もある。認知症では，物忘れにより大事な物をしまいこんだり，大事な物と不要な物の区別がつかずなかなか捨てられなかったりするために，家の中に次第に物がたまってしまうことがある。

2 ライフイベント

　ライフイベントとは「人生において遭遇する重大な出来事」を指すが，配偶者や親しい家族の死，病気，リストラなどの人生のショックな出来事により，生きる意欲が失われ，セルフ・ネグレクトに陥ることは少なくない。ストレスの研究[24]では，「配偶者の死」が最もストレス度が高いと報告されており，特に男性は妻を亡くすと，そうでない男性と比べて寿命が短くなることが指摘されている。一方，女性は夫を亡くしても，そうでない女性と比較し明らかな寿命の差はない。男性の場合は，もちろん愛していた妻の死によるショックもあるだろうが，1 人で生活を維持するための家事能力などの生活力の不足も影響していると考えられる。

　また，決して死に至るような不治の病のみによって生きる意欲が低下するのではなく，肩こりや腰痛，けがなどによってこれまでの日常生活が維持できな

くなり，外出や友人との交流などができなくなることで，生きがいや楽しみを失い，セルフ・ネグレクトに陥ることも少なくない。

3 プライドが高い，あるいは遠慮・気兼ね

「人の世話になりたくない」というプライドから，医療機関の受診やサービスを受けることを拒否する高齢者がいる。専門職が本人のQOL向上のために福祉や介護サービスを提供したいと思っても，誰の力も借りずに生きていきたいという強い意思をもった高齢者もいる。一方で，「人の世話になるのは申し訳ない」という遠慮・気兼ねから，サービスや支援の手を拒否する高齢者もいる。最近では，娘や息子などの最も身近で頼りにしてもよい肉親に対しても，遠慮をして助けを求めないことが少なくない。

遠慮や気兼ねでサービスを拒否する場合，「今のところ大丈夫ですから」「1人で何とかやっています」などの言葉で支援者を安心させるが，実際には支援が必要な状態であることも多く，「大丈夫」という柔らかな拒否の言葉に惑わされずに支援の糸口を見つけることが必要となる。

介護の場合は，「近所に知られるのがいや」「気を遣われるのがいや」という理由で，介護保険サービスや高齢者向けのサービスを利用しないという高齢者もいる。

4 壮年期の引きこもりからの移行

若者の引きこもりやスネップ（SNEP：20〜59歳の無業で知人や友人との交流がなく，未婚の人を指す）などが近年話題になっている。このような人々は確かに仕事がなく，人との交流もないが，自分自身の力で情報にアクセスし，場合によってはインターネットを使って助けを求めることができる人たちである。しかし高齢になると，IT機器の進歩についていけなくなる可能性があり，自分で情報にアクセスしたり助けを求めることができなくなることも推察される。

また，引きこもりの若者やスネップといわれる年代では，両親の存在が本人を支えてくれているが，両親の死後は1人で生活していかなければならない

状況に追い込まれる。そもそも家事能力等は身につけていないので，一度家族の支援の手が断ち切られれば，経済的基盤，生活の基盤が崩れ，セルフ・ネグレクトに陥る可能性がある。

5 人間関係のトラブル，家族・親族・地域・近隣等からの孤立

　セルフ・ネグレクトの高齢者に，コミュニケーションを良好に取ることができない人は少なくない。他者とのコミュニケーションが不得意なために家族や近隣とのトラブルを抱えてしまったり，病院の主治医に対する不満からトラブルに発展したり，あるいは行政の窓口での権威的な態度に怒りを感じるなど，人間関係での怒りや不満から人を信頼できなくなり，セルフ・ネグレクトに陥ることがある。やがて，病院や行政窓口への怒りは社会への怒り・不満へと発展し，いつまでも消えることのない怒り・不満として残り続け，人間への信頼関係がもてなくなり，物への執着が強くなることもある。
　また，家族や親族との関係が悪くなり家族から見放されることや，近隣との関係が悪くなることで社会的孤立に陥ることになる。高齢化による心身機能の低下により知人や近隣との関係が断たれ，閉じこもりになることもある。

6 貧困・経済的困難

　医療機関を受診するには初診料や医療費の自己負担分がかかる。介護保険では要介護になれば，サービスを利用するのに1割の自己負担がかかり，介護度が重くなるにつれて，自己負担分も多くなる。経済的に困窮していれば，時に受診することやサービスを受けることができないが，経済的に困窮していることを知られたくないプライドも相まって，セルフ・ネグレクトに陥ることがある。経済的に困窮していれば生活保護等の支援の道が開けるが，老後の資金としてある程度の貯蓄をしている高齢者も多く，手続きの面倒や本人のプライドから生活保護の申請をしない高齢者もおり，本人を説得することも難しい。

7 サービスの多様化・複雑化による手続きの難しさ

　高齢者にとって手続きの複雑さは，申請する上での大きな障壁になる。生活保護にしても，介護保険の申請にしても，役所の窓口に行くこと，書類を記入すること，必要な書類を揃えることなど，耳が不自由であったり，足腰が弱っている高齢者にとっては難しい。それに加えて，最近のサービスは窓口を一本化するよう工夫している自治体もあるが，複数の窓口をたらい回しにされたりすることもあり，面倒なのであれば申請しないという高齢者もいる。

8 家族からの虐待

　家族からネグレクトを受け続けることで，高齢者がセルフ・ネグレクトに陥ることがある。家族から身体的虐待を受け続けることや，心理的虐待として「役に立たない」「早く死んでくれ」等と毎日のように言われ続け，自分は役に立たない人間と思い込んでしまい，パワーレスに陥り生きる意欲を失うことがある。高齢者虐待の通報があったときには，虐待の発見はもちろんのこと，高齢者にセルフ・ネグレクトが起きていないかを確認する必要がある。

9 家族を介護した後の喪失感や経済的困窮

　核家族のなかでは，親が病に倒れると，介護保険によるサービスだけでは不十分で，家族の介護が必要になることがある。介護のために仕事を辞めたり，リストラにあった息子や娘が介護を引き受けることになる。しかしそうした介護者は，介護をしている間も大変であるが，介護を終えた後に，介護していた親の年金がなくなり，介護という生きがいも失い，経済的な困窮だけでなく，生きる意欲を喪失することから，セルフ・ネグレクトに陥る人が少なくないと考えられる。

10 介護者が高齢あるいは何らかの障害をもっている場合

　「老老介護」「障老介護」などの言葉がある。「老老介護」は高齢者が高齢者

を介護する場合,「老障介護」は高齢者が障害者である子どもを介護する場合である。これに対して「障老介護」は,障害者が高齢者を介護する場合を指し,「老障介護」の後にこのような状態になることが考えられる。

　介護者が高齢,あるいは障害をもっている場合,十分に介護できない状況がありながら誰かに助けを求めることをせず,何とか自分たちで頑張ろうとすることが多くある。そして,その介護を受ける高齢者や障害者も,介護が不十分であっても,自ら外に支援を求めることやSOSを求めることをしないことがある。

11 東日本大震災の影響

　未曾有の大震災も人々の心に大きな喪失感を残した。家族を失う,家を失う,仕事を失うことは,被災した人たちに喪失感をもたらすが,喪失感をもちながらも生き残った人たちは,生きる意欲を失うだけでなく,サバイバーズ・ギルトに陥る。これは生き残ったことへの罪悪感といえるもので,「なぜあの人が生き残らず,自分が生き残ってしまったのだろう」という思いから,自分自身が生きていることに罪悪感が生じることである。仮設住宅や復興住宅での孤立死の報道が後を絶たないが,被災者の心に寄り添う支援が必要である。

4 セルフ・ネグレクトと高齢者虐待

1 法に位置付けられていないセルフ・ネグレクト

　2006(平成18)年4月に「高齢者虐待の防止,高齢者の養護者に対する支援等に関する法律」(高齢者虐待防止法)が施行され,「身体的虐待」「心理的虐待」「介護・世話の放棄・放任」「経済的虐待」「性的虐待」の5つの行為が高齢者虐待と定義されたが,「セルフ・ネグレクト(自己放任)」については定義から除外された。

　高齢者虐待と定義された5つの虐待は,いずれも他者からの虐待,あるいは他者からのネグレクト(放棄・放任)であるが,セルフ・ネグレクトは自分自身による,他者の介在しないネグレクトである。高齢者虐待防止法は「他者からの人権侵害」という考え方を中心としているためセルフ・ネグレクトを高齢者虐待に含めなかったが,研究者や実践者の間では,他者からか自分自身によるものかの違いであっても,「放任されている」「人権侵害が起きている」という点では高齢者虐待と同様であるという観点から,法的に位置付けるべきという声も多くある。日本高齢者虐待防止学会では法制度推進委員会を中心に,高齢者虐待防止法の改正,つまりセルフ・ネグレクトを高齢者虐待防止法に位置付けるか,何らかの別の法律に位置付けることを,これまでも要望している。

　セルフ・ネグレクトへのアプローチについては,高齢者虐待というカテゴリーの周辺で行っているアメリカと,ヘルスケアやメンタルヘルスの問題としてとらえるイギリス,そしてアメリカの影響を受けている日本ととらえることができる。しかしアメリカにおいても州法の規定により異なり,州によっては高齢者虐待にセルフ・ネグレクトを含めていないところがある[25]など,統一した見解が世界においても出されていない。

2 区別しがたいネグレクト

　また，実際には他者からのネグレクトであるのか，セルフ・ネグレクトであるのかを区別しがたい事例も少なくない。例えば，介護が必要な状態である高齢者が同居家族からネグレクトされている場合，本人は自分自身をケアすることができない要介護の状態であるから，「ネグレクト」であり「セルフ・ネグレクト」でもあることになる。一方，高齢者が家族のケアを拒否し，家族がそのために高齢者へのケアができない場合，高齢者自身はセルフ・ネグレクトであるといえるが，家族からの虐待（ネグレクト）があるのか，本人によるセルフ・ネグレクトかを判断することは困難になる。また行政の対応が遅れ，支援の必要な対象者が亡くなった場合は，地域や社会によるネグレクトからセルフ・ネグレクトに陥ったともいえる。

　さらに別の視点で考えれば，支援を求めることができない，あるいは支援が必要なセルフ・ネグレクト高齢者を発見することすらできない場合は，社会が支援を怠る，いわゆる社会的なネグレクトになり得るのではないかという議論もある。

5 セルフ・ネグレクトと路上生活者，自殺

1 路上生活者

　いわゆる路上生活者，あるいは住所不定者の状況はセルフ・ネグレクトに含まれるのか，というのも議論されるところである。ある意味では，理論的な定義・概念に含まれる状態とも考えられるが，一方で，路上生活者の場合は放任状態になった背景に「貧困」「失業」など社会的な要因が強いことから，セルフ・ネグレクトとは背景が異なると考えられる。加えて，路上生活者に関しては，高齢者虐待やセルフ・ネグレクトとは異なる独立した概念としてこれまでにも研究や実践がなされているため，研究を進める上では除外して考えることが妥当であるととらえている。

2 自殺

　次に自殺についてであるが，そもそもセルフ・ネグレクトは時間をかけて自分自身を「ネグレクト（放任）」する行為であり，その行為の継続により生命や健康に影響を及ぼすが，自殺はすべてではないものの行為の瞬間に生命が失われることから，セルフ・ネグレクトという状態像とは異なると考えられるため，筆者らはセルフ・ネグレクトに含めていない。
　しかし，どちらも生命や健康が損なわれることでは共通しており，言い換えれば，いわゆる自殺を「積極的な自殺」とすれば，セルフ・ネグレクトは「消極的な自殺」ともいえるかもしれない。

6 セルフ・ネグレクトと孤立死

1 孤立死に至るセルフ・ネグレクト

1 増加する孤立死・孤独死

　セルフ・ネグレクトを取り上げる上で最も関連して考える必要がある問題は，孤立死である。

　社会との関わりは日常生活を営む上で必要不可欠なことであると考えられるが，独居で日常生活が自立しているセルフ・ネグレクトの高齢者は，サービスが導入されないため支援者との接点がないばかりか，慢性疾患の悪化や認知能力の低下により支援が必要になったとしても，あるいは経済的な問題でライフラインが止まることがあったとしても，自ら支援を求めてこない可能性が高い。また，性格や人格の問題，精神疾患，アルコール問題を抱えているセルフ・ネグレクト高齢者も少なくないため，他者とのコミュニケーションが難しいことから，介入することが極めて難しい事例である。

　東京都や大阪府，千葉県などのいくつかの自治体や都市再生機構，都道府県警察といった諸団体では，独自に孤立死・孤独死に関する統計を発表している。これによると，孤立死・孤独死の操作的な定義が異なり，都市の人口規模や対象者数も大きく異なるため単純に比較することはできないが，東京都23区では年間2,000名程度が孤立死・孤独死に該当し，都市再生機構の賃貸住宅居住者に限定しても年間470名程度の高齢者が誰にも看取られずに死亡している[26]。

　東京都監察医務院[27]は「孤独死」を，「異状死（明らかに病死だと診断された死体以外のすべての死体）のうち，自宅で亡くなられた一人暮らしの人」と定義した上で死因や死後の経過日数を報告している。報告によると，「孤独死」は男女とも死因としては病死が多く心臓疾患が多いが，男性の場合はアルコール問題に関連した疾患で亡くなる人が多い傾向にあるとしている。東京都

23区における孤独死の発生件数は，1987（昭和62）年では男性788人，女性335人であったが，その後男女とも年々増加傾向にあり，特に男性での伸び率が高く，2006（平成18）年は男性2,362人，女性1,033人であったと報告されている。また，死後発見されるまでの日数は，1987年では男性7.44日，女性3.35日であったが，2011年は男性13.5日，女性7.4日と，約2倍となっている[28]。

2 孤立死事例におけるセルフ・ネグレクトの実態

このように，支援者は，セルフ・ネグレクトをそれだけの問題で終わらせず，その行き着く先は「孤立死」であることも踏まえて対策を立てる必要がある。

筆者らは，セルフ・ネグレクトと孤立死の関係を明らかにするため，全国の地域包括支援センターと生活保護担当課から孤立死した事例を収集した。その結果を分析したものが**図1-3**である[26]。事例の生前の状態について，セルフ・ネグレクトの項目に該当するかを回答してもらった。

セルフ・ネグレクト事例を識別する項目に一つでも該当する事例は約80%あった。つまり，孤立死に至る事例の約8割は生前にセルフ・ネグレクトであったと考えられる。

広範囲にわたる放任という状態には至っていないとしても，セルフ・ネグレクトを構成する要素が当てはまる事例は，生命に大きなリスクをもたらす可能性がある。そしてその状態が最後には孤立死に至るという点では，孤立死を予防するためにも，セルフ・ネグレクトに介入・支援する必要があるといえる。

2 孤立死による影響・損失

一方，社会経済的な影響・損失に関しては，全国市町村の生活保護担当課と地域包括支援センターで把握された孤立死事例[26]をみると，死後2日以上経過すると死体の腐敗に伴って発生する「異臭」により発見されている傾向にあった。また，死後1週間以上を経過した事例では，遺体発見の契機や発見時の状況として，遺体の腐敗が進行するとともに生じる「うじ虫やハエの発生」が

図1-3 孤立死事例におけるセルフ・ネグレクト事例の実態

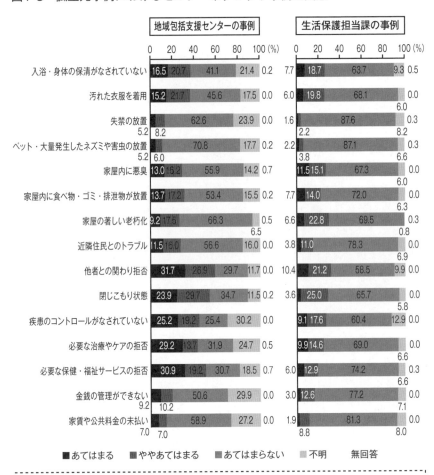

ニッセイ基礎研究所：セルフ・ネグレクトと孤立死に関する実態調査と地域支援のあり方に関する調査研究報告書，平成22年度厚生労働省老人保健健康増進等事業，49，2011．

あげられていた。このように，異臭やうじ虫，ハエが発生すると，近隣住民の身体的・心理的な健康に影響を及ぼすことや，公衆衛生上の観点からも問題になってくる。また経済的な側面からは，遺された家族あるいは家族がいなければ家主や大家の負担として，居室の清掃や遺品整理などに多額の費用を要する

ことになる。そして，孤立死した人の住居の賃借や売買は難しくなるだけでなく，近隣を含めて周囲の不動産としての資産価値は低下することも否めない。さらに街全体のイメージが悪くなり，住民のモチベーションも低下することが予測される。

文献

1) Tatara,T.,Thomas,C.,Certs,J.,et al.：The National Center on Elder Abuse（NCEA）National Incidence Study of Elder Abuse Study：Final Report, 1998.
2) 多々良紀夫：高齢者虐待早期発見・早期介入ガイド（4），10，長寿科学総合研究事業・多々良研究班，2004.
3) 津村智惠子・入江安子他：高齢者のセルフ・ネグレクトに関する課題，大阪市立大学看護学雑誌，2，1-10，2006.
4) 東京都保健福祉局高齢社会対策部在宅支援課：東京都高齢者虐待対応マニュアル―高齢者虐待防止に向けた体制構築のために，2006.
5) 厚生労働省老健局：市町村・都道府県における高齢者虐待への対応と養護者支援について，2006.
6) Lauder,W.：The Utility of Self-Care Theory as a Theoretical Basis for Self-Neglect, Journal of Advanced Nursing, 34（4），545-551, 2001.
7) Lauder,W.,Roxburgh,M.,Harris,J. and Law,J.：Developing Self-Neglect Theory：Analysis of Related and Atypical Cases of People Identified as Self-Neglecting, Journal of Psychiatric and Mental Health Nursing, 16, 447-454, 2009.
8) 南裕子・稲岡文昭監修：セルフケア概念と看護実践―Dr.P.R.Underwoodの視点から，19，へるす出版，1987.
9) Gibbons,S.,Lauder,W. and Ludwick,R.：Self-Neglect：A Proposed New NANDA Diagnosis, International Journal of Nursing Terminologies and Classifications, 17（1），10-17, 2006.
10) Duke,J.：A National Study of Self-Neglecting about Adult Protecting Services Client, National Aging Resource Center on Elder Abuse, 1991.
11) Lauder,W.,Scott,P.A. and Whyte,A.,et al.：Nurses'judgements of self-neglect；a factorial survey, International Journal of Nursing Studies, 38, 601-608, 2001.
12) 寝たきり予防研究会：高齢者虐待―専門職が出会った虐待・放任，北大路書房，55-59，2002.
13) 岸恵美子他：セルフ・ネグレクトに対応する介入プログラムの開発と地域ケアシステムモデルの構築，2008〜2010年度科学研究費補助金（基盤研究（B））研究成果報告書，2011.

14) 小長谷百絵・岸恵美子他：高齢者のセルフ・ネグレクトを構成する因子の抽出―専門職のセルフ・ネグレクトへの支援の認識から，高齢者虐待防止研究，9(1)，54-63，2013．
15) 野村祥平・岸恵美子他：高齢者のセルフ・ネグレクトの理論的な概念と実証研究の課題に関する考察，高齢者虐待防止研究，10(1)，175-187，2014．
16) 厚生労働省編：厚生労働白書 平成23年版，日経印刷，2011．
17) 内閣府：平成21年度国民生活選好度調査，2010．
18) 内閣府：国民生活白書 平成19年版，2007．
19) 田中正人他：被災市街地における住宅セイフティネットの構築に関する研究―応急仮設住宅・復興公営住宅での「孤独死」の実態を通して，住宅総合研究財団研究論文集，36，363-374，2009．
20) Dyer,C.B.,Goodwin,J.S.,et al：Self-neglect Among the Elderly：A Model Based on More Than 500 Patients Seen by a Geriatric Medicine Team, American Journal of Public Health, 97(9), 1671-1676, 2007.
21) Pavlou,M.P.,Lachs,M.S.：Could self-neglect in older adults be a geriatric syndrome?, Journal of the American Geriatrics Society, 54(5), 831-842, 2006.
22) Dong,X.Q.,Simon,M. and Mendes,C.L.,et al.：Elder self-neglect and mortality risk in a community dwelling population, JAMA, 302(5), 517-526, 2009.
23) Pavlou,M.P.,Lachs,M.S.：Self-neglect in Older Adults：a Primer for Clinicians, Journal of General Internal Medicine, 23(11), 1841-1846, 2008.
24) Holmes,T.H.,Rahe,R.H.：The social readjustment rating scale, Journal of Psychomatic Research, 11, 213-218, 1967.
25) 多々良紀夫・二宮加鶴香：老人虐待，筒井書房，1994．
26) ニッセイ基礎研究所：セルフ・ネグレクトと孤立死に関する実態調査と地域支援のあり方に関する調査研究報告書，平成22年度厚生労働省老人保健健康増進等事業，2011．(http://www.nli-research.co.jp/report/misc/2011/sn110421.pdf)（2015年6月24日 最終アクセス）
27) 金涌佳雅・阿部伸幸他：東京都23区における孤独死の実態，東京都監察医務院，2010．
28) 金涌佳雅・阿部伸幸他：東京都23区ごとの孤独死実態の地域格差に関する統計，厚生の指標，60(7), 1-7, 2013．

第2章

わが国における
セルフ・ネグレクトの現状

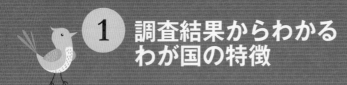

1 調査結果からわかるわが国の特徴

1 日本におけるセルフ・ネグレクトに関する研究の概観

　日本では特にアメリカの影響を受けて，高齢者虐待の研究者の間でセルフ・ネグレクトに関する議論がなされてきた。日本の高齢者虐待の先駆的な研究者の一人であり，1998年のNCEAの全米調査においても中心的な役割を果たした多々良は，いくつかの著書の中で，セルフ・ネグレクトを高齢者虐待の一つとして紹介している[1)2)]。また，多々良と並ぶわが国を代表する高齢者虐待の研究者である，田中，金子，高崎，津村，上田なども同様に，高齢者虐待に関する著書の中でセルフ・ネグレクトに関して言及している[3)〜7)]。これらの研究者たちは，それまで実施してきた日本における高齢者虐待に関する調査では，定義の中でセルフ・ネグレクトを除外，もしくは「その他」としたり，定義に入れたもののほとんど事例がない，などの結果になっているとしている。その後，2003（平成15）年に厚生労働省の委託を受けて行われた，財団法人医療経済研究・社会保険福祉協会医療経済研究機構が実施した「家庭内における高齢者虐待の調査」でもセルフ・ネグレクトは除外されたため，セルフ・ネグレクトの実態はほとんど明らかにならなかった[8)]。

　日本におけるセルフ・ネグレクトに関する研究がなされ始めたのは，ここ10年くらいのことである。津村らは「高齢者のセルフ・ネグレクトに関する課題」で総説的に紹介した[9)]。また山口は「高齢者放任の概念整理に関する一考察」でネグレクト（放任）とセルフ・ネグレクトの概念整理と事例をいくつか紹介している[10)]。

　これらの初期の研究の後，2006（平成18）年頃から日本におけるセルフ・ネグレクトの研究がやっと本格化し，日本における最初の調査と思われるのは，野村によって2006年に行われた東京都23区のうちの一つの区の地域包括支援センターを対象に行った，関わっている事例に関する調査であった[11)]。2009（平成21）年には津村により，セルフ・ネグレクトの防止活動に関する

論文が発表されている[12]。

そのようななか，筆者らの研究が，わが国における初めての全国的な規模のセルフ・ネグレクトの調査[13]となったといえる。2009年に，全国の地域包括支援センターの専門職を対象に調査を実施した。その後，筆者らの研究班メンバーでもある野村が，2010（平成22）年に，全国の地域包括支援センターから系統的無作為抽出法で抽出された1,190機関の専門職を対象に質問紙による詳細な事例調査を実施している[14]。さらに同年には，ニッセイ基礎研究所が「平成22年度老人保健健康増進等事業」による委託を受け，「セルフ・ネグレクトと孤立死に関する実態調査と地域支援のあり方に関する調査研究」を実施した。この研究では，孤立死とセルフ・ネグレクトの関係を中心とする実態調査を行った[15]。またほぼ同時期に，「平成22年度内閣府経済社会総合研究所委託事業」として「セルフ・ネグレクト状態にある高齢者に関する調査—幸福度の視点から」が実施された[16]。この研究では，筆者らの研究で使用したセルフ・ネグレクトの調査項目にさらに検討を加えた調査項目を用いた。内閣府の調査の特徴としては，民生委員を対象とした調査を実施したこと，本人調査を実施したことである。

最も新しい調査は，「平成26年度老人保健事業推進費等補助金 老人保健健康増進等事業」として行われた「セルフ・ネグレクトや消費者被害等の犯罪被害と認知症との関連に関する調査研究事業」であり，2015（平成27）年3月に報告書が出された[17]（報告書はあい権利擁護支援ネットのホームページからダウンロードできる）。

ここでは，筆者らの研究成果及び他の研究成果より，わが国のセルフ・ネグレクトの特徴を述べていくこととする。

2 セルフ・ネグレクトと社会的孤立

岸ら，野村らの研究では「社会との関わり」について多くの者が社会的孤立状態にあることが[15)～18)]，さらにニッセイ基礎研究所の調査結果からは，セルフ・ネグレクト状態にある高齢者の孤立死（孤独死）が多数報告されている[15]。また野村の調査では，個人衛生の悪化，住環境の悪化の結果，近隣住

民とのトラブルが発生しやすい状況であることが示唆されている[11)14)]。

筆者らの調査[18)]では，セルフ・ネグレクトと考えられるとしてあげた34項目のうち，「社会的孤立」を示す「他人との関わりを拒否していた」「近隣住民との関わりがなかった」は約7割を占め，「閉じこもり状態であった」が6割を超え，「近隣住民との間でトラブルが発生していた」も回答をみると過半数を超えていた。事例の属性としては，独居が7割を占め，別居家族の支援がない者が約7割，家族以外の支援がない者が約6割を占めていた。また独居以外，つまり家族等と同居していても，同居家族からの支援がない者が5割を超え，家族がいながらも「家庭内孤立」の状態にある高齢者の存在が明らかになった。

またこの全国調査では，関わる専門職のセルフ・ネグレクト事例への支援の認識から，セルフ・ネグレクトの構成因子を明らかにした。その結果，6つの因子が抽出され，研究者間で検討し，「不潔で悪臭のある身体」「地域の中での孤立」「生命を脅かす治療やケアの放置」「不適当な金銭・財産管理」「不衛生な住環境」「奇異に見える生活状況」と命名した。この6つの因子は密接に関係しているが，特に「地域の中での孤立」は，今後研究を進めていく必要はあるものの，セルフ・ネグレクトのベースとなり，孤立があることでセルフ・ネグレクトがより悪化する，あるいはもともと孤立していることによりセルフ・ネグレクトに陥りやすいと考えられる。つまり，「地域の中の孤立」はセルフ・ネグレクトの悪化・増悪因子であり，リスク因子でもあり得るということである（**図1-1参照**）。

「セルフ・ネグレクトや消費者被害等の犯罪被害と認知症との関連に関する調査研究事業」[17)]では，「セルフ・ネグレクト」に該当すると考えられる高齢者を類型化し，高齢者のセルフ・ネグレクト事例の主要なパターン（類型）とその属性を明らかにするために分析を行った。

分析の結果，セルフ・ネグレクト事例は「不衛生型（16.5％）」「サービス拒否型（17.4％）」「拒否・孤立型（13.0％）」「不衛生・住環境劣悪型（12.8％）」「不衛生・劣悪環境・拒否型（9.4％）」「多問題型（近隣影響なし）（12.3％）」「多問題型（近隣影響あり）（18.7％）」と7つに分類，命名できた。類型の中で「拒否・孤立型」の人々は，近親者とのトラブルや近隣住民とのトラブルによってセルフ・ネグレクト状態に至っている人が多いこと，孤立死した事例は「多問

題型」というよりも,「拒否・孤立型」ないし「サービス拒否型」であることなどが示された。

「孤立」は,セルフ・ネグレクトの悪化あるいは増悪因子となり,孤立死に至るリスクが高まるため,セルフ・ネグレクトの人への支援では孤立させないことが重要である。

3 セルフ・ネグレクトと独居

1 増加する独居高齢者の孤立死

東京都監察医務院は,東京都23区における孤独死の発生件数について,1987(昭和62)年から男女とも年々増加傾向にあると報告し,孤独死予防の必要性を指摘している[19]。東京都監察医務院が公表している「平成26年版事業概要」[20]によれば,2013(平成25)年の全検案件数13,593件のうち,65歳以上の高齢者は検案件数9,072件で全検案件数の66.7%を占めており,検案の年間総件数が初めて1万件を越えた1999(平成11)年の高齢者の検案数4,989件と比較して,1.8倍と大幅に増加しているとのことである。また,「独居老人の孤独死」といわれる一人暮らしの高齢者が亡くなる例が3,806件で,高齢者の42.0%を占めていると報告されている。

野村のセルフ・ネグレクト状態の高齢者に関する調査[11]でも,対象事例数が26例と少ないものの,そのうち21例が独居高齢者であったと報告されている。

2 セルフ・ネグレクト状態にある独居高齢者の特徴

筆者らの調査[18]では,セルフ・ネグレクト状態にある独居高齢者を独居以外高齢者と比較したところ,独居高齢者は性別では「男性」,日常生活自立度は「J」「A」が多く,「共同住宅」に住み,「年金と生活保護,あるいは生活保護」を受けており,経済状態として「余裕がない・あまりない」状態で,「精神疾患あり」「行為の結果の理解がある・少しある」という特徴が明らかになっ

た。また，独居高齢者では，障害高齢者の日常生活自立度が高く，介護保険を申請していない者の割合が多くなっていた。さらに，年齢的にも独居高齢者に60歳代が多く，80歳代以上が少なかったことから考えると，独居高齢者は独居以外高齢者に比較し，身体的に自立度が高かったため，高齢者自身も専門職の支援を求めず，専門職からも支援の手が差し伸べられなかったと考えられる。しかし，独居高齢者と独居以外高齢者を比較すると，独居高齢者では認知症自立度と慢性疾患を有する者では差がみられず，性格や人格の問題がある者，アルコール問題がある者，精神疾患がある者，服薬を拒否する者，金銭管理ができない者が多く，独居高齢者はより支援が必要な状態であることが推察された。

孤立との関連を見てみると，独居高齢者では主な支援者が「いない」者が多く，別居家族からの支援でも「あまりない・ない」が多くなっていた。社会との関係でも「近隣住民との間でトラブルが発生していた」が独居高齢者では多くなっていたことから，社会的に孤立状態にあることが明らかであった。また把握のきっかけとしては，独居高齢者は独居以外高齢者に比べて「地域包括支援センターの気づき」「住民からの連絡相談」「民生委員からの報告」は多いが，「高齢者本人の家族，親族からの申告」「地域包括支援センター以外の機関からの情報・連絡」「介護保険などの申請」で把握されることは少なくなっており，公的機関としては「地域包括支援センター」以外には把握できていない状況が明らかになった。

独居高齢者の増加とともに孤立死の割合が増えることは，物理的に独居高齢者の安否確認ができる者が同じ住居内にいないために避けることはできないが，同居者がいなくても確認できるネットワークや見守りシステムをつくり上げることが課題といえる。

4 拒否をするセルフ・ネグレクト高齢者への介入・支援

1 何重にも重なったネットワークの形成と自己決定支援

筆者らの調査[21]では，専門職がセルフ・ネグレクトの事例に出会い何らかの介入や支援を試みた結果として，「変わらない」が210人（24.8％），「改善

した」が 326 人（38.5％），「終結した」が 304 人（35.9％）であった。「改善した」「終結した」の内訳として，「サービスを受け入れた」が 237 人（28.0％），「介護施設に入所」が 199 人（23.5％），「医療機関の入院」が 174 人（20.6％），「本人の死亡」が 125 人（14.8％）であった。無作為抽出ではないため統計的にはあまり意味をもたないが，死亡した事例が 846 事例中 125 事例，死亡に至らないまでも，入院・施設の入所が約 5 割を占め，在宅生活が限界にあったともいえる。

　法制度や体制の整備が進まない現状で，対応する専門職がどこまで介入できるのか，ジレンマや迷いがあるという話を現場からよく聞く。だからこそ，関係者を集めたケア会議等を開催して対応策を話し合い，生命の危険度や近隣からの苦情をもとに，誰がどのように対応していくかを具体的に検討する必要があるだろう。専門職だけでなく，住民や民生委員，別居している家族，警察，新聞販売所，管理人など，セルフ・ネグレクトの人を取り巻く者たちで支援のネットワーク，見守りをする体制をつくっていくことが大切である。見守りのネットワークを何重にも重ねることにより，1 人が発見できなかったとしても，別の人が発見できる可能性が高まる。

　また，ネットワークの質を高めることも必要である。新聞販売所等が見守りをする場合には，外側からの見守り，つまり「前回配達した新聞がポストにたまっていないか」などの見守り方法になるが，地域包括支援センターの専門職等であれば，窓越しに見える室内の様子やドアポケットからの異臭などで，本人の様子を把握することができるであろう。

　しかし，周囲がネットワークを組んで，本人に「会いたい」「何かサポートできることを考えたい」と思っても，本人が鍵を開けない，あるいは本人から「二度と来るな」「何も困っていない」と言われると，それ以上介入できないことが最も対応に苦慮する点である。その場合，見守りを定期的に継続しながら，「本人が困って支援を求めてくるまで待つ」ことは積極的な待ちともいえる。ただしその場合には，本人が支援を求めたときにすぐ対応できるよう支援計画を立てておくことが必要である。体調の悪化があれば入院先の確保，いわゆる「ゴミ屋敷」を片付けて介護保険サービスを導入するのであればショートステイができる施設の確保，受診してみようという気になったときには受診のための方法の検討など，「積極的に待つ」ためにはさまざまな準備が必要であり，見守

りのネットワークの延長上に支援のネットワークを構築しておく必要がある。

　本人が人との関わりや支援，保健・福祉サービスの導入や医療（受診）を拒んでいる場合，支援者側が専門的な視点から必要性を判断しても，基本的には無理やり病院に受診させることや，家屋内に居座って説得を続けることはできない（第3章4参照）。よって，本人と向き合って，本人の立場に立って支援の方向性を決めていく，つまり「自己決定」を支援することから始めていかなければならない。もちろん，成人としての判断能力が低下している場合は成年後見人を立てることが検討されるが，そのためには医師の診断が必要となる。また，何とか説得して本人が介護保険を申請したいという気持ちになったときでも，主治医の意見書がなければ介護保険の認定を受けることはできないため，医師や弁護士等にも事例検討会やケア会議に入っていてもらうことが，スムーズな連携のためにも重要である。

2 コミュニティづくりを意識した視点

　またさらに問題なのは，近隣からの苦情で支援が必要であることが発見された場合である。近隣からの苦情があったからといって，「早く転居させるべき」など，本人を排除する方向に向かわないように，まず本人の困り事から介入し，本人の支援を継続していることを近隣にも理解してもらい，やがては近隣にも支援者になってもらうことが，コミュニティづくりの第一歩となる。

　医療機関であれば，治療を拒否すれば退院となり，それ以降は本人の自己責任となる。しかし在宅生活を支援する場合，本人に関わりを拒否されたとしても，近隣住民の心配や不安，トラブル等もあり，行政を含む支援者側が本人に関わることをやめる，あるいは放棄することは許されるものではない。この過程で本人の生命や健康が損なわれる状態に陥った場合は，「セルフ・ネグレクト」ではなく，「行政，あるいは社会からのネグレクト」ともいえる。セルフ・ネグレクトの高齢者本人を支援すると同時に，地域住民の視点，コミュニティという視点で対応していくことを常に意識するのが，何よりも重要である。

5 セルフ・ネグレクト事例への具体的な支援・対応

1 具体的な支援内容

筆者らの調査結果[21]では,専門職はセルフ・ネグレクトへの支援内容としてさまざま対応を同時に行っていた。そのうち最も多かったのは,「状況が悪化しないよう見守る」で592人（70.0％）であった。このときには,専門職自身だけが見守るのではなく,民生委員や自治会の役員,近隣・親類縁者,ライフライン事業者であるガスや水道の事業者など,さまざまな人に依頼して,状況が変化しないかを見守ることが重要である。

次に支援内容として多かったのは,「本人の話を聞く」が566人（66.9％）,「サービス利用を勧める」が565人（66.8％）,「身体状況を確認する」が545人（64.4％）,「適切な医療を受けるよう勧める」が527人（62.3％）であり,ほとんどの専門職はこれらを同時に行っているのだと思われる。高齢者のこれまでの人生,成育歴やライフイベント,親子関係などの話や今困っていること,大事にしていることなどを聞きながら,その話のなかで体調を聞き,血圧や脈拍測定などをして身体状況を確認し,本人にも体調を自覚してもらうように関わっていた。

2 困難を伴う支援

しかし実際には,このような介入や支援がセルフ・ネグレクトの人たちにどの程度行動変容をもたらすのかは現場でもなかなか評価ができず,筆者らも研究途上である。筆者らの調査[21]では,専門職は自分たちが行った支援について,約4割の351人（41.5％）が「とても困難である」と回答している。また,困難と回答した理由としては,「本人が拒むため介入できない」が399人（47.2％）おり,実際には対応をしたくても,話を聞きたくても,拒否されて家にすら入ることができないことも多くある。会話さえもできない状況で,支援に入り込めないことが少なくない。また「介入しても同じ状態に戻る」と答えた専門職は349人（41.3％）おり,生命や健康に関わるからと説得してサー

ビスを受けてもらったり，病院・施設に入院・入所したりしても，また同じ状態に戻ってしまうことで，専門職が行った介入や支援が振り出しに戻るため困難だとしている。

　専門職が支援をする上で困難なその他の理由としては，高齢者虐待防止法に規定されていないために「現行制度での介入に限界がある」と答えたのが231人（27.3％），「緊急時に保護する場所がない」が220人（26.0％）であった。セルフ・ネグレクトが虐待として高齢者虐待防止法に規定されていれば，対応することは法律に基づく整合性があり，また法律に規定された方法を用いることも可能である。しかしそのようにはなっていないため，何を拠り所として対応してよいかわからないということに苦悩がある。また，制度の問題でもあるが，生命に関わる場合にはどこかに保護することで身を守る必要があるが，セルフ・ネグレクトの人を保護するシェルターのような場所を確保している自治体はまだまだ少ないのが現状である。

　支援が困難であることは専門職の悩みでもあり，筆者らの調査では「どのように関わればよいか技術的に悩む」と答えたのが629人（74.3％）で，支援の上での困難な理由として最も多かった。セルフ・ネグレクトの高齢者は背景がさまざまで，その対応も，ある人ではうまくいっても，同じ方法が別の人にうまくいくとは限らない。その技術はというと，一般的なコミュニケーションだけではとても太刀打ちできない部分もある。次に多かったのは，「介入拒否に関わりなく働きかけるべきか悩む」が568人（67.1％）であった。人に拒否されるということは，仕事上であってもなくても大変つらいことで，「なぜ拒否されたのか」「自分が悪いから拒否されたのか」「話の方向性が悪かったのか」など，罪責感をもつ人は少なくない。また，「誰が主導的に関わればよいか悩む」が408人（48.2％）で約半数おり，地域包括支援センターで関わるのか，他に主導的に関わる部署はないのかなど，悩んでいる専門職は多い。

6　SOSを発しない・支援を求める力が低下している人への支援

　2013（平成25）年4月に出された「高齢者の社会的孤立の防止対策等に関する行政評価・監視結果報告書」[22]では，高齢者の社会的孤立の防止対策及

び災害時の保護を推進する観点から，国庫補助等による関係対策の実施状況や支援が必要な高齢者等の実態把握の状況，災害時における高齢者の避難支援の取組状況等を調査してその結果を取りまとめ，必要な改善措置について，内閣府，総務省（消防庁），厚生労働省，経済産業省に勧告している。その内容は，①日常における高齢者の社会的孤立防止対策の効率的・効果的な実施として，❶社会的孤立の防止に関する国庫補助事業等の効果的な実施，❷社会的に孤立している高齢者等の実態把握の推進，そして，②災害時における高齢者等の避難支援対策の充実強化，である。

また，2014（平成26）年の調査[17]によると，自治体ではセルフ・ネグレクト状態にある高齢者への対応の必要性について，市町村高齢福祉担当部署，地域包括支援センターともに，9割超が「重要な問題と認識している」と回答している。しかし，セルフ・ネグレクト状態にある高齢者の把握状況（実人数）をみると，市町村高齢福祉担当部署では1～2割，地域包括支援センターの3～4割が各項目の人数を記載（把握）しているのみである。一方，市町村高齢福祉担当部署の6～7割，地域包括支援センターでは5割前後が各項目の人数を「把握していない」または「数値化していない」と回答している。さらに，セルフ・ネグレクトとして対応していた事例のうち，在宅で死亡した高齢者（いわゆる「孤立死」）の把握状況（実人数）をみると，市町村高齢福祉担当部署では38.0%，地域包括支援センターでは48.8%が人数を記載（把握）しているが，市町村高齢福祉担当部署の52.6%，地域包括支援センターの39.8%が「把握していない」または「数値化していない」と回答している。セルフ・ネグレクト高齢者への対応は重要であると認識していながら，自治体レベルでは，セルフ・ネグレクトやセルフ・ネグレクトにより在宅で死亡した人の実態把握を約半数が行っていないのが現実である。

社会的孤立のために，住居内で死後他者に気づかれず遺体がそのままとなる。孤立死をしてから早く発見することは重要であるが，それ以前に社会的孤立をさせないことこそが重要であり，そのための実態把握や地域特性に合わせた取り組みの実施，ネットワークの構築が必要である。

2 セルフ・ネグレクトとゴミ屋敷

1 セルフ・ネグレクトとホーディング（ため込み）

　すでに述べたように、ロウダー（Lauder,W.）らは過去の文献をレビューし、セルフ・ネグレクトの構成要素に、「ため込み（hoarding）」と「不潔（squalor）」の要素を含めている[23]。筆者らの研究でも、セルフ・ネグレクトの主要な概念に、「環境衛生の悪化」として「hoarding」と「domestic squalor」を含めている。

　「hoarding」とは、「①役に立たなかったり、限られた価値しかないように思われるモノを入手し、大量の所有物を処分することがうまくいかない、②生活空間がかなり乱雑な状態で、クラッター（乱雑さ）によって設計されたようなスペースの活用が困難である、③ホーディングにより重大な機能の支障や苦悩が生じている」と定義されている[24]。また、「squalor」に関しては「家庭内の不潔（domestic squalor）」という概念で、「紙ゴミ、包装紙、食品、生ゴミ、箱、壊れるか廃棄した家具などの家庭ゴミや他の廃棄物を捨てられないことにより、不衛生な状態になっていること」とされ、「squalor」には「ネグレクト」「セルフ・ネグレクト」及び「hoarding」の3つのタイプがあると述べられている[25]。

　つまり「hoarding」は、いわゆるゴミやガラクタを多く入手したり、捨てることができなくて片付けられない状況、「domestic squalor」はセルフ・ネグレクトや「hoarding」の結果として家屋内が不衛生になっているという状態を示している。しかし、いわゆる「ゴミ屋敷」等で極端に家屋が不衛生な状態にある場合、それが「hoarding」かどうかを客観的に判別することは困難な場合も多い。そのため筆者らは、「hoarding」、その結果としての「domestic squalor」は「環境衛生の悪化」というカテゴリーに含めて考えている。また「hoarding」の場合、収集しているモノや収集したモノの配置によっては、必ずしも家屋が不衛生になるとは限らない。そのため、「hoarding」は必ずしも

セルフ・ネグレクトではないと考えている。

2 いわゆる「ゴミ屋敷」事例の実態 ―「ゴミ屋敷」の3つのタイプ

これまで筆者も，何十件かのいわゆる「ゴミ屋敷」を訪問したことがある。筆者は「ゴミ屋敷」について，その成り立ちにより，①ゴミは宝物タイプ，②片付けられないタイプ，③混合タイプという，3つのタイプがあると考えている（図2-1）。

「ゴミは宝物タイプ」の場合は，物を集めることに積極的な感情が湧き，集めることを禁止したり，捨てさせたりすることを一気に進めてしまうと不安や罪悪感にさいなまれるという，ホーディングシンドローム（hoarding syndrome：貯蔵症候群）（表2-1）が存在することもあるので，対応は慎重にする必要がある。また，図2-2に示すように，ホーディングシンドロームでは「決断と愛着の問題」がある。筆者の体験でも，本人がやっと部屋の片付けをすることに納得したと思っても，いざ片付けを始めると，何でもないような週刊誌でさえも「自分の人生そのものだから捨てられない」などと言われることがあった。物への愛着の優先順位が付けられないために，一定のルールを決めながら本人に一つひとつ手に取って確認してもらった上で捨てていくという作業は，大変時間のかかるものとなる。

図2-1 「ゴミ屋敷」のタイプ

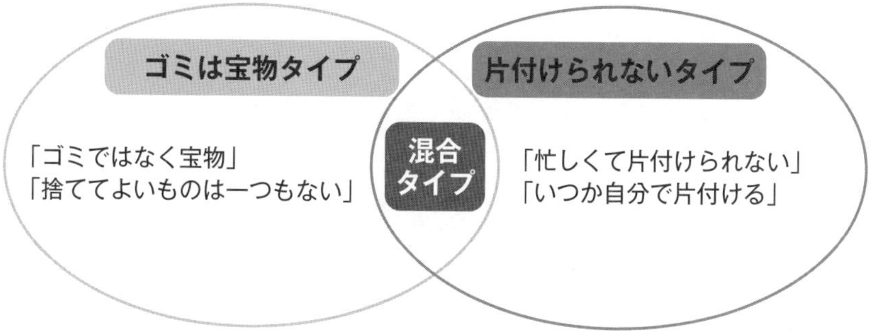

ゴミは宝物タイプ
「ゴミではなく宝物」
「捨ててよいものは一つもない」

混合タイプ

片付けられないタイプ
「忙しくて片付けられない」
「いつか自分で片付ける」

表2-1　ホーディングシンドローム（貯蔵症候群）

・モノによって生活するスペースが奪われ，毎日の生活に大きなストレスや障害となることもある。
・モノを集めたり捨てずにため込んだりすることへの積極的な感情が存在することが多い。
・自分の持ち物を処分しようとしたり，新しいモノを手に入れることをやめようとしたときに否定的な感情（不安感，罪悪感，羞恥心，後悔）が起こる。
・モノを無駄にするのではないかという不安，幸運に魅かれる心，モノがあることによって感じるくつろぎと安全がある。

ランディ・O・フロスト・ゲイル・スティケティー，春日井晶子訳：ホーダー―捨てられない・片づけられない病，日経ナショナルジオグラフィック社，19-26，2012．をもとに筆者作成

図2-2　決断と愛着の問題

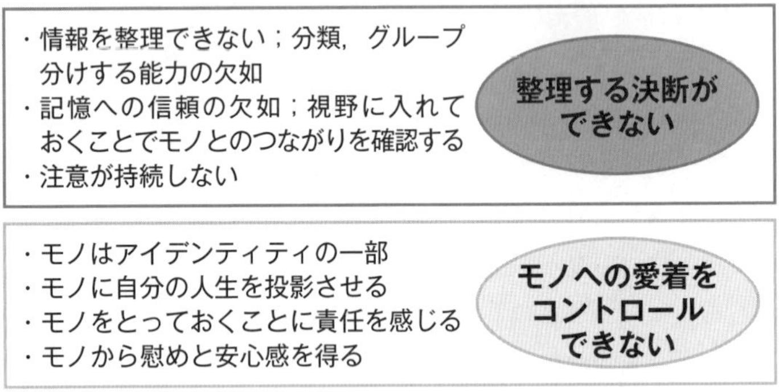

・情報を整理できない；分類，グループ分けする能力の欠如
・記憶への信頼の欠如；視野に入れておくことでモノとのつながりを確認する
・注意が持続しない

　　整理する決断ができない

・モノはアイデンティティの一部
・モノに自分の人生を投影させる
・モノをとっておくことに責任を感じる
・モノから慰めと安心感を得る

　　モノへの愛着をコントロールできない

ランディ・O・フロスト・ゲイル・スティケティー，春日井晶子訳：ホーダー―捨てられない・片づけられない病，日経ナショナルジオグラフィック社，26-60，2012．をもとに筆者作成

　次に「片付けられないタイプ」であるが，これは「いつか捨てようと思ったが，なかなか捨てられなかった」というものである。高齢になると心身の機能低下が起こるが，まず身体機能の低下である膝関節痛や腰痛などにより「ゴミ置き場に行くことが大変」になる。また，年齢とともに捨てるものの決断がしにくくなることや，ゴミを分別するのが難しいことで「ゴミがうまく捨てられない」ことになる。たまってきたゴミを誰かに頼んで捨てることが遠慮や気兼ねからできないことも一因である。
　では，「片付けられないタイプ」であれば，「片付けましょう」「捨てましょう」

とすぐに進められるかというと、そうとは限らない。ゴミを捨てずにため込んでしまったという恥の意識や、人の手を借りて片付けることの遠慮や気兼ね、自分の家の物は自分で片付けたいというプライドがあるので、やはりすぐ片付けようとすることは信頼関係を壊すことにもつながる。まずは信頼関係を構築することから始め、高齢者のプライドを保ちながら手伝わせてほしいという気持ちを伝えて、近隣の人たちや支援の輪を広げながら片付けを進めていく。片付けることによって支援のネットワークを構築していくことが望まれる。

混合タイプの場合には、当初は大事な物を集めていたり、ためていたのだが、時間の経過とともに不要な物まで蓄積してしまっていることが多い。「大事な物もあるけれど、ゴミもある」などということが多いものである。

3 ためこみ症（DSM-5）

米国精神医学会（APA）の精神疾患の診断分類・診断基準をまとめた DSM-5 では、所有物を捨てたり手放したりする困難さなどをもつ疾患として、ためこみ症（hoarding disorder）を示している[26]。詳しくは成書を確認いただきたいが、「強迫症および関連症候群／強迫性障害および関連症候群」の中の一つとして、ためこみ症が位置付けられている。

ただし、わが国におけるいわゆる「ゴミ屋敷」に居住する人々や、セルフ・ネグレクトとされる人々がすべて「ためこみ症」であるわけではない。すでに述べたように、認知症や精神疾患など、また、疾患がなくてもライフイベント等の人生のショックな出来事によりセルフ・ネグレクトに陥ることがあるので、なぜそのような状態になってしまったのかをまずアセスメントすることが重要である。

4 行政としての施策

　最近，「ゴミ屋敷」といわれる事例が時々テレビ等のマスコミでも取り上げられるようになった。そのため，「セルフ・ネグレクト＝ゴミ屋敷」ではないのだが，「ゴミ屋敷」が独り歩きし，イメージとして強く印象に残ってしまっているように感じる。しかしそうしたテレビ等でも，「行政としては何もできない」状況であったり，せっかく掃除をしたり片付けたりしたのに「元の状態に戻ってしまった」事例が報道されている。

　このような状況に対して，条例をつくるなどして「執行権」を得ようとする行政も，少しずつではあるが出てきた。本書でも足立区の例を示しているが（第6章2参照），現在，他に条例をつくって対応しているのは，大阪市，京都市などである。

　条例化することにより，窓口が明確化されたり，潜在的なセルフ・ネグレクト事例が発見されて支援のルートに乗ったり，関係機関との連携が取りやすくなるなどのメリットがある。しかし，条例化したからといって，簡単に片付けることができたり，病院を受診させることができるわけではない。

　客観的に見てゴミであっても，本人が「ゴミではない」と言えばゴミではなく財産と見なされるため，それを勝手に処分しようとすることは「財産権の侵害」になる難しさがあるのである。一般に「ゴミ」とされる物については「所有権」があり，第三者から見て明らかにゴミが堆積していても，本人が「ゴミではない」と主張すれば行政や近隣住民は強制的に排除できない。またそれが私有地であればなおさらで，正当な理由がなく立ち入ることはできないし，入れば「住居侵入罪」等が成立することもある。

　「地域に著しい迷惑（外部不経済）をもたらす土地利用の実態把握アンケート結果」[27]によれば，ゴミ屋敷が「発生している」市区町村は全体の21％で，このうち「特に問題（影響）が大きい」市区町村は，全体の6％だったという報告がある。このような迷惑土地利用の発生により，周辺の地域や環境に対して「風景・景観の悪化」「悪臭の発生」「ゴミなどの不法投棄等を誘発」などの影響が大きいと回答されている。「ゴミ屋敷」に対しては，市区町村の84％が対応していると答えており，具体的な対応としては「所有者に対して適正な状

態にするよう行政指導を行っている」「監視などのパトロールを実施している」「条例又は要綱を制定している」などであるが，実際には成果があがっているとはいえない状況であろう。

　また，特殊清掃業者の話では，「ゴミマンション」や「ゴミアパート」等のゴミ屋敷が増え，若者からの片付けの依頼が増えていると聞く。「ゴミ屋敷」は，何も高齢者に限ったことではない。「ゴミ屋敷」問題は，地域や家族の崩壊，高齢化，孤立などの現実の日本の問題を反映しているといえるのである。

3 セルフ・ネグレクトと社会的孤立・孤立死

1 社会関係の希薄さへの関心の高まり

　独居高齢者の急増や生涯未婚者の増加，長期的には人口減少に伴う市町村の消失といった背景のなかで，人々の社会関係の希薄さへの関心は高く，2010（平成22）年度以降，『高齢社会白書』にもその一部が取り上げられている。社会関係の希薄さを表す社会的孤立は，本人の選択の結果であって必ずしも問題ではないという意見もある。しかし，社会的孤立は単に人との交流が乏しいだけではなく，低所得や住環境の劣悪さ，不健康，緊急時のサポートの乏しさ，強い孤独感や生活上の不安など，他の生活課題と密接に関連していること，自殺のような極端なケースだけでなく，高齢者全体の健康余命喪失にも強い影響を及ぼすこと，高齢者による犯罪にも関連していることが確認されている[28]。加えて，社会的孤立はランダムに生じているのではなく，生涯を通じて社会経済的に不利な状況にあった人々の間でそのリスクが高いことが示唆されている[29]。

　社会的孤立はセルフ・ネグレクトとも密接に関連している。ケアマネジャーや地域包括支援センターが対応している支援事例によれば，社会的に孤立した高齢者は，「ゴミ屋敷」といえる室内状況，身体や被服の不衛生，貧困で偏った食事や低栄養といったセルフ・ネグレクトの要素を同時に抱えていると指摘されている[30]。社会的に孤立した状態にあることによってSOSを出しにくくなってセルフ・ネグレクトに至ってしまい，セルフ・ネグレクト状態に陥ったことにより近隣を含む他者との関係がさらに希薄になり，その帰結として孤立死に至るといった，両者の間には循環的な関係があるものと予想される。実際に，2010年にNHKが「無縁社会」の危機を報じて以降，周囲にSOSを発信できずに「ゴミ屋敷」になってしまった事例や，死後しばらく発見されず腐敗・白骨化した事例がしばしば報道されている。

　ここでは，こうした社会的孤立やセルフ・ネグレクトの帰結として生じてい

ると考えられる孤立死（孤独死）問題に関する到達点と課題を整理する。

2 孤立死か孤独死か

　孤立死と孤独死という概念は，区別されずに使用されることが多い。厚生労働省では「孤立死の防止対策」など孤立死を使用していたが，言葉のインパクトや先進的な実践活動の成果もあって，マスコミ報道では孤独死が使われ，2008（平成20）年に改訂された広辞苑では「孤独死」が採用されている。
　学術的には，孤立（isolation）と孤独（loneliness）という概念は明確に区別される。タウンゼント（Townsend,P.）は，仲間付き合いの欠如あるいは喪失による好ましからざる感情が「孤独」であり，「孤立」とは家族やコミュニティとほとんど接触がないという客観的な状態と定義している[31]。これを前提にした場合，孤独死とは生前に寂しいなど否定的な感情を抱いたなかで亡くなったケースであり，孤立死とは生前に人との関係が乏しいなかで亡くなったケースということになる。広辞苑では「みとる人もなく一人きりで死ぬこと」を孤独死と説明しているが，これはむしろ「孤立死」である。また，死後一定期間発見されない死を孤独死と呼ぶことが多いが，これも生前に他者との交流が乏しかったことを問題にしたものであり，「孤立死」と呼ぶべきものといえる。
　その上で，他者との交流がどの程度少ない状態からが孤立といえるのかということについては，いまだ明確な結論は出ておらず，他者との交流が週1回未満の状態や誰とも会っていない日が週に4日以上ある状態など，さまざまに定義されている。最近では，調査時点で健康だった高齢者約12,000人を10年間追跡した研究において，同居以外の他者との交流が週1回未満であった人々の間で，その後，要介護状態や認知症に至っている人が多く，月1回未満は死亡とも関連する交流の乏しさであることが報告されている[32]。
　他方で，政策的な文脈では，他者との交流関係や交流頻度ではなく，各種の公的サービスから漏れている人を社会的孤立ととらえることもある。少なくとも，社会的孤立とは独居のことではなく，独居での在宅死そのものを孤立死ととらえるのは誤りである。注目すべきは，独居か否かにかかわらず，生前から社会的に孤立していたために，死後長期にわたって放置されてしまい，人とし

ての尊厳を保たれた最期とは言い難い形で発見される事態である。

3 国内における高齢者の孤立死等の概況

　孤立死に関わる実態把握を目的にした調査が，2010年以降に3つほど報告されている（**表2-2**）。いずれも高齢者本人や家族ではなく，自治体担当課への調査である点で限界はあるものの，ここではこれらの調査によって得られた主要な知見を整理する。

1 孤立死等の発生件数

　まず，孤立死ないしそれに関わる状態は年間どの程度発生しているのか。孤立死の定義が定まっていないこともあって，現時点では孤立死の発生件数について公的な統計がなく，正確な数は定かではない。こうしたなか，ニッセイ基

表2-2　孤立死等に関する調査報告

	セルフ・ネグレクト状態にある高齢者に関する調査	セルフ・ネグレクトと孤立死に関する実態調査と地域支援のあり方に関する調査	「孤立死」の実態把握のあり方に関する調査
実施主体	内閣府	ニッセイ基礎研究所	野村総合研究所
調査期間	2010年10～11月	2010年12月～2011年1月	2013年1～2月
調査対象	全国市区町村の高齢者福祉担当課	全国市区町村の高齢者福祉担当課	全国市区町村の福祉担当部局・総務担当課
調査方法	郵送調査とインターネット調査の併用	郵送調査	郵送調査
回収数（回収率）	把握状況のみ：1,637（93.5%）上記以外：982（56.1%）	1,036（59.2%）	1,212（69.6%）

礎研究所の調査では，東京都監察医務院が公表した東京 23 区内における異状死検案データに基づいて，死後発見まで 4 日以上を要する高齢者が全国で年間約 15,000 人，死後 2 日までを含めると年間約 27,000 人になると推計している[15]。なお，気候にもよるが，死後 2 日以上経過すると死体の腐敗による異臭が発見の契機になるようである。また，この推計に際しては，東京都 23 区内での年齢階級別・性別の発生割合が全国市町村でも同一ならば，という前提を置いている点には留意する必要がある。このほかにも，孤立死そのものではないが，高齢者のセルフ・ネグレクトが全国で約 10,000 人前後という推計もある[16]。

以上の結果をみる限りでは，高齢者の孤立死が全国で 1～3 万人という規模で発生している可能性がある。わが国の自殺者数が年間 3 万人弱であることを考えると，高齢者の孤立死が社会的にも無視できない規模で生じているといえる。特に，上記データでは把握できていないような孤立死へのハイリスクな人々を含めるとすれば，その規模は相当数にのぼることが予想される。

2 孤立死等事案の把握状況

次に，こうした孤立死に関わる人々はどの程度把握されているのか。自治体への調査結果（**表 2-3**）によれば，「孤立死（孤独死）の事例について情報収集を行っていますか」という問いに対して「行っていない」が 70.0%[15]，「孤立死に関する実態把握のための取り組みを行っていますか」という問いに対して「行っていない」と「検討していない（必要性を感じない）」が 78.4%[33]となっている。また，「セルフ・ネグレクト状態にある高齢者について把握していますか」という問いに対しても，「情報を得ているが件数は把握していない」と「とくに把握していない」が 74.3% を占めていた[16]。

すなわち，大多数（7～8 割）の自治体では，孤立死に関わる事案の把握がほとんど進んでいないのが実情といえる。なお，孤立死事案の把握に積極的に取り組んでいる自治体は 1 割前後でしかなかった。これらの背景には，孤立死の問題は，財源を含めて行政としての担当窓口がないことだけでなく，実態把握に積極的に取り組むほど該当件数が増えて自治体のイメージを悪化させてしまうかもしれないという側面もあると考えられる。しかし，地域の問題とし

表2-3 自治体における孤立死等の把握状況

孤立死(孤独死)の事例について情報収集を行っていますか(ニッセイ基礎研究所2011)(n=1,036)		孤立死に関する実態把握のための取り組みを行っていますか(野村総合研究所2013)(n=1,212)		セルフ・ネグレクト状態にある高齢者について把握していますか(内閣府2011より)(n=1,637)	
行っている(データ管理あり)	5.6%	定期的に行っている	13.6%	全数把握している	6.6%
行っている(データ管理なし・不明)	16.9%	過去に行ったことがある	5.4%	大部分について把握している	19.1%
行っていない	70.0%	行っていないが検討中	11.6%	セルフ・ネグレクト状態の高齢者がいるという情報は得ているが,件数は把握していない	33.5%
		検討中でもない/必要性を感じない	66.8%	とくに把握していない	40.8%
その他・不明	7.5%	無回答	2.6%	無回答	0.2%

ニッセイ基礎研究所(2011), 野村総合研究所(2013), 内閣府(2011)より筆者作成

て孤立死対策に取り組むのであれば,専門職のエピソードレベルの話だけでなく,データとして事例の情報を蓄積させることが前提になるはずである。

3 孤立・孤立死の予防に向けた取り組み状況

 それでは,社会的孤立や孤立死の予防に向けた自治体の取り組みはどの程度進んでいるのか。野村総合研究所の調査[33]によれば,緊急通報システム等の提供,配食等の生活支援サービスを活用した見守り,サロン活動については,全国の8〜9割以上の自治体で取り組まれている(**図2-3**)。なお,いずれも社会的孤立の軽減や孤立死の予防のためにつくられたサービスではなく,以前

から地域福祉のプログラムとして取り組まれてきたものである。これに対して，より孤立死のハイリスクな人々へのサービスとなる地域住民による相互ネットワークの構築や孤立に関わる相談窓口の設置，電話訪問・傾聴訪問等の話し相手の派遣，孤立死予備群に関する台帳作成については比較的少なく，検討すらしていない自治体が4〜6割弱にもなっていた。

　前述したように，自治体として担当部署がないこととも関連するが，社会的孤立や孤立死の予防に向けた取り組みについてもあまり進んでいないのが実情といえる。

図2-3　孤立・孤立死の予防にむけた自治体の取り組み状況

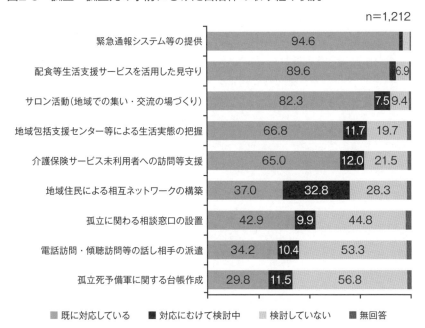

野村総合研究所：「孤立死」の実態把握のあり方に関する調査研究事業報告書，平成24年度厚生労働省セーフティネット支援対策等事業費補助金（社会福祉推進事業分），2013．より筆者作成

4 孤立死・孤独死対策に関する今後の課題

　内閣府が実施した調査（全国の 60 歳以上の男女 3,484 人を分析）によれば，「孤独死（誰にも看取られることなく，亡くなったあとに発見される死）について身近な問題だと感じますか」という問いに対して，男女ともに 4 割強が身近に感じると回答している[34]。これに対して，いくつかの先進的な事例は報告されているが，既存の調査報告をみる限りでは，全体として自治体の取り組みはあまり進んでいないといえる。そこで，今後検討すべき課題として以下の 3 点があげられる。

　第一に，孤立死等に関する実数の把握である。孤立死に関する明確な定義がないこともあって，社会的な関心の高さにもかかわらず，その発生件数や介入すべきハイリスクな人の数も定かではない。しかし，孤立死に至ってしまった人々やそのハイリスクな人々は通常の調査を実施しても把握しにくい層であり，調査をすれば明らかになるものでもない。このため，保健・医療・福祉関係者による生活支援業務のなかで把握された情報をデータとして蓄積することが必要である。この点で，野村総合研究所の調査報告書では，基本属性や生前の生活状況，世帯構成・親族との関わり，各種サービスの利用状況，遺体発見を巡る状況などが含まれた「孤立死実態把握のためのケースファイル素案」を提案・試行している[33]。孤立死の定義の精緻化も必要だが，そもそも孤立死がどの程度発生していて，どのような人々が陥りやすいのかを「見える化」し，行政内部や地域住民に対しても，なぜこれが問題であるのかに関する合意形成を図る必要がある。

　第二に，孤立死に関わる分野横断的な情報共有の体制整備である。総務省の報告[22]によれば，48 市町村という非常に限られたサンプルであるが，福祉部局に対して住宅担当部局から定期的な情報提供をしている自治体は 47.9％に過ぎず，約半数の自治体は市区町村社会福祉協議会や民生委員でさえも定期的な情報提供をしていないことが示唆されている（図 2-4）。野村総合研究所の調査[33]でも同様に，孤立死に対する取り組みに関して関連する部署間で情報共有の機会や定期的な連絡等があるのは 23.0％でしかない。こうした背景には，一つに個人情報保護が障壁になっていることがしばしば指摘される。しかし，

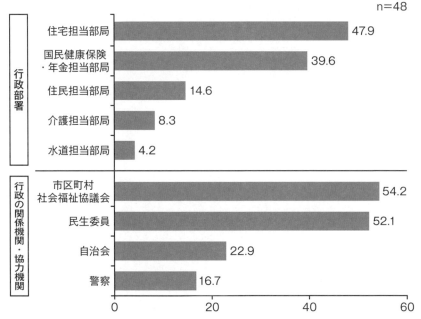

図2-4　自治体の福祉部局への定期的な情報提供がある割合

総務省：高齢者の社会的孤立の防止対策等に関する行政評価・監視結果報告書，総務省行政評価局総務課地方業務室，2013. より筆者作成

　総務省はそれらを「過剰反応」とし，「地方公共団体においても個人情報保護条例の適切な解釈・運用を行うことが求められている」と勧告している[22]。実際に，東京都足立区では新たに条例を制定し，一定の条件に当てはまる個人の情報を自治会や町会に提供して，地域での見守り活動につなげている。孤立死への支援は，単に死亡後，腐敗する前に遺体を発見しさえすれば解決というものではない。生前の社会的孤立の軽減のためにも，行政内や関係機関との間で要支援者の情報を適切に共有する仕組みが必要といえる。

　最後に，社会的孤立やセルフ・ネグレクトに関する地域環境要因の検討である。どういう人が孤立（死）しやすいのかという個人特性に関しては一定の蓄積がある一方で，孤立（死）が集中して発生している地域はあるのか，そうした地域にはどういった特性があるのかという点に関する知見はほとんど得られていない。海外の研究では，犯罪や騒音，大気汚染を含む周辺環境が劣悪な地域や貧困率の高い地域に住んでいる高齢者は孤立しやすいことが示唆されてい

る[35)36)]。特に，介護予防事業において，ハイリスク・アプローチに基づく介入策ではスクリーニングに莫大なコストを要してしまい，期待した効果をあげられなかったという失敗を経験している。孤立死対策についても同様に，孤立しがちな人やセルフ・ネグレクトの人への支援とともに，ポピュレーション・アプローチの観点からの社会的孤立やセルフ・ネグレクトが生じにくい地域づくりも検討する意義はあるといえる。

4 諸外国におけるセルフ・ネグレクトの扱い

1 日本と諸外国におけるセルフ・ネグレクトの扱い

　わが国においては，2006（平成18）年4月に「高齢者に対する虐待の防止，高齢者の養護者に対する支援等に関する法律」（高齢者虐待防止法）が施行され，高齢者虐待に対する法的な定義が明確化されたが，その定義の中にセルフ・ネグレクトは規定されなかった。その理由は，セルフ・ネグレクトの扱いについて議論があること，わが国における実態が明らかになっていなかったことがあげられる。その後，徐々にセルフ・ネグレクトに関する研究がわが国でも進展しているものの，現在も高齢者虐待防止法上に規定されていない。そのため，セルフ・ネグレクトは高齢者虐待防止法に基づく介入の対象にならないばかりか，身体的虐待やネグレクトなど，同法において規定されている他の虐待のように明確な実態が明らかになってない。

　このようなわが国の状況に比べて，セルフ・ネグレクトに関して先進的な取り組みがなされているのがアメリカである。アメリカでは，全国レベルの大規模な調査によりセルフ・ネグレクトの実態が明らかになっているだけでなく，死亡率との関連，セルフ・ネグレクトの測定尺度の開発など，年々新たな知見が得られている。また，州によってそのシステムは異なるものの，高齢者虐待の被害者を保護する機関である成人保護機関（Adult Protective Services：APS）による介入も行われている。なお，研究という観点においては，イギリスにおいても多くの知見が発表されている。

　今後，わが国におけるセルフ・ネグレクトの研究を進展させるためには，これらの先進国から学ぶべきことは多い。特に，わが国の高齢者虐待施策はアメリカから大きな影響を受けている。それゆえ，ここではこの問題に関する先進国であるアメリカの研究動向及び実践についてまとめ，今後のわが国におけるセルフ・ネグレクトについての研究及び実践上の課題について考えていきたい。

2 アメリカにおける研究の動向

　アメリカでは，高齢者虐待の観点からの大規模な調査研究が行われている。アメリカでは 1987 年の高齢アメリカ人法（the Older American Act）改正により，高齢者虐待について定義された。そして，この法に基づく活動のために全米高齢者虐待問題研究所（National Center on Elder Abuse：NCEA）が設立された際に，セルフ・ネグレクトの定義付けがなされた[9]。これにより，高齢者虐待の議論のなかでセルフ・ネグレクトに関する関心が高まり，1991 年には当時の APS の全国組織である National Association of Adult Protective Services Administrators（NAAPSA）による実態調査が発表された[37]。さらに，1998 年には NCEA による全国調査『National Incidence Study of Elder Abuse Study』が発表された[38]。

　これらの調査は，前述の APS による支援システムに基づく，全国レベルの大規模な調査である点が大きな特徴である。『National Incidence Study of Elder Abuse Study』では，1996 年に警察などの機関や APS で把握された全虐待のうち，セルフ・ネグレクトは 25.2% を占めている[38]。

　アメリカは，日本と異なり州の権限が強い。特に，高齢者虐待に関しては州法によって規定されており，セルフ・ネグレクトに対する扱いは州によって異なる。このため，これらの調査は全国レベルとはいえセルフ・ネグレクトを州法の中で規定していない州のデータは入っておらず，結果の解釈には議論を要する。しかし，少なくともアメリカにおいてセルフ・ネグレクトがかなりの規模で発生していることは事実であり，文化背景の差などはあるにせよ，わが国においても同様の状況にあることが示唆される。

　また，アメリカではダイヤー（Dyer,C.B.）らによるセルフ・ネグレクト重症度スケール（Self-Neglect Severity Scale）の作成が試みられている。ダイヤーらの尺度は，セルフ・ネグレクトを「A：個人衛生（personal hygiene assessment）」「B：認知，健康，安全確保（assessment of cognitive, functional ability）」「C：環境（environment assessment）」の 3 アセスメント項目に分類し，各項目の点数化，また総合得点からセルフ・ネグレクトの重症度を測定する構造を有するものとなっている[39]。この尺度は数理統計学的な

手法で作成されたものではなく，信頼性と妥当性の検討がいまだなされていない。また，セルフ・ネグレクトという事象を測定するものではなく，あくまでもリスクアセスメントとしての性格が大きく，その構成要素の検討にもさらなる理論的な検討が必要である。

さらに，アメリカにおいてはセルフ・ネグレクトの発生率や発生数のみならず，セルフ・ネグレクト状態に陥ることのリスクについても重要な研究がなされている。ドン（Dong,X.Q.）らによる Chicago Health and Aging Project の 1993～2005 年の追跡調査では，追跡調査期間中 1 年以内のセルフ・ネグレクト状態にある高齢者の死亡率は，そうでない高齢者に比べて 5.82 倍であり，1 年経過後の死亡率も 1.88 倍であった[40]。このように，セルフ・ネグレクトは死亡リスクとの関係が示唆されており，この問題の深刻さも明らかになりつつある。

3 諸外国におけるセルフ・ネグレクトの定義

現在，わが国においてセルフ・ネグレクトに関する法的な定義はない。また，正式に研究者や援助専門職のなかで共通認識化されたセルフ・ネグレクトの定義は存在しない。

第 1 章の**表 1-1** には，わが国の研究論文及び研究書においてよく登場する，海外の先行研究におけるセルフ・ネグレクトの理論的な定義（NAAPSA，NCEA，ロウダーらの 3 つ）をまとめた。概観してみると，セルフ・ネグレクトを状態像としてとらえている定義もあれば，NCEA の定義のように行為として表現している定義もある。

また，**表 1-1** にまとめたセルフ・ネグレクトに関する定義のほかに，イギリスの研究者による "diogenes syndrome" という概念がある。"diogenes syndrome" を最初に提唱したのはクラーク（Clarke,A.N.G.）らである。クラークらによると，"diogenes syndrome"（ディオゲネス・シンドローム）は，極端なセルフ・ネグレクト，身体・環境の不衛生（domestic squalor），社会的引きこもり，無気力，強迫的なゴミ収集，恥の欠如であるという特徴をもっているとされている[41]。

ディオゲネス・シンドロームは現在も，医学分野において研究結果が発表されている。しかし，セルフ・ネグレクトとディオゲネス・シンドロームの詳細な違いは明らかになっていない。少なくともNCEAを中心とするアメリカにおける定義及び研究結果の中では，ディオゲネス・シンドロームに関しては触れられていない。

　わが国においては，セルフ・ネグレクトに関する研究が高齢者虐待分野でなされてきたこと，特にアメリカの高齢者虐待研究から多くの影響を受けていた経緯から，NCEAの定義が浸透している。わが国における実際の調査では，NCEAの定義を平易にした津村らの「高齢者が通常一人の人として，生活において当然行うべき行為を行わない，あるいは行う能力がないことから，自己の心身の安全や健康が脅かされる状態に陥ること」という定義が使用されることが多い[11)14)15)16)21)]。

　また，ボニー（Bonnie,R.J.）とウォレス（Wallace,B.R.）はセルフ・ネグレクトのみならず，高齢者虐待そのものの概念の混乱が研究の共通化を阻んでいるとし，研究者間でコンセンサスの得られた概念規定の必要性を述べている[42)]。この観点から考えると，これらの調査は定義の共通化という点である程度の互換性も期待できる。一方で，今後の実証研究に必要なセルフ・ネグレクトの定義は，これらの調査で限界となった概念の明確化を踏まえ，抽象度の高い定義からより具体化された定義への変更が必要であると考えられる。

4　意図的なセルフ・ネグレクトに関する議論

　セルフ・ネグレクトをめぐる議論，特にわが国の研究者間で議論となっているのが，いわゆる意図的なセルフ・ネグレクトの問題である。前述のNCEAの定義では，「サービスを選択する能力のある者」「自分の行動の結果を理解できる者」「意図的に行っている者」については，意図的なセルフ・ネグレクトであると分類して除外している[38)]。

　この問題は，客観的には支援が必要であるとしても，その結果を知る能力がある者が自由意思においてセルフ・ネグレクトと思われる状態になっている場合，その行為をセルフ・ネグレクトとすることに対する倫理的な問題である。

つまり，個人の自由，自己決定の尊重という観点からすると，強制的な支援を行うのは権利の侵害であるという観点である。

そもそも，この意図的なセルフ・ネグレクトに関する課題は，実際にセルフ・ネグレクト状態にある者への介入を行っているアメリカにおいて，臨床上の倫理的な観点からなされた議論であり，状態像という事象そのものをとらえる実証研究的な観点からは，意図的なセルフ・ネグレクトは非意図的なセルフ・ネグレクトとなんら変わりはない。

しかし，客観的に「放任」の状態であっても，「精神的に健全で正常な判断力を有する者が，自由意思に基づいて，自らの結果を承知の上で続ける行為」は，「個人の自由」「ライフスタイル」という観点からすると，介入の根拠が不明確であり支援の対象とするかについては大きな倫理的ジレンマがあることが示唆される。これは，セルフ・ネグレクトを高齢者虐待論の周辺で議論する場合，意図的なセルフ・ネグレクトだけがもつ特有の問題で，この問題に関しては，特に臨床におけるセルフ・ネグレクトの支援を考える上では非常に重要な要素であり，臨床に適したセルフ・ネグレクトの概念構築を検討する上では大きな課題であると考えられる。この問題に関しては，倫理的な側面の検討も含め，詳細に検討する必要があると考えられる。

5 APS による支援

1 APS におけるセルフ・ネグレクトの扱い

前述したように，アメリカにおいては APS によってセルフ・ネグレクト状態にある高齢者への介入が行われている。わが国における高齢者虐待防止法に基づく支援システムは，アメリカから大きな影響を受けている。しかし，APS による支援システムとは大きな違いがある。

まず，APS においては高齢者虐待に特化した対応ではなく，成人虐待という観点からの支援を行っている点があげられる。APS は 18 歳以上の成人に対する虐待への支援を行っている。わが国の現状と照らし合わせれば，高齢者虐待及び障害者虐待への対応を一元的に行っているということである。

また，多くの州において，セルフ・ネグレクトをAPSの支援システムの中で扱っているという点があげられる。セルフ・ネグレクトが虐待という概念の中に含まれるかという議論については，アメリカにおいても明確な回答はない。ボニーとウォレスは，セルフ・ネグレクトは信頼関係のある他者からの暴力という虐待の基本的な構成要素を満たしていないという点で，少なくとも研究上は明らかに高齢者虐待とは異なる事象であると述べている[42]。
　一方で，APSによるセルフ・ネグレクトに関する対応は，高齢者虐待（成人虐待）か否かという観点ではなく，「放任」という事象においてネグレクトもセルフ・ネグレクトも同じ支援が必要，つまり，保護の必要性という観点からシステムが運用されているとも考えられる。しかし，そのシステムも州によって異なり，州法の中にセルフ・ネグレクトが規定されておらず，介入がなされていない州もある。

2 ニューヨーク市におけるAPSの例

　このようななか，筆者らは2009（平成21）年2月に，ニューヨーク市のAPSを視察する機会を得た。前述したように，州によってそのシステムは異なるものの，アメリカにおける先進的なセルフ・ネグレクトへの支援例として紹介したい。
　当時，ニューヨーク市内は5つの行政区に分かれ，各行政区に1か所のAPSが設置されていた。そのなかで筆者らは，マンハッタンにあるHuman Resources Administration Department of Social Servicesを視察した。このAPSはニューヨーク市内でも対応するケース数が多く，2008年の相談内容の統計では，全対応ケースの中でセルフ・ネグレクト（疑いを含む）は約30％であったという。
　ニューヨーク市では，すべてのAPSのオフィスがコンピューターシステムによってリンクされていた。相談や通報が入ると，画面上でスクリーニングを行うシステムが開発されており，相談内容はオンライン上ですべて管理者の画面に集約され，相談の状況がわかるようになっていた。
　また各相談員は，相談マニュアルであるdesk guideを所持しており，このマニュアルでは，24時間以内の訪問，3日以内の訪問など，その通報の緊急

度に応じた対応方法が明記されていた。また，緊急性の判断はこのマニュアルに基づいてスーパーバイザーとともに決定するとのことであった。

APS は高齢者虐待に対する具体的な支援を行う機関ではなく，スクリーニングと初期介入を実施する機関であった。そのため，ケアが必要と判断された場合は，ケアを実際に提供する機関に引き継ぐとのことで，APS の中に保護するための入所施設などはないとのことであった。

担当者によると，対象者が介入を拒否することは権利であり，このような場合には，裁判所で強制介入命令（involuntary intervention）が出ていないと介入はできないとのことであった。裁判所の命令が必要な場合は，APS が通報等で得た情報をもとに法的手続きを行い，裁判所の許可を得て警察等と訪問するとのことであった。

また，APS の支援対象であるかを判断する場合には，通報後何らかの形で介入し，アセスメントしてから決定するとのことであった。そのため，前述の意図的なセルフ・ネグレクトであるかの判断も，同様の方法でアセスメントして判断するとのことであった。

このように，ニューヨーク市の場合は，セルフ・ネグレクトの対応がシステム化され，スーパーバイザーの指導の下，支援者が孤立することなく介入が実施されていた。また，強制介入が必要な場合の法的な根拠やそれを実行するためのシステムも整備されており，わが国においても支援システムを法的なレベルも含めて確立する必要性を感じた。一方で，この例はあくまでニューヨーク市の事例であり，アメリカ全土のものではない。わが国において支援システムを導入する際には，それぞれの地域特性を踏まえつつも，ある程度全国的に同じレベルのシステムが提供できるようにする必要があると考えられる。

6 わが国における課題

わが国における大きな課題は，セルフ・ネグレクトを予防・支援するための根拠法の成立と，それに基づく予防・支援システムの構築であると考えられる。前述したような APS による支援システムは，社会福祉施策の構造そのものが異なるため，そのままわが国のシステムとして導入することは難しいかもしれ

ない。また，施策を考える上では，セルフ・ネグレクトの状態にある者には支援の拒否という特徴があるため，本人の自己決定の尊重という観点から，その根拠法が強制的なものになることには慎重な議論が必要である。さらに，高齢者虐待防止法の改正においてセルフ・ネグレクトを規定するには，他者からの権利侵害である高齢者虐待と同一にセルフ・ネグレクトを扱うという前提があるため，同法及びそれに関連する社会福祉に関する諸法律等を変更する必要がある。

このような体制を構築するには，その基礎となる研究の進展が重要であると考えられる。わが国においては，ここ数年セルフ・ネグレクトに関する全国調査がなされた結果，ある程度の実態が明らかになっている。しかし，効果的な介入方法や予防を検討する上で必要な実証研究はほとんど実施されていないのが現状である。今後は，ドンらの追跡研究のような，セルフ・ネグレクトのリスクファクターを明らかにする研究が必要である。また，効果的な介入方法に関する追跡研究も重要である。これらの実証的な研究を行うためには，わが国におけるセルフ・ネグレクトの定義及び概念を明確にし，測定尺度を開発する必要があると考える。

わが国におけるセルフ・ネグレクトに関する研究及び実践は始まったばかりであり，わが国においては多くの課題があるが，先進国においても多くの課題が残されている。これらの先進国から学んだ上で，新しい定義・概念を構築し，それをもとに実施した研究結果に基づき，わが国の文化背景を踏まえた予防・支援方法を確立していく必要がある。

文献

1) 多々良紀夫・二宮加鶴香：老人虐待，筒井書房，1994．
2) 多々良紀夫編著：高齢者虐待，中央法規出版，2001．
3) 田中荘司：高齢者虐待の発生及び防止に関する実証的調査研究，長寿科学総合研究—高齢者虐待の発生予防及び援助方法に関する学際的研究—平成10年度研究報告書，5-13，1999．
4) 金子善彦：老人虐待，星和書店，1987．
5) 高崎絹子・谷口好美・佐々木明子："老人虐待"の予防と支援—高齢者・家族・支え手をむすぶ，日本看護協会出版会，1998．

6) 津村智惠子・大谷昭編：高齢者虐待に挑む—発見，介入，予防の視点，中央法規出版，2004．
7) 寝たきり予防研究会：高齢者虐待—専門職が出会った虐待・放任，北大路書房，2002．
8) 医療経済研究機構：家庭内における高齢者虐待に関する調査，2003．
9) 津村智惠子・入江安子他：高齢者のセルフ・ネグレクトに関する課題，大阪市立大学看護学雑誌，2，1-10，2006．
10) 山口光治：高齢者放任の概念整理に関する一考察，国際医療福祉大学紀要，8，1-10，2003．
11) 野村祥平：ひとつの地域における高齢者のセルフネグレクトに関する実態，高齢者虐待防止研究，4(1)，58-75，2008．
12) 津村智惠子：セルフ・ネグレクト防止活動に求める法的根拠と制度的支援，高齢者虐待防止研究，5(1)，61-65，2009．
13) 岸恵美子・吉岡幸子他：専門職がかかわる高齢者のセルフ・ネグレクト事例の実態と対応の課題—地域包括支援センターを対象とした全国調査の結果より，高齢者虐待防止研究，7(1)，125-138，2011．
14) 野村祥平：セルフ・ネグレクトの状態にある高齢者への予防・支援の法制化に関する考察—高齢者権利擁護法の成立に向けた課題，高齢者虐待防止研究，7(1)，82-99，2011．
15) ニッセイ基礎研究所：セルフ・ネグレクトと孤立死に関する実態調査と地域支援のあり方に関する調査研究報告書，平成22年度厚生労働省老人保健健康増進等事業，2011．(http://www.nli-research.co.jp/report/misc/2011/sn110421.pdf)(2015年6月24日最終アクセス)
16) 内閣府：セルフネグレクト状態にある高齢者に関する調査—幸福度の視点から，平成22年度内閣府経済社会総合研究所委託事業，2011．(http://www.esri.go.jp/jp/prj/hou/hou060/hou60_03.pdf)(2015年6月24日最終アクセス)
17) あい権利擁護支援ネット：セルフ・ネグレクトや消費者被害等の犯罪被害と認知症との関連に関する調査研究事業，平成26年度老人保健事業推進費等補助金　老人保健健康増進等事業，2015．(http://i-advocacy.net/file1/H26ainet.pdf)(2015年6月24日最終アクセス)
18) 岸恵美子・吉岡幸子他：セルフ・ネグレクト状態にある独居高齢者の特徴—地域包括支援センターを対象とした全国調査の結果より，帝京大学医療技術学部看護学科紀要，2，1-21，2011．
19) 金涌佳雅・阿部伸幸他：東京都23区における孤独死の実態，東京都監察医院，2010．
20) 東京都監察医務院：平成26年度版事業概要，2015．
21) 岸恵美子他：セルフ・ネグレクトに対応する介入プログラムの開発と地域ケアシステムモデルの構築，2008～2010年度科学研究費補助金(基盤研究(B))研究成果報告書，2011．

22) 総務省行政評価局：高齢者の社会的孤立の防止対策等に関する行政評価・監視結果報告書，2013.
23) Lauder,W.,Roxburgh,M.,Harris,J. and Law,J.：Developing Self-Neglect Theory：Analysis of Related and Atypical Cases of People Identified as Self-Neglecting, Journal of Psychiatric and Mental Health Nursing, 16, 447-454, 2009.
24) ゲイル・スティケティー・ランディ・O・フロスト，五十嵐透子訳：ホーディングへの適切な理解と対応　認知行動療法的アプローチ—クライエントのためのワークブック，金子書房，1，2013.
25) Partnership Against Homelessness：Guidelines for field staff to assist people living in severe domestic squalor, PAH, 2007.
26) 髙橋三郎・大野裕監訳：DSM-5　精神疾患の分類と診断の手引き，医学書院，127-128，2014.
27) 国土交通省：地域に著しい迷惑(外部不経済)をもたらす土地利用の実態把握アンケート結果，2009.
28) 斉藤雅茂：高齢期の社会的孤立に関連する諸問題と今後の課題，老年社会科学，35(1)，60-66，2013.
29) 斉藤雅茂：高齢者の社会的孤立に関する主要な知見と今後の課題，季刊家計経済研究，94，55-61，2012.
30) 小川栄二：社会的孤立と行政，河合克義・菅野道生・板倉香子編著：社会的孤立問題への挑戦；分析の視座と福祉実践，71-87，法律文化社，2013.
31) Townsend,P.：Isolation, loneliness, and the hold on life, Townsend,P.：The family life of old people：an inquiry in East London, Harmondsworth: Penguin Books, 188-205, 1963.
32) 斉藤雅茂・近藤克則他：健康指標との関連からみた高齢者の社会的孤立基準の検討；10年間のAGESコホートより，日本公衆衛生雑誌，62(3)，95-105，2015.
33) 野村総合研究所：「孤立死」の実態把握のあり方に関する調査研究事業報告書，平成24年度厚生労働省セーフティネット支援対策等事業費補助金(社会福祉推進事業分)，2013．(https://www.nri.com/jp/opinion/r_report/pdf/201304_safetynet1.pdf)(2015年6月24日最終アクセス)
34) 内閣府：平成21年度高齢者の地域におけるライフスタイルに関する調査結果，2009．(http://www8.cao.go.jp/kourei/ishiki/h21/kenkyu/gaiyo/index.html)(2015年6月24日最終アクセス)
35) Kraus,N.：Neighborhood deterioration and social isolation in later life, International Journal of Aging & Human Development, 36(1), 9-38, 1993.
36) Tigges,L.M., Browne,I., Green,G.P.：Social isolation of the urban poor: race, class, and neighborhood effects on social resources, The Sociological Quarterly, 39(1), 53-77, 1998.

37) Duke,J.：A National Study of Self-Neglecting about Adult Protecting Services Client, National Aging Resource Center on Elder Abuse, 1991.
38) Tatara,T.,Thomas,C.,Certs,J.,et.al.：The National Center on Elder Abuse (NCEA) National Incidence Study of Elder Abuse Study: Final Report, 1998.
39) Dyer,C.B.,Kelly,P.A. and Pavlik,V.N.,et.al.：The Making of a Self-Neglect Severity Scale, Journal of Elder Abuse and Neglect, 18(4), 13-23, 2006.
40) Dong,X.Q.,Simon,M. and Mendes,C.L.,et al.：Elder self-neglect and mortality risk in a community dwelling population, JAMA, 302(5), 517-526, 2009.
41) Clarke,A.N.G.,Mankikar,G.D. and Gray,I.：Diogenes Syndrome；A Clinical Study of Gross Neglect in Old Age, Lancet, 7903, 366-368, 1975.
42) Bonnie,R.J. and Wallace,B.R.：Elder Mistreatment：Abuse, Neglect and Exploitation in an Aging America, The National Academies Press, 2003.

第3章 セルフ・ネグレクトの人への対応

1 セルフ・ネグレクト事例への対応・支援の基本

　支援が必要なセルフ・ネグレクトの人とはどのような人だろうか。「生活に関わる判断能力、意欲が低下している」「本人の健康状態に悪影響が出ている」、あるいは「近隣とのトラブルが発生し、孤立している」人については、早い段階での支援が必要である。詳細については、「セルフ・ネグレクトのアセスメントツール」（第4章）の「介入の緊急度・状態の深刻度アセスメントシート（**表4-4**）」を参考にしていただきたい。

　すでに述べたように、厚生労働省及び東京都の高齢者虐待対応マニュアルでは、「セルフ・ネグレクト」を高齢者虐待に準じて対応すべきとしている。また、セルフ・ネグレクトとは明確に判断できない事例が少なくないが、厚生労働省のマニュアル[1]には「市町村は、高齢者虐待防止法に規定する高齢者虐待かどうか判別しがたい事例であっても、高齢者の権利が侵害されていたり、生命や健康、生活が損なわれているような事態が予測されるなど支援が必要な場合には、高齢者虐待防止法の取り扱いに準じて、必要な援助を行っていく必要がある」と述べられている。

　本章ではこのような考え方に沿って、セルフ・ネグレクトの人へ具体的に対応・支援するときのポイントを述べていく。

1 対応・支援のための基本

1 自己決定を支援する

　認知症などで認知・判断能力が低下していても、日常生活を送る上で何らかの判断はできることがある。また高齢になると、自分のできることとできないことを見極めることが難しくなり、すべてを自分で決定することができず、その上、自分からそのことを認めることができないこともある。それぞれの価値観を尊重し自己決定を支援することは、専門職に限らず、家族でも友人・知人

でもできる支援である。家族や周囲の支援者は，高齢者本人が無力感や罪責感にさいなまれることがないよう，まずはできていることを認め，あと少し誰かの支援があればうまくできることを探して，できない部分の支援をする。

「自己決定」というと難しく聞こえるが，大切なことは，どれほど小さな選択であっても選択肢を具体的に提示し，対象者本人に選択してもらうことである。もちろん，認知・判断能力の低下がある場合には，受診により診断を得て，認知・判断能力の低下の原因は何か，また，どの程度なのかをアセスメントしてから成年後見制度や日常生活自立支援事業を活用する。

セルフ・ネグレクトでは，本人が拒否しているのだからどうしようもないと考えるのではなく，対象者の理解できるレベルで具体的に説明したかを確認する必要がある。介護保険にしても生活保護にしても，まずは申請が必要であるが，その手続きが多くの高齢者にとっては複雑で敷居の高いもののため，申請への支援も重要となる。

表3-1に示すように，憲法には「自由権」があり，身体や生命に関わることの決定は本人に帰属する権利であるため，強制介入ができるわけではない。

表3-1　自由権と生存権

自由権	生存権
・人が生まれながらにもっていて，国家などによって侵されることのない権利。日本国憲法は，精神的自由，人身の自由，経済の自由など，数多くの自由権を保障している。 ・自由権は，公共の福祉に反しない範囲で認められている。 ・日本国憲法第13条には，「すべて国民は，個人として尊重される。生命，自由及び幸福追求に対する国民の権利については，公共の福祉に反しない限り，立法その他の国政の上で，最大の尊重を必要とする」とある。	・日本国憲法第25条には，「すべて国民は，健康で文化的な最低限度の生活を営む権利を有する」「国は，すべての生活部面について，社会福祉，社会保障及び公衆衛生の向上及び増進に努めなければならない」とある。 ・老人福祉法第1条には，「この法律は，老人の福祉に関する原理を明らかにするとともに，老人に対し，その心身の健康の保持及び生活の安定のために必要な措置を講じ，もつて老人の福祉を図ることを目的とする」とある。

また,「生存権」についても憲法で示されており,老人福祉法でも「老人に対し,その心身の健康の保持及び生活の安定のために必要な措置を講じ」としている。支援者は「自由権」を尊重し,「生存権」の実現を図ることが必要である。

2 生命のリスクを見極め,明確に伝える

生命のリスクがある場合は,心身の状況を本人が正しく把握して行動しているのかを確かめるとともに,正しい知識や情報を提供した上で,本人の意思を確認する必要がある。セルフ・ネグレクトの場合,専門職が客観的に見て生命のリスクが高いと判断し説得しても,本人は生命の危険を感じていないことがある。本人が病気の程度や悪化していることを理解できるよう,脈拍や体温,血圧の値を具体的に示し,その値の意味がわかるように説明することも有効である。そして生命のリスクがある場合には,それを伝えることが最も効果的だと思われる人を選び,「○○の状態だから,このまま放っておくと生命に関わる」などと明確に伝えることが重要である。今緊急性がないとしても,今後安全や健康を損なうことが予測されるのであれば,専門職はそのリスクを明確に本人に伝える必要がある。

3 具体的な選択肢を提示する

「本人の意思を尊重する」ことは,認知・判断能力が低下していない成人に対応するときには当然のことである。例えば,本人が服薬を拒否するのであれば,なぜ服薬したくないのかを聞く必要がある。その上で,薬の効果や副作用,服薬しない場合のリスクについて本人にわかるように説明し,服薬するための方法を一緒に考えていく。しかしこうした手続きを踏まず,本人が服薬を拒否しているからと正しい情報や具体的な選択肢の提示をしないことは,専門職の支援としては不十分である。

4 ライフスタイルを尊重する

人にはこれまでの生活の歴史があり,そこにはその人自身の生活がある。ど

こまでその人らしい生活として尊重していくのか，見守っていくのか，どこからは介入していかなければいけないのかを専門職がアセスメントするだけでなく，関わる多職種と合意形成しておく必要がある。しかし，これまでのライフスタイルを大きく変えることは，高齢者にとって大きなストレスでもある。「その人らしい生き方」を支援することがゴールであり，例えば「ゴミ屋敷」を片付けることがゴールではない。

　アセスメントの第一としては，本人が正しい情報を得て正しい知識を習得しているのかを確かめることや，今後起こり得る問題も予測して判断できているかを確認することが重要である。また，もし予測できていないとすれば起こり得る問題を支援者が提示し，それを解決する方法を一緒に考えていく必要がある。

5 本人をエンパワメントする

　疾患はないが，ライフイベント等により生きる意欲を失い，日常生活の著しい怠り（トイレに行くのが面倒で食べない等）があるときには，どのように支援したらよいか迷うことがあるかもしれない。「生きていても仕方がない」「放っておいてほしい」と言われても放置しておくことはできないが，無理に否定することなく，寄り添うことで少しずつ心を開いてくれることも多い。セルフ・ネグレクトに至る過程に耳を傾け，元気なときの様子やその人の望む生き方等を丁寧に聞き取ることで，生きる力を取り戻していくこともある。専門職のみで対応するのではなく，要介護認定を受けていればデイサービスを利用することや，そうでなければ高齢者サロンや近隣の人との交流へと，タイミングを見てつなげることも有効である。

6 チームで対応する

　セルフ・ネグレクトの場合，支援者が介入すらできず，介入できたとしてもなかなか状態が改善しないもどかしさを感じることも多い。介入し改善するよう努力していても，何かのきっかけで信頼関係が壊れるのではないか，本人が事故や死亡に至った場合に責任がもてるのかなど，プレッシャーを感じること

も少なくない。担当者1人が抱え込むのではなく，地域ケア会議の活用や事例検討会によって計画を立て，計画に沿ってチームで対応することが必要となる。

　法制度の限界があるわが国において，拒否する本人を無理やり入院させることやサービスにつなげることは基本的にはできないが，支援がうまくいかないことを自分の責任であると思い込んでしまう専門職もいる。まして，本人だけの拒否にとどまらず，家族の拒否があると，行政やその他の機関への連携依頼はスムーズに進まず，対応にも限界が生じる。地域における第一線の支援機関である地域包括支援センターだけではなく，行政の高齢福祉担当部署，民生委員，民間業者，地域住民との協働により支援のネットワークを構築していき，チームで対応していくことが，専門職がバーンアウトしないためにも重要である。

2 事例への対応のプロセス

1 各期に応じた専門職の介入・支援のポイント

　本人が明らかに重大な疾患を患っていて生命のリスクが高い場合に，本人の意思と生命のどちらを尊重すべきか，専門職はジレンマを感じることが多い[2]が，介入・支援においては，生命のリスクを常にアセスメントしながら本人の自己決定を支援することが必要になる。

　図3-1では，セルフ・ネグレクトの人への対応のプロセスを三期に分け，各期における専門職の介入・支援のポイントをまとめた[3]。もちろん生命のリスクが高い場合には緊急の対応が必要となるが，そうでないとアセスメントした場合は，段階的に関わりを進めていくことが大切である。

　「把握・見守り期」では，本人と会うことを目標に，定期的・継続的に訪問し，計画的に見守っていく。なかなか会えない場合には，家屋や家の外回りの様子から生活実態を把握したり，近隣から本人の生活に関する情報を得る。「初動期」では信頼関係を構築し，セルフ・ネグレクトに至った背景を理解するために，まず本人の話を聞き，現在の状況を理解することに努めながら，心身のアセスメントを行う。次に，頻繁に訪問して，困り事や不安を糸口に家屋の衛生

図3-1 各期の専門職の介入・支援のポイント

把握・見守り期	初動期	展開期
・会うことを目標に,拒否されても訪問する ・会えないときは周囲から情報を得る ・家屋や本人の様子から予測して対応する ・適切な関わり方を事前に話し合い,計画的に見守る ・本人が受け入れやすい言葉かけや誘いかけを工夫する ・本人が信頼を寄せている人から紹介してもらう	・困っているときにタイミングよく訪問し,困り事への支援を受け入れてもらう ・血圧測定等から,関係づくりや次の訪問につなげる ・心身をアセスメントし,生命のリスクを予測する ・心配しているというメッセージを必ず伝える ・入り込み過ぎず,必要時にSOSが出せるようにする ・異変に備え,連絡をしてもらえるようアンテナを張る ・間接的なサービスや見守りを組み合わせて孤立させない ・「ゴミ」「片付ける」「捨てる」という言葉を使わずに,困り事から介入する	・生活パターンやヒストリーから,本人の困り事を位置付ける ・体調をよくすることや困り事を解決するために,支援が必要なことを提案する ・異変に備え,あらかじめ関係機関の連携体制を整える ・生命のリスクを見極め,生命を守ることを優先する ・捨ててよい物といけない物を聞き,片付けに了解してもらう ・恥をかかせないようプライドに配慮しながら,不要な物を処分する

岸恵美子・野尻由香他：地域包括支援センター看護職のセルフ・ネグレクト事例への介入方法の分析,高齢者虐待防止研究,10(1),106-120,2014.をもとに筆者作成

や身体の清潔などの健康行動が取れるよう,少しずつ生活の改善を進めていく。ただし,高齢者のこれまでの生活やライフスタイルを否定することのないように,慎重に進めることが大切である。支援の「展開期」では,家族にも連絡を取り,協力してもらうことで,本人への介入がうまくいくことも多くある。本人が入院や入所している間に家族とともに家の中を整理することもあるが,この場合にも,あらかじめ本人の同意を取る必要がある。

また,介入や支援を行うにあたっては,生命のリスクが高くなった場合に備えて,あらかじめ介入の基準やサインを決めておくことも重要である。緊急性が高くないと判断されれば,「心身のアセスメントと背景の理解」を行いながらじっくりと信頼関係を構築していく。さらに,本人の姿が長い期間確認できなかったり,近隣の人たちから悪臭がするなどの連絡が入った場合に備えて,関わる関係者でケア会議等を開催し,「○○の状況になったら,○○が,○○のために,○○を○○する」などとあらかじめ検討して決めておくと,対応もスムーズに進めることができる。

2 生活の再構築のための支援

　次に，支援者とセルフ・ネグレクトの人との関係性から，支援関係の構築について述べる。図3-2に示すように，セルフ・ネグレクトの人がこれまでのライフスタイルを変え，新しい生活を再構築していくための支援プロセスである。

1 本人の困り事から支援を始める

　支援者は，まずは本人が「何に困っているのか」「何に関心があるのか」から，コミュニケーションを始めるとよい。支援者の困り事が本人の困り事でない場合のほうがむしろ多い。たとえ，近隣からの苦情により把握された事例でも同様である。本人の声に耳を傾け，困り事や関心事が見いだせなければ，気候や体調の話から入るのも得策である。

　また，例えば，いわゆる「ゴミ屋敷」への初回訪問において，「ゴミ」「捨てる」「片付ける」などの言葉は，"ゴミではない"と思っている対象者に対して禁句である。「ゴミ屋敷」の当人のニーズは，ゴミを片付けることではないことも多い。

2 物ではなく人への信頼をもってもらう

　セルフ・ネグレクトの高齢者はこれまでに，人に裏切られたり，トラブルが発生したりと，むしろコミュニケーションがうまく取れない人が多い。また人への信頼感がもてないために，物に執着したり，物があることで安心する人もいる。そこで，物ではなく，人への信頼をもってもらうことが重要である。支援者側の誰か1人が信頼を得ることができれば，その人を通して信頼できる人，つまり信頼の輪を広げることができる。

　もちろん，初期に本人に会うのは担当者1人だけであるとしても，必ず複数の職員で後方支援し，情報を共有しておくことが重要である。焦らず，見守りながら本人の困り事を引き出して，困り事に沿った対応を行うが，並行して生命のリスクを予測しタイミングを見逃さない支援が求められる。また，信頼関係が構築できたように見えても，何かの一言で関係が急に悪化することもある。そのような場合にも備え，まず1人が信頼関係を構築できたら別の支援者を紹介するように，支援のネットワークを広げていくとよい。また一方で，

図3-2 生活再構築のための支援プロセス

- ・物ではなく，人への信頼感をもってもらう。
- ・本人の関心事，健康，生活から入る。

- ・「何も困ってない」という裏にある**潜在的なニーズ（困り事）**を引き出す。

- ・潜在的なニーズ（困り事）に**気づいてもらう**。

- ・困り事を解決するため，**少しの援助を受け入れてもらう**（できるだけ主体的に関わってもらう）。

- ・援助による**小さな変化**を「**快**」「**心地よい**」と感じてもらう。

岸恵美子他：セルフ・ネグレクト高齢者への効果的な介入・支援とその評価に関する実践的研究，平成24〜27年度科学研究費助成金 基礎研究（B）．より筆者作成

関係が悪化してしまった場合にはさっと引き，別の機関に任せるのも一つの方法である。

3 少しの変化を「快」と感じてもらう

　セルフ・ネグレクトの高齢者は，支援を受け入れる経験が極めて乏しい。そのため，例えば，支援者が「部屋を片付ける」などの提案をしても，簡単には受け入れることができず，かえって拒否的になることもある。まずは本人の困り事を解決するための小さな変化を受け入れてもらうことから始める。

　具体的には，冬になって隙間風が寒いという訴えがあれば，「この部屋にスペースがあればストーブを置くことができる」と提案し，部屋の一部を片付けることに同意してもらう。片付けができストーブが置かれると，「部屋が暖かい」ことが「快」と感じられる。これが小さな一歩となり，次の支援を受け入れることにつながり，支援関係が構築されることになる。また変化を受け入れてもらうには，受け身ではなく，片付けなどに本人が一部でも主体的に参加できるようにするとさらによい。

3 「ゴミ屋敷」の対応・支援のプロセス

「ゴミ屋敷」への対応についても，基本的には**図3-2**と同様である。まずは頻繁に訪問して信頼関係をつくることから始めることが近道である。ゴミをためてしまう人のなかには，人への信頼がもてないために物に執着したり，不安や寂しさなどの心の隙間を埋めるために物を集めたり捨てられない人が少なくない。

「ゴミ屋敷」への初期介入としては，まずはどのタイプか（**41頁参照**）を見極めるためのアセスメントが必要である。また，「ゴミ」「捨てる」「片付ける」という言葉を早い段階で発してしまったり，安易に本人の物に触れたりすると，信頼関係が構築できないばかりか，二度と家に入れなくなることがあるので，慎重に対応する必要がある。「ゴミ屋敷で対応が困難な例」を**表3-2**にまとめるが，問題ごとにどのように対応すればうまくいくのかを事例検討会等で検討し，対応していく必要がある。

また，ホーディングシンドロームの場合はセルフ・ネグレクトといえるのかどうかであるが，物をため込むことによってストレスが生じているとすれば，健康や生活が損なわれていることになり，セルフ・ネグレクトともいえると考えられる。

「ゴミ屋敷」への介入でも，やはり，大きな変化ではなく，小さな変化を受け入れてもらうことから始めることが重要であり，一気にすべての部屋を片付けることは必ずしも有効ではない。まずは居室の一部の生活スペースを片付け，生活空間を確保するようにする。特に本人が居住したまま片付ける場合は，そ

表3-2 ゴミ屋敷で対応が困難な例

- ・自室に他人が入ることを許さない
- ・他者が片付けることを強く拒否する
- ・同じ種類のものが多数ある
- ・常識を超えたこだわりがある
- ・極端に不潔な状態をまったく気にしない
- ・ゴミの山にいることで，安心・安定する
- ・片付けの途中で，別なことに関心が移ってしまう

の後の状態をどう維持していくかの支援方法を検討する。また同時に，他の部屋を片付けるかどうかも含めて一緒に考えていくことが大切である。

現在，「ゴミ屋敷」の片付けや掃除などを高齢者の支援に実績のあるNPO法人等が行ったり，また特殊清掃業者のなかにも，「福祉整理」として低額で高齢者の状態に配慮しながら片付けを行う業者も増えてきている。さらには，地域の自治会長が中心となり，住民が本人を説得して，住民皆で片付けることにこぎつけた事例などもある。これらに関する情報も得ておくと参考になる。

次節からは，セルフ・ネグレクト事例に関わるために必要な医学的知識と法的知識を述べた上で，実際に事例に関わる専門職等が対応・支援に困るときのポイントについて，Q&A形式で解説する。なお，Q&Aは特に但書きがない限り，地域包括支援センター及び行政の高齢福祉等担当部署の職員を想定して回答しているが，セルフ・ネグレクト事例はこれまで述べてきたように，それぞれに背景や疾患等が異なるので，初回訪問時や通報・相談があった場合の介入は，行政担当者を含む複数の担当者で方針を決めて対応することが重要である。

2 適切な対応に必要な医学的知識

1 セルフ・ネグレクトと病気

1 セルフ・ネグレクトとは ― 医師の立場から

　筆者は精神科の医師として，外来診療や訪問診療の傍ら，長い間精神相談を行ってきた。保健センター，福祉事務所，地域包括支援センター等で相談を受けるとともに，来所困難な場合は自宅に訪問し，相談を受けている。そこで何らかの病気があると考えられる場合には病院を紹介したり，主治医に連絡したり，時には自分が診療にあたったりと，おおよその方針を立て問題解決の方向性を見いだす役割を取っている。

　精神相談ではさまざまな病態の人が対象となるが，近年では「セルフ・ネグレクト」と思われる人に関する相談も少なくない。しかし，セルフ・ネグレクト状態で自ら相談に来る人はまずいない。相談に来るのは家族，民生委員，アパートの大家，近隣の人などである。

　相談のなかでセルフ・ネグレクトと思われる状態で多いのは，風呂に入らない，衣服に無頓着，適切な食事を取らない，医療介護の拒否などであるが，一目で最もわかりやすいのは，いわゆる「ゴミ屋敷」または「ゴミ部屋」であろう。その「ゴミ屋敷」あるいは「ゴミ部屋」に困り果て，何かの病気ではないかと周囲の人が相談にやってくるのである。

　セルフ・ネグレクトへのアプローチで大切なことは，生きる権利と健康を守るということを軸に，慎重かつ細やかに状況を分析し，本人に寄り添うことで解決の糸口を探ることである。病気があれば治療を行うことになるが，例えば，病気の深刻さを図るには「体重の減少」が指標の一つとなる。さらに，生命に関わるような重大な状況になる前に予防的観点も重要である。また，セルフ・ネグレクト事例の場合には，財産権に対する配慮も必要となる。

　ここでは，これまでの筆者の臨床経験をもとに，セルフ・ネグレクトにつ

いて，それが起こる背景やセルフ・ネグレクトの背後にどのような病気があるか，支援者が支援を続けていくために重要と考えられることを例示していくこととする。

2 セルフ・ネグレクトと病気との関連

　病気によって生活不良となり，片付けができなくなり「ゴミ屋敷」になることもある。統合失調症の人がゴミ集めをして「ゴミ屋敷」となることもある。しかし，周囲にとってはゴミでも，本人にとってはゴミではないこともある。缶を大量に集めてためている人にとっては，生活の糧かもしれない，収集家であるかもしれない。また時に，何らかの心的外傷から荷物を大量にためずにいられない人もいる。単に片付けが苦手な人もいる。

　このように，セルフ・ネグレクトが考えられる場合，どこからを病気とするか，判断することは非常に難しい。「ゴミ屋敷」というのは，セルフ・ネグレクトにおいてそうなってしまった結果の一断面にしか過ぎない。そこに至るまでに何があったのか，また病気が隠されていないかを見極めることが必要であろう。

　しかし，セルフ・ネグレクトの多くに生活不良があり，病気が隠れていることが多いのは確かである。

　どのようなときに病気を予想すべきなのか。もちろん医師の診断が必要となるが，セルフ・ネグレクトの場合には受診につなげるだけでも一苦労である。では，どのようなときに病気と考え，医療につなげるべきであろうか。

　生活不良からくる深刻な病態として，「栄養不良」がある。認知症における栄養不良は死亡率が高い。痩せが見られたときには，病気が見えていても見えていなくとも急ぐ必要がある。「ゴミ部屋」状態で痩せてきているような人がいれば，『そんなに痩せたのではよくないから，病院にかかったほうがよいですよ』と伝えるのが望ましい。これは児童虐待でも同様で，精神症状や問題行動に先行して子どもの体重減少が観察されており，母子健康手帳の体重曲線の重要性が知られている。

　セルフ・ネグレクトとは，医学的見地から見ると「自分の世話ができなくなり生活が乱れている状態」である。これは古くからあった状態であろうが，物

や情報にあふれた現代であり，高齢化社会となっていることも，近年においてセルフ・ネグレクトが顕在化してきた理由の一つと考えられる。

3 自殺とセルフ・ネグレクト

　筆者の臨床経験上，セルフ・ネグレクトには引きこもりと自殺との関連も予想される。うつ病の人のなかには，自分の世話をすることがおっくうになり，絶望から自殺する人もいる。これはセルフ・ネグレクトともいえるかもしれない。うつ病は抗うつ薬によって改善するものなので，治療すべきものである。一方で，宗教的意味合いで自らの意思でミイラになる即身仏などは自殺ではない。人によっては，自殺を人間の最後の権利と考える人たちもいるのである。

　人権の議論となってしまう部分もあるが，少なくとも，うつ病や統合失調症で幻覚妄想状態から責任能力のない状態で自殺をしようとする人がいるとすれば，止めなければならない。病気により判断能力が低下しているのだから，支援をしなければならない。筆者はこういった例を，病気の部分を指摘しながら本人と自宅で話し合い，治療を説得し，病気を治すことで事故を未然に防ぐことを長年行ってきた。ドラマチックでもないし地味だが，これがベストの医療であると考えている。保健所や保健センターでの業務は，まず予防的観点から治療につなげることが求められる。

4 治療へのアプローチ

1 介入のポイント

　セルフ・ネグレクトと考えられる人を治療する際のアプローチについてまとめていくが，まずは介入のポイントである。

　セルフ・ネグレクトの人への介入ポイントは本当に難しい。ここまで述べたように，セルフ・ネグレクトには多様な姿があり，また，人権や財産権なども絡み，時に裁判にまで至るなど，反発を受けることもある。そこで，個人や一機関で対応するのではなく，支援者・支援機関は，保健所・保健センター等行政機関と連携して対応することが重要である。

　一方で，支援者は自らの専門性の領域を守ることも大切である。特に法的問

題が含まれているときは，自らの役目の範囲を守ることが肝心である。医師は医師の範囲で，保健師は保健師のするべき範囲で，地域包括支援センターの職員はセンターの職域の範囲内で，法的根拠に基づき，よく協議してチームで対応する必要がある。

　そして，「誰が見てもこうするしかない」という決断をするべきである。そのポイントは，お節介のように早すぎても，また手遅れでもいけない。人は自由に生きる権利があるのだから，生き方に口を出してほしくないと思っている。しかしだからといって，事故が起きるまで待っていては予防できない。そのポイントは難しくタイトに感じるが，これを容易にするのが「医師による介入と診断」である。「病的な部分を治そうではないか」という切り口は多くの人が受け入れる。最終的には受け入れざるを得なくなることが多いからである。これが精神的な病気であれば，強制的な入院形態といえる医療保護入院となることもあるが，病気が落ち着くと，拒否していた人でも最終的には感謝することが多いものである。

2 入院治療

　医療的に保護的な扱いをして入院となった場合，法的根拠はどうだろうか。
　本人が納得しないのに介入するのであれば，本来は人権侵害であるが，唯一，この人権を侵害しても治療する必要性を法で定めているのは，精神科における医療保護入院である。医療保護入院は，本人は病気の自覚がなく入院を拒否しているが，医師が精神症状による入院の必要性を判断することで，家族等の同意を得た上で入院させることができる入院形態である。これには，精神保健指定医による診察が必要不可欠である。

　もちろん，治療者としては本人が社会にいることにこだわり，社会生活への復帰を目指した治療をしなければならない。その一環としての入院であるべきである。社会からの排除が目的では決していけない。その人の自由に生きる権利を守り，ノーマライゼーションの原理で社会生活ができるようにしなければならないのである。

　また，認知症の患者の場合，食欲不振になってから入院した際の死亡率は50％以上といわれており，高齢者においての入院はかなり厳しいものである。在宅での治療においてさまざまな方法で試み，どうしてもほかに手がないと

なったら入院するべきであり，安易に入院させるべきではない。

3 個別で柔軟な対応

一方で，周囲の人たちが安全に生きる権利も十分配慮されるべきである。ゴミが臭くてハエだらけで不衛生では困る。ゴミに火がついて近所に延焼することも防がなければならない。この難しい問題をバランスよく解決するためには，まず医師の診断を受けるということが役に立つであろう。理想としては，在宅で解決され社会のなかで共存することである。難しいことではあるが，その方向性は見失ってはいけない。

セルフ・ネグレクトへの介入は，ここまで述べたような要素を視野に入れて，個別に柔軟に判断すべきである。

現在，セルフ・ネグレクトに対する介入のハードルが時勢的に下がっているように感じる。これは，虐待の次にクローズアップされているからではないだ

コラム　ポリス的―パレンスパトリエ

医療保護入院を考えるとき，「パレンスパトリエ」と「ポリス的」という考え方がある。

パレンスパトリエは，「まあ，病気なのだから入院しなさいよ。よくなったらわかるよ」といった親父的な考え方で，一方，「何が何でも人権は守らないといけないから，本人が嫌がっているのであれば放置して手を出さない」という考え方がポリス的なものである。ポリス的とパレンスパトリエの線上のどちら寄りで考えるかは，そのときの時勢等によって揺れ動き，医師等の判断にゆだねられる。精神障害者の事件が多発すると，入院のハードルは下がる。一方で，病院内での処遇が問題になれば，入院のハードルは上がるといった要領である。医師の診断と医師の裁量，及び家族等の理解と協力により決められる部分も大きいとはいえ，関係する専門職と医師・家族で病状を分析してアプローチしなければならない。

本人には自由に生きる権利があり，周囲には安全に暮らす権利があり，両方に配慮する必要がある。

ろうか。虐待に対してある程度手をつけて解決してきたら，その先にセルフ・ネグレクトが見えてきたといってもよいのかもしれない。

2 よくみられる精神疾患

以下では，精神疾患の概要のほか，各疾患とセルフ・ネグレクトとの関係について，筆者の経験の範囲から解説する。

1 感情障害（躁うつ病，双極性障害）

古来より指摘されていた疾患で，抑制，不眠，日内変動，食欲低下，体重減少，便秘を中心に，抑うつ気分，興味の低下を認め，活動性の減少を主症状とする精神疾患である。性格的にまじめで几帳面な人に多いといわれる。12か月の有病率は約2％，生涯有病率は10％前後といわれ，男性よりも女性の有病率が高く，20代と中高年で発症率がやや高い。うつ病が多いが，よく観察すると短期間の躁病期を経てうつ状態となるものが多い。この躁の時期が長いものが躁うつ病である。

身体症状	食欲の低下，不眠（入眠困難，浅眠，早朝覚醒），体重減少，便秘，頭重感，めまいなどがある。
精神症状	抑制（おっくうさ）を中心に，抑うつ気分，興味の低下，思考の進みづらさ（思考抑制），いらいら（焦燥感），集中力の低下，自責感を高め希死念慮や自殺念慮を認める。精神症状は抑うつ神経症など他の疾患でも認められるため，身体症状を中心にうつ病を診断しコントロールする。
検査所見	特異的なものはない。
経過	1回の病相は数か月程度だが，時に1年以上に及ぶものもある。以前と同じ状態まで回復し寛解する点では予後は良好である。しかし，寛解期での再燃も50％以上といわれ，自殺率は10％といわれている。

治療	急性期には休養，服薬，精神療法が必要であり，乾いた井戸にゆっくりと水をためるような，ゆったりとした治療が必要である。このゆったりとした時間の経過が，世間の騒がしく暴力的でひどく忙しい様相とかけ離れており苦慮する部分であると同時に，現代におけるうつ病増加の鍵となっている。この世間の様相と几帳面でまじめな人がどう和解し生きていくかを探るのが認知行動療法で，再発を予防するために早期より精神療法のテーマとしてあげられる。休める環境を求め入院するときもあるが，自殺企図があるときは絶対的入院適応となる。回復期にも自殺があるので注意が必要で，励まさないように周囲に働きかける。軽労働による復帰が望ましく環境調整をするが，この調整と認知行動療法は表裏一体である。

事例1 うつ病

薬物療法と精神療法で普通の生活ができるようになった事例

　高齢で認知症のためかまったく会話ができず，食事も取らない閉じこもりで，「ゴミ部屋」で生活しているという女性について福祉事務所から紹介があり，往診した。以前は三味線の師匠をしていたということであったが，訪問してみると，痩せた状態で汚い布団に横たわっていた。

　診察をすると，身体的には問題はなく，時間や場所などについてはきちんと答えることができていた。しかし，おっくうでやる気が出ない，食べる気力もなくすべてに興味が失せてしまった，新聞もテレビも見ない，しまいにはまったく寝る気もしなくなって，夢ばかり見ていて眠れない，便も出ない，ただ死ぬことだけを考えていると話した。

　うつ病であり，入院して治療をすべきであると本人に伝えたが，かたくなに拒否した。そこで仕方なく，自殺をしない，医療用栄養剤を飲むという約束をして，在宅で薬物療法と精神療法を行うようにした。その後，約1か月で動けるようになり，1年ほどで普通に生活できるようになったが，身体的にも精神的にもかなり弱ってしまったために，三味線はやめてしまった。

2 統合失調症

　思春期から青年期に発症し，幻覚，妄想，自我障害といった陽性症状と，感情鈍麻，無為自閉といった陰性症状を病気の本体とする疾患である。ドーパミ

ンの過剰放出と関連があるとされているが，詳しい病因は不明である。発症早期の治療でかなり緩和されるため，初期治療が重要である。

前駆症状	発症様式はさまざまであるが，多くの精神病エピソードの前に非特異的な前駆症状が見られる。単なる落ち着きのなさ等から，神経症様症状や軽度の陽性症状であったりする。早期治療の観点から適切な対処が望まれる。
急性期症状	幻覚，妄想，自我障害などの陽性症状を中心に，思考障害や拒否，興奮があり，多くは病識を欠く。妄想気分という不安恐怖を抱えている。
慢性期症状	感情鈍麻，思考障害，無為自閉が前景となり，認知機能にも障害を及ぼし社会生活に支障をきたすようになる。不安や恐怖は急性期より低い。
診断と病型	臨床症状のみではなく，長い経過を見て診断をつける。若年期に発症し陰性症状が早期より前景となる破瓜型（これが多い），興奮や昏迷のある緊張型，妄想を前景にする妄想型（高年齢発症に多い）などがある。
治療	急性期の治療は薬物療法中心である。早期の治療が予後を左右する。慢性期に引きこもらないように，非定型抗精神病薬に切り替えるとともに，心理社会的治療を行う。

事例2 統合失調症
精神症状からゴミをため込んだが，片付けられなかった事例

若いときから変人といわれ，引きこもりがちで働いたことがない高齢者。収集癖があり母親が面倒を見ていたが，母親の他界後に生活が乱れ出し，家はすっかりゴミの山である。玄関から入ることもできない状態。買い物は，夜間に近所のコンビニエンスストアに出かけるだけで人目を避けている。身寄りはない。ぼやを起こしたことで保健センターより紹介され，往診した。

会うのにも一苦労であったが，何とか家にあがることができた。玄関脇に秘密基地のような1人だけが横になれるスペースがあり，その中で診察をした。バカにする電波が送られてくるので，バリケードを組んで中に隠れているとヒソヒソ声で話した。外出すると皆がジロジロ見てバカにする，何かしようとすると口出ししたり指示する声が聞こえる，何かひどいことになりそうで怖くて

仕方ない，大きな組織があって付けねらわれているので夜コソコソと買い物に行くがそれももう危険，火をつけて俺をいぶり出す気である，殺されると語った。

治療するように勧めたが，まったく受け付けない。痩せていて体重は40kgもないようであった。生命危機と判断し，市区町村長の同意による医療保護入院を進めた。地域包括支援センターや民生委員，保健師により搬送され精神科病院に入院。治療は進んだが，幻覚妄想の症状は残遺した。本人の同意がないため，ゴミは片付けられなかったが，その後，認知症化したため，成年後見制度を利用して成年後見人を認定しゴミの片付けをした。現在は高齢者施設に入所している。

事例3 老年期精神病

強い妄想と怠薬があったが，支援により服薬管理に成功した事例

普通の生活をしていた人であったが，近所からの攻撃を受けていると連日警察に訴えるようになり，家には帰らず警察で夜を過ごす日々が続いた。家はゴミだらけで寝るスペースもない。独居で国民健康保険，介護保険料滞納。自宅に監視用のビデオを設置し，妄想が高まるとともに奇妙な訴えが多いので，市区町村長同意による医療保護入院をするが，退院後は怠薬で元通りになってしまうことを繰り返す困難事例であった。

全関係者と相談したところ，行政の高齢者相談担当から，保護措置による入所であれば介護保険なしでショートステイが使えるとの話があり，さらに一時特例的にショートステイに協力してくれる施設も見つかったため，本人を説得して入所させた。入所後は本人を説得し服薬をさせていたが，本人が地域包括支援センターに入り浸りになるのに目をつけ，センターが服薬管理の手伝いをするようになった。そのうちに，医師が往診し薬を飲んで暮らすというペースができて問題行動は消えた。現在は生活保護を受給し，生活も安定し落ち着いて暮らしている。

保険料や年金を払っていない人は案外多い。こういった人は関わりが困難となることが多い。家族がいないとなおさらで，まったく手が出せなくなる。経済的，かつ人権的に困難例であったものを，行政が多方面に協力しサービスを引き出すことで治療の場を支え，結果，在宅で生活できるようにした事例であった。市民の生活を行政が守ったといえるだろう。

3 器質性精神病（認知症等）

脳に対するダメージにより，脳が器質的変化をきたし発生した精神症状の総称。脳に影響する薬物による，脳に対する化学的影響も含まれる。疾患としては，アルツハイマー病，ピック病（前頭側頭型認知症），脳血管障害，脳の炎症性疾患，脳腫瘍，中枢神経変性疾患，頭部外傷などが含まれる。

長年の脳に対する病気や外傷，薬物が脳に変化をもたらし，結果として不可逆的な認知症という病態に至る。認知症のうちの50％はアルツハイマー病で，次にレビー小体型認知症が20％，脳血管性認知症が15％といわれている。

認知症の症状は，認知症そのものである中核症状と，行動・心理症状（BPSD）といわれる精神症状等に分けられるが，BPSDの治療は一般的に精神科医が担う。薬剤を使用する場合は，当然のことながら病状や高齢化による身体の衰えにあわせて増減すべきである。BPSDへの対応として抗精神病薬を使用することがあるが，認知症の人は薬物の副作用が強く出やすいといわれているため，注意を要する。

アルツハイマー病	脳の一次性変性と萎縮があるが，成因は不詳であり脳のアルツハイマー神経線維変化などが研究され，各種薬物が開発されている。早発型，晩発型，非定型の3型に分類され，軽度のものから強い精神症状を示すものもあるため，認知症が考えられるときはMRIによる鑑別が必要である。いくつか経過緩和薬が出ているが，BPSDには抗精神病薬等が使われる。また，確定診断前にコリンエステラーゼ阻害薬等を投与することは避けなければならない。
レビー小体型認知症	脳全体にびまん性にレビー小体が認められるもので，認知の変動と特有なありありとした幻視と突発性のパーキンソン症状がある。抗精神病薬への過敏な反応に注意が必要で，時に抗うつ薬や漢方薬が有効である。
脳血管性認知症	大きい梗塞より小さい梗塞が多発したときに起きやすく，まだらな認知症状を示す。基礎疾患への治療と認知症状への治療が必要である。

事例4 認知症
早期 MRI にて認知症の確定診断がつき，医療が介入できた事例

　団地に住む高齢の女性。上階住人のエアコンがうるさく，めまいを起こすと頻繁に怒っていたが，近隣の話によると，女性の妄想によるものと疑われた。女性の生活は自立しており，トイレや食事も自立しているが部屋は散らかっていた。悪臭がひどく，被害も大きいものであった。

　診察すると，血圧が高く，長谷川式認知症スケールで13点。内科で加療しており，薬もきちんと飲んでいるという。しかしよく調べると，薬は半年前のもので，飲み忘れた薬が四方にあった。認知症により服薬が不安定となり，めまいを起こしていると考えられた。

　MRIでアルツハイマー病を確定。訪問介護や訪問看護で薬の管理と生活援助を行ったことで妄想とめまい症状が落ち着き，生活も改善して順調に在宅生活をしている。

　実際は上階に向かって，ほうきで夜中に何度も天井をつついており，近所中が入院させろと大騒ぎしていた例だが，現在は住民の理解も得られ，在宅生活を続けている。

4 症状性精神病

　脳以外の身体疾患の症状として精神症状が出ること（内分泌性疾患等）である。基礎疾患がわかっていればよいのだが，基礎疾患の情報がなく，精神症状だけで診察することも多いため，診断が難しい。幅広い視野での診療が要求される。基礎疾患により，個々多彩な症状を示す。特徴として，意識障害（意識変容状態）や幻視が見られることがあり，他の疾患との鑑別が必要である。また，高齢者では認知症との鑑別が問題である。

　基礎疾患を見逃さないようにするためには，常に症状性精神病はないかと意識する必要がある。甲状腺機能低下症はうつ病と誤診しやすいため，特に注意が必要である。腎不全や心不全，肝不全もある。腫瘍性疾患では微細な腫瘍でも精神症状を示すことがあり，後に腫瘍と判明して精神症状もその先行症状であったということがある。症状から腫瘍を疑い内科医に紹介したところ，悪性腫瘍が見つかるということもある。

事例5 症状性精神病
甲状腺の機能低下が発見できた事例

　高齢の認知症患者として，地域包括支援センターより紹介されてきた。閉じこもり，食事も取らず，異臭のする部屋に住んでいる。診察したが認知症状は薄く，むしろ元気がない。うつ病の症状が揃っていた。血圧が低く，脈拍数も低い。むくみが強く，毛が抜けるという。声も枯れている。眠ってばかりいるので，体重も増えている。

　採血をしたところ，甲状腺の機能が低下していることがわかり，大学病院に紹介し入院となった。手術後，元気になって普通に自宅で生活している。

5 てんかん

　現在脳に影響を与える他の疾患はないが，発作を慢性に繰り返す脳障害で，突発性脳律動異常をきたすものである。律動異常の部位により意識障害，痙攣，自動症，その他さまざまな症状を示す。てんかん発作は，全般性発作と部分発作に分けられる。全般性発作では意識障害を伴い，強直発作や間代発作が見られる。部分発作では意識障害を伴う複雑部分発作と，意識障害のない単純部分発作があり，一見てんかんとは思えない症状もある。他疾患との鑑別が必要である。

6 アルコール関連障害

　アルコールは社会的に容認されており，他の薬物依存と別に取り扱う。アルコール依存症，アルコール精神病，急性アルコール中毒に分類される。

　アルコール依存症は連続飲酒をしているイメージがあるかもしれないが，それは典型例ではない。典型的なものは，飲むときはとことん飲んで，その後は飲酒をやめる。そして，またしばらくするととことん飲む。これを繰り返していることが多い。仕事よりも酒を飲むことが大切で，仕事を休んででも酒を飲む。最終的には，家族よりも飲むことが大切となり，家にお金を入れることもなく，子どもの学費などに手を出してまで飲酒するなど，酒を手に入れるためには何でもするケースが多い。また，酒が手に入らないと暴力的になったり，

酒量が増えていき（耐性），経済的に破綻しても飲みたがる。

7 神経症性障害

あることに対して，異常に神経質になるという症状等を呈す。定義と成因には各説あるが，現在は，不安になりがちな脳内変化が起きているのであろうというのが中心であるかと思われる。ストレス状態における正常反応が強く長くなり，本人または周囲が困るときに診断する。

例えば，失恋というストレス状況は通常，約2週間〜2か月で回復すると考えた場合，2週間たってもまだ部屋から出てこないと，大失恋だったのですねと励ますが，2か月たってもまだ引きこもっていたら，さすがに長すぎると考える。さらに部屋から出ないで泣いている程度なら仕方がないが，まったく食べないで自殺をしようとしているとしたら，症状が強すぎると考える。このように，正常反応が強く長かったりすると病的であり，抑うつ状態が前景にある場合であれば，抑うつ神経症と診断する。

同じように，高いところに上がれば怖いという不安感にさらされ，この不安感から事故を回避する。これは正常な強さで長さも正常である。しかし，何も不安になる要素がないのに漠然と不安となり，生活不良となることがある。電車に乗ろうとすると強い不安が起こり呼吸も難しくなり，その後電車に乗ろうとすると，不安が起きるのではないかという予期不安に見舞われ，電車に近づくこともできなくなることもある。このような不安が前景にある場合は，不安神経症である。

そのほか，手洗いなど，確認を止めることができなければ強迫神経症，身体疾患への必要以上の心配で病院の受診が止まらないときは心気症である。

8 パーソナリティ障害

パーソナリティ特性の平均からの偏りであり，その異常性から本人が悩み社会が悩むものである。最近よく聞かれる疾患として，境界性パーソナリティ障害がある。境界性パーソナリティ障害は，見捨てられ不安，しがみつき依存（転移感情）があり，自我感情が不安定で空虚感から自己破壊的となり，周囲を巻

き込み，時に妄想的となり自傷行為をしたりする。当然，生活不良は強く，周囲を巻き込みながらネグレクトやセルフ・ネグレクトを示す。

その他，反社会性パーソナリティ障害，病的窃盗などもあり，境界性パーソナリティ障害と同様に深刻である。

「誠意ある」治療のために忘れてはならないこと

多数の疾患において意識障害が緊急性のサインとされているように，栄養障害は在宅において入院を考えなければいけない重要なサインである。しかし，医者1人では何もできず，家族や関係者と連携して冷静に入院導入を進めることが大切である。人権や財産権には十分留意するが，生命危機においては医療保護的アプローチが重要である。このアプローチをするには，入院やサービスを抵抗している本人に，「あなたの生命を守るために治療するようにしましょう」と，きちんと説明と同意を得ることを忘れてはならない。セルフ・ネグレクト自体も，単に「ゴミ屋敷」「ゴミ部屋」というのではなく，多様な病態を示すものだが，体重減少は状態の変化を探るのに役立つ。治療上も危機状況を見逃さないために，体重減少は指標とすべきである。

また，薬物療法と精神療法を粘り強く続けていくことは重要で，支援者は急激な改善を望まないことも重要である。そんなに簡単に人間は変わらないため，変化のための時間をたっぷり設けるべきである。そして，在宅で過ごすことを目標に据えて常にマネジメントする。そのことが，治療全体を「誠意ある」ものにさせるのである。

3 適切な対応に必要な法的知識

1 セルフ・ネグレクトをめぐる法律の状況

1 求められる法律の整備

　現在，日本でセルフ・ネグレクトについて直接定めた法律はなく，「高齢者虐待の防止，高齢者の養護者に対する支援等に関する法律」（高齢者虐待防止法）等，行政権限による介入についての根拠を直接規定した法律もない。しかし，そのことをもってセルフ・ネグレクトについて法律的な対応がなされなくてよいということにはならないし，行政等による何らかの関与がまったくできないというわけではない。

　何人も個人として尊重されながら生きる権利を有している。日本国憲法第13条では「すべて国民は，個人として尊重される。生命，自由及び幸福追求に対する国民の権利については，公共の福祉に反しない限り，立法その他の国政の上で，最大の尊重を必要とする」と定めている。個人として尊重されながら生きる権利を享受するためには，人たるに値する生活が保障されることが必要である。この点について憲法では「すべて国民は，健康で文化的な最低限度の生活を営む権利を有する」と，いわゆる生存権を規定し，「国は，すべての生活部面について，社会福祉，社会保障及び公衆衛生の向上及び増進に努めなければならない」（第25条）としている。

　自らのことを自ら決定するという自己決定権も，個人の尊重という観点からは十分に保障されなければならない。セルフ・ネグレクトの状態は，本人が十分な判断能力を有して自らの意思で行っている限りは，自己決定権に基づくものとして尊重されるべきことになる。判断能力に減退が見られる場合であっても，国連・障害者の権利に関する条約第12条に基づけば，精神上の障害がある場合にも自己決定権は十分に尊重される必要がある。憲法上保障される個人の人権は，「公共の福祉に反しない限り」尊重されるという制約はあるものの，

たとえ他者にとっては不快な状態であっても，そのことによって安易に高齢者の権利の制限が認められることにはならない。もっとも，セルフ・ネグレクトの状態は，生命の安全や健康が侵害され，健康で文化的な最低限度の生活を営む権利が侵害された状態であるともいえる。

国は，健康で文化的な最低限度の生活を営める権利を確保し，社会福祉等の向上及び増進に努めることが必要なのであって，このことからすれば，セルフ・ネグレクトの状態によってこのような権利が侵害されているのであれば，これを防止・救済をする法律を整備することも国の責務として導き出されることになる。

2 高齢者虐待防止法に準じた取り扱い

高齢者をめぐっては，1963（昭和 38）年に老人福祉法，1997（平成 9）年に介護保険法が制定され，高齢者福祉・介護についての基本的な法律となっている。

虐待をめぐっては，2000（平成 12）年に児童虐待の防止等に関する法律（児童虐待防止法），2001（平成 13）年に配偶者からの暴力の防止及び被害者の保護に関する法律（DV 防止法），2005（平成 17）に高齢者虐待防止法がそれぞれ制定されてきた。その後，高齢者虐待防止法の附則でも立法が促されていた，障害者虐待の防止，障害者の養護者に対する支援等に関する法律（障害者虐待防止法）が 2011（平成 23）年に制定された。

虐待による人権侵害の防止・救済は，基本となるこれらの各法のみならず，社会保障・社会福祉に関わるさまざまな法律や制度によって実現されることになる。

セルフ・ネグレクトは高齢者虐待防止法の定義には直ちに該当するものではないが，高齢者の権利・利益が客観的に侵害されていることには変わりがない。客観的に見て支援が必要なセルフ・ネグレクトの状態とは，例えば，①判断能力が低下している場合，②本人の健康状態に影響が出ている場合，③近隣との深刻なトラブルになっている場合などがあるが，支援が必要かどうかを総合的に判断し，虐待に準じた対応をすることが求められるといえる。

対応にあたっては，基本的に自己決定権が尊重されるべきであるが，セルフ・

ネグレクトの状態にある高齢者本人との信頼関係を構築する過程では，本人に積極的に働きかけていくことが必要となる場合もある。

厚生労働省のマニュアル[1]にも，「市町村は，高齢者虐待防止法に規定する高齢者虐待かどうか判別しがたい事例であっても，高齢者の権利が侵害されていたり，生命や健康，生活が損なわれるような事態が予測されるなど支援が必要な場合には，高齢者虐待防止法の取扱いに準じて，必要な援助を行っていく必要があります」と記載されている。

2 セルフ・ネグレクトに関連する法律

1 老人福祉法

1 目的

老人福祉法は，「老人の福祉に関する原理を明らかにするとともに，老人に対し，その心身の健康の保持及び生活の安定のために必要な措置を講じ，もつて老人の福祉を図ることを目的とする」法律である（同法第1条）。またこの法律では，高齢者が「多年にわたり社会の進展に寄与してきた者として，かつ，豊富な知識と経験を有する者として敬愛されるとともに，生きがいを持てる健全で安らかな生活を保障される」ことを基本理念としている（同法第2条）。

そして，国及び地方公共団体は，「老人の福祉を増進する責務を有する」とともに，「老人の福祉に関係のある施策を講ずるに当たつては，その施策を通じて，（中略）基本的理念が具現されるように配慮しなければならない」とされている。また，「老人の生活に直接影響を及ぼす事業を営む者は，その事業の運営に当たつては，老人の福祉が増進されるように努めなければならない」と定めている（同法第3条）。

2 老人福祉法が定める福祉の措置

老人福祉法では，65歳以上の者あるいは65歳未満の者であって特に必要があると認められる者に対する，居住地または現在地の市町村が行うべき「福祉の措置」について定めている（同法第10条の4及び第11条）。

市町村は老人福祉法の施行に関し，①老人の福祉に関し，必要な実情の把握に努めること，②老人の福祉に関し，必要な情報の提供を行い，並びに相談に応じ，必要な調査及び指導を行い，並びにこれらに付随する業務を行うことが定められている（同法第5条の4）。この法律に従えば，市町村はセルフ・ネグレクトの状態にある高齢者に対して，老人福祉法の措置に基づく対応をすることが必要な場合があるし，同法はセルフ・ネグレクトの状態にある高齢者に関与する根拠となる。

2 介護保険法

1 介護保険法とは

　2000（平成12）年の介護保険法の施行によって，高齢者福祉については措置から契約への移行が図られ，介護サービスは原則として利用者と介護サービス事業者の間の契約が主体となった。

　介護保険法は，「加齢に伴って生ずる心身の変化に起因する疾病等により要介護状態となり，入浴，排せつ，食事等の介護，機能訓練並びに看護及び療養上の管理その他の医療を要する者等について，これらの者が尊厳を保持し，その有する能力に応じ自立した日常生活を営むことができるよう，必要な保健医療サービス及び福祉サービスに係る給付を行うため，国民の共同連帯の理念に基づき介護保険制度を設け，その行う保険給付等に関して必要な事項を定め，もって国民の保健医療の向上及び福祉の増進を図ることを目的」としており，要介護状態の人の介護サービス利用に関わる基本法である（同法第1条）。

　介護保険は，被保険者である高齢者の要介護状態または要支援状態（要介護状態等）に関し，必要な保険給付が，要介護状態等の軽減または悪化の防止に資するよう行われるとともに，医療との連携に十分配慮して行われ，高齢者の心身の状況，その置かれている環境等に応じて，高齢者の選択に基づき，適切な保健医療サービス及び福祉サービスが，多様な事業者または施設から，総合的かつ効率的に提供されるよう配慮して行われ，保険給付の内容及び水準は，高齢者が要介護状態となった場合においても，可能な限り，その居宅において，その有する能力に応じ自立した日常生活を営むことができるように配慮されなければならないものとされている（同法第2条）。

セルフ・ネグレクトの状態の場合には，周囲の働きかけによって介護サービスの利用に結びつくこともある。しかし，本人の拒否があるときには，容易には契約による介護サービス利用に結びつけることが困難なこともあり，その場合には，老人福祉法の措置の活用を検討する必要がある。

2 介護保険法とセルフ・ネグレクトへの対応

介護保険法では，要介護状態または要支援状態の人を対象に介護保険利用によるサービスを提供することのみならず，市町村が，高齢者が要介護状態等となることを予防するとともに，要介護状態等となった場合においても，可能な限り，地域において自立した日常生活を営むことができるよう支援するため，被保険者の心身の状況，その居宅における生活の実態その他の必要な実情の把握，保健医療，公衆衛生，社会福祉その他の関連施策に関する総合的な情報の提供，関係機関との連絡調整等の総合的な支援や，虐待の防止及びその早期発見のための事業その他の被保険者の権利擁護のため必要な援助等の事業を行うことを規定している（同法第115条の45）。また，高齢者が地域において自立した日常生活を営むことができるよう，包括的かつ継続的な支援を行う体制の検討を行う，介護支援専門員（ケアマネジャー），保健医療及び福祉に関する専門的知識を有する者，民生委員その他の関係者，関係機関及び関係団体により構成される地域ケア会議を置くように努めなければならないとされている（同法第115条の48）。

介護保険法上も，市町村は，セルフ・ネグレクトの状態の人が地域において自立した日常生活を営むことができる支援体制を整備することが求められているといえる。

3 高齢者虐待防止法

1 セルフ・ネグレクトと高齢者虐待

高齢者虐待防止法にはセルフ・ネグレクトについて直接の規定はないが，セルフ・ネグレクトの対応を検討する上で重要な法律である。

高齢者虐待防止法は，高齢者に対する虐待が深刻な状況にあり，高齢者の尊厳の保持にとって高齢者に対する虐待を防止することが極めて重要であること

等に鑑み，高齢者虐待の防止等に関する国等の責務，高齢者虐待を受けた高齢者に対する保護のための措置，養護者の負担の軽減を図ること等の養護者に対する養護者による高齢者虐待の防止に資する支援のための措置等を定めることにより，高齢者虐待の防止，養護者に対する支援等に関する施策を促進し，もって高齢者の権利利益の擁護に資することを目的としている。そして，多くの規定で，老人福祉法や介護保険法等の関連法規による権限行使を予定している。

　高齢者虐待防止法の解釈や運用にあたっては，法施行に先立ち厚生労働省によって作成された『市町村・都道府県における高齢者虐待への対応と養護者支援について』[1]及び日本社会福祉士会作成の『市町村・地域包括支援センター・都道府県のための養護者による高齢者虐待対応の手引き』[4]が参考となり，各自治体もマニュアル等を作成している。

　なお，高齢者虐待防止法については，養護者による虐待と養介護施設従事者等による虐待の規定があるが，セルフ・ネグレクトについては，主に養護者による虐待に関わる規定が参考になるので，以下はこれを中心に解説をする。

2 定義等

●高齢者

　高齢者虐待防止法における高齢者とは，65歳以上の者をいう。65歳未満の者であって養介護施設に入所し，その他養介護施設を利用し，または養介護事業にかかるサービスの提供を受ける障害者については，高齢者とみなして，養介護施設従事者等による高齢者虐待に関する規定を適用する。

　定義としての明確性という点で，高齢者の状態については特に限定をしていない。年齢は客観的に明確だが，通報者は必ずしも把握できない。したがって実務上は，65歳以上か否かにかかわらず，通報・届出の対応をすることになる。

●養護者

　高齢者を現に養護する者であって，養介護施設従事者等以外の者である。養護者ではない同居の親族による虐待は，これを養護者が放置していれば養護者の介護放棄にあたる。ただし，経済的虐待については同居の有無にかかわらず親族も主体になる。なお，養護者，親族または養介護施設従事者等以外の者の財産上の不当取引については，市町村は「相談に応じ，若しくは消費生活に関

する業務を担当する部局その他の関係機関を紹介」し，成年後見の審判の請求をすることとされている（同法第27条）。

● 虐待

　高齢者虐待防止法では，養護者による，①身体的虐待（身体に外傷が生じる，または生じるおそれのある暴行），②介護・世話等の放棄・放任（ネグレクト）（衰弱させるような著しい減食，長時間放置，同居人による虐待を放置すること），③心理的虐待（著しい暴言，著しい拒絶的対応，その他心理的外傷を与える言動），④性的虐待（わいせつ行為をする，わいせつ行為をさせる），⑤経済的虐待（養護者，親族が高齢者の財産を不当に処分すること，その他不当に利益を得ること）を虐待として定めている（同法第2条）。

　なお，障害者虐待防止法では身体拘束が明記されているが，高齢者虐待防止法の定義には明記されていない。しかし解釈上，また，介護保険指定基準上，高齢者についても，身体拘束は身体的虐待に含まれると解される。また，高齢者に向かって危険な行為や身体に何らかの影響を与える行為があれば，身体的虐待と判断することができる。

　心理的虐待は，高齢者本人や虐待者が虐待と認識しているかどうかを問わず，客観的に見て，通常であれば本人に著しい心理的外傷を与えるものであれば含まれるとともに，本人を基準として主観的に心理的外傷を受ける行為についても該当する余地があるものであり，客観的行為と高齢者本人の主観的な状況を総合的に考慮して認定する。

● 早期発見の努力義務

　施設，病院，保健所，高齢者福祉関係団体，施設従事者，医師，保健師，弁護士，高齢者福祉関係者は，職務上，高齢者虐待を発見しやすい立場にある者として，早期発見の努力義務が定められている（同法第5条）。

3 在宅高齢者への虐待の対応

　高齢者虐待防止法は，児童虐待防止法における児童相談所のような中核機関についての規定はないが，高齢者虐待についての対応は，専ら市町村が行うこととなっている。

● 通報の義務

　何人も,「養護者による虐待を受けたと思われる高齢者を発見した者」は,「その高齢者の生命,身体に重大な危険が生じている場合」は,速やかに市町村に通報しなければならず,その他の場合にも通報するよう努めなければならないとされている（同法第7条）。なお,通報者の保護のため,刑法等で別途に定められている秘密漏示罪や守秘義務規定は通報の妨げにならないとされている。

● 市町村の対応

　通報を受けた市町村は,通報,届出にかかる事実の確認のための措置,高齢者虐待対応協力者との対応の協議,「生命,身体に重大な危険が生じているおそれがあると認められる高齢者」を一時保護するため,老人短期入所施設への入所,老人福祉法上のやむを得ない措置,成年後見申立等の措置を講じることになる（同法第9条）。

　虐待に関する通報や届出があった場合には,高齢者の安全確認・事実確認の措置のために,訪問や家族への働きかけによって任意に住居内に立ち入る試みが必要である。しかし,高齢者の生命,身体に重大な危険が生じているおそれがあるときは,市町村長は担当職員を派遣して高齢者の住所または居所に立ち入り必要な調査・質問をさせることができるし,必要に応じ警察署長の援助も求めることができる（同法第9条・11条・12条）。警察官は高齢者の生命,身体に対する危険が切迫している場合など必要なときには,高齢者の安全を確保するために,警察官職務執行法に定める職務質問,犯罪の予防及び制止,建物等への立ち入りの措置を取ることができる。なお,正当な理由なく立ち入りを拒んだり,妨害,忌避,質問に答えない,虚偽の答弁,高齢者に答弁させない,虚偽の答弁をさせる行為を行った者については,30万円以下の罰金が処せられる（同法第30条）。

　市町村の立入調査・質問調査権の行使は犯罪捜査のものではなく,また裁判所の令状を得て行うものではない。したがって,養護者が鍵をかけて立ち入りを拒否する場合には,市町村職員が調査への妨害行為には刑事罰が科せられる旨を告知して,間接的に妨害行為をやめさせることはあっても,実力行使をして自ら鍵を開けることはできない。

●分離・措置

　高齢者の生命，身体に危険がある場合には，養護者から分離することが必要になる。この場合，高齢者を一時保護するため，ショートステイ，特別養護老人ホーム等への措置を取ることとなる（同法第9条）。これは，老人福祉法第10条の4第1項，同第11条第1項の「やむを得ない措置」による老人短期入所施設等への入所措置にあたるものである。

　直ちに分離をしない場合でも，要介護高齢者が介護保険を利用しておらず，養護者が利用に協力しない，あるいは高齢者の判断能力が減退している場合などは，介護保険利用までの間の介護負担の軽減・世話の確保のために，老人福祉法第10条の4第1項の在宅介護サービスについての措置も活用できる。

　高齢者の生命，身体に危険がある場合や精神的なケアが必要な場合は，病院における入院等による治療の要否も検討する必要がある。市町村は，「やむを得ない措置」のための居室の確保等を行うこととされている（同法第10条）。また，老人福祉法による措置が取られた場合には，市町村長または養介護施設の長は養護者に対する面会制限ができる（同法第13条）。

●市町村の責務

　市町村の責務として，専門的職員の確保（同法第15条），連携協力体制の整備（同法第16条），周知（同法第18条）等が規定されている。養護者の支援に関する市町村の責務としては，①高齢者，養護者への相談，指導，助言（同法第6条），②負担軽減のための養護者への相談，指導，助言（同法第14条第1項），③負担軽減を図るため緊急の必要があるときの短期受け入れ居室の確保（同法第14条第2項）の措置をとるべきこと等が定められている。

3 セルフ・ネグレクト高齢者への対応

1 老人福祉法による措置対応

1 市町村による措置権限の行使等

　高齢者虐待防止法では，市町村または市町村長は，通報・届出があった場合

には，高齢者に対する養護者による高齢者虐待の防止及び当該高齢者の保護が図られるよう，養護者による高齢者虐待により生命または身体に重大な危険が生じているおそれがあると認められる高齢者を一時的に保護するため，迅速に老人福祉法に規定する老人短期入所施設などに入所させる等，適切に老人福祉法第10条の4第1項，もしくは第11条第1項の規定による措置を講じるものとされている（高齢者虐待防止法第9条第2項）。

老人福祉法第10条の4第1項及び第11条1項は「やむを得ない事由による措置」を定めているが，この適用については，老人福祉法や関連通知に基づいて判断される。高齢者虐待防止法にセルフ・ネグレクトが規定されていなくても，同法の趣旨から老人福祉法の同条項の要件に合致すれば，セルフ・ネグレクトについても措置は可能であると考えられる。

老人福祉法の「やむを得ない事由」の解釈については，次のような場合が想定されている（老人ホームへの入所措置等の指針について（平成18年3月31日付け老発第0331028号厚生労働省老健局長通知）。

① 65歳以上の者であって，介護保険法の規定により当該措置に相当する居宅サービスにかかる保険給付を受けることができる者が，やむを得ない事由により介護保険の居宅サービス利用をすることが著しく困難であると認められる場合（「やむを得ない事由」とは，事業者と「契約」をして介護サービスを利用することや，その前提となる市町村に対する要介護認定の「申請」を期待しがたいことを指す）

② 65歳以上の者が養護者による高齢者虐待を受け，当該養護者による高齢者虐待から保護される必要があると認められる場合，または65歳以上の者の養護者がその心身の状態に照らし，養護者の負担の軽減を図るための支援を必要と認められる場合

「本人による『申請』や『契約』が難しいという場合」や「高齢者虐待から保護される必要がある場合」「養護者の負担軽減が必要な場合」に「やむを得ない事由による措置」をとることが可能であると示されており，セルフ・ネグレクトの高齢者に市町村が関与する場合，老人福祉法の措置の利用が考えられる。

2 老人ホームへの入所等

市町村は65歳以上の高齢者について，必要に応じて次の措置を取らなければならない（老人福祉法第11条）。

① 環境上の理由及び経済的理由により，居宅において養護を受けることが困難な者を養護老人ホームに入所させる
② 身体上または精神上著しい障害があるために常時の介護を必要とし，かつ，居宅においてこれを受けることが困難な者が，やむを得ない事由により介護保険法に規定する介護老人福祉施設等に入所することが著しく困難であると認めるときは，特別養護老人ホームに入所させる
③ 養護者がないか，または養護者があってもこれに養護させることが不適当であると認められる者の養護を，養護受託者のうち政令で定めるものに委託する

なお，市町村によっては虐待等の緊急対応として，緊急ショートステイの利用を行っているところがあるが，費用負担や利用期間等の仕組みは，それぞれの市町村の実施要綱によって異なる。

3 居宅における介護等

市町村は必要に応じて，65歳以上の下記の者に，「やむを得ない事由により」介護保険法による各サービスを利用することが著しく困難であるときは，次の措置をとることができるとされている（老人福祉法第10条の4）。

① 身体上または精神上の障害があるために日常生活を営むのに支障がある者について，介護保険法に規定する訪問介護，通所介護，小規模多機能型居宅介護等の供与
② 養護者の疾病その他の理由により，居宅において介護を受けることが一時的に困難となった者について，短期入所等
③ 認知症であるために日常生活を営むのに支障がある者について，住居において入浴，排泄，食事等の介護，その他の日常生活上の援助等

4 医療の受診等

老人福祉法では介護サービスの利用のみが規定されており，医療機関への受診については規定がない。

人の身体への侵襲を伴う医療行為を行うには，医療機関との間で診療契約を

締結するとともに，患者の自己決定権に基づき，患者が当該医療行為について同意していることが必要であるが，本人に同意能力（当該医療行為の侵襲の意味が理解でき，侵襲によってどのような結果が生ずるかを判断する能力）がなかったり，本人が同意をしていない場合には，緊急性があっても医療受診は困難となる。医療の実務では，親族の同意は事実上，患者本人の同意に代替するものとして扱われているため，協力してくれる親族がいるのであれば，その親族の協力を得ることにより対応が可能となる。仮に親族の同意を得ることができなくとも，緊急性が高い場合の医師の医療行為については，法的に違法性は阻却されることとなるが，医療的な対応については高齢者虐待防止法上も有効な手段はなく，法的な整備が求められる。

なお，介護保険制度に基づく訪問看護サービスについては，介護保険の認定を受けていない場合であっても，介護保険法第42条の特例居宅介護サービス費の「緊急やむを得ない理由」に該当するとし，本人の1割負担分を市町村が負担して訪問看護サービスを導入する措置が取られており，介護老人保健施設の利用についても同様である。

2 成年後見制度の利用

セルフ・ネグレクトの場合も，高齢者本人の判断能力が減退しているときには，第三者の成年後見人等を選任して，経済的虐待の防止，介護サービスの利用契約などを行うことが有効である（民法第858・859条）。

成年後見制度とは，認知症，知的障害，精神障害などで判断能力が不十分な人の財産管理や身上監護を，代理権や同意権・取消権が付与された成年後見人等が行う仕組みである。成年後見申立は四親等内の親族が可能であるが，福祉を図るために特に必要がある場合には，市町村長に申立権が認められている（老人福祉法第32条，知的障害者福祉法第28条，精神保健福祉法第51条の11の2）。市町村長による成年後見申立にあたっては，二親等内の親族のみについて調査をすればよいことになっているが，緊急性がある場合については，二親等内の調査にこだわらず，市町村長が積極的に成年後見申立を行うべきである。

高齢者虐待防止法第9条第2項では前述のとおり，虐待の通報等があった場合，市町村長は養護者による虐待の防止及び高齢者の保護を図るため，適切

に老人福祉法第32条の規定による審判の請求(市町村長による成年後見等開始の申立)をするものとすると規定している。また,高齢者虐待防止法第28条では,成年後見制度の周知のための措置,成年後見制度の利用にかかる経済的負担の軽減のための措置等を講ずることにより,成年後見制度が広く利用されるようにしなければならないと定めた。

介護保険法においても,高齢者等に対する虐待の防止及びその早期発見等の権利擁護事業が市町村の必須事業とされ(同法第115条の45第2項第2号),厚生労働省はこの地域支援事業の内容として成年後見制度を円滑に利用できるよう,制度に関する情報提供を行い,成年後見制度に関わる団体等の紹介を行うこと,虐待を早期に発見するため,地域のさまざまな関係者によるネットワークを構築することをあげている[5]。

セルフ・ネグレクトについても,老人福祉法上の措置によって福祉施設に入所した場合,介護サービス利用の契約を行うために成年後見人を選任する必要がある。多額の資産を有している場合だけでなく,生活保護の場合でも,介護サービスを利用し続ける場合には介護保険による契約をした上で,介護扶助の給付を受けることが必要になり,判断能力が減退している場合には原則として成年後見の利用を検討すべきである。

4 法改正の論点

高齢者虐待防止法については,施行後3年を目途として見直しをすることとなっており,同じく附則で規定されていた障害者虐待に関する法整備も終了した。今後,法改正や関連する制度の見直しが進むことが期待されている。

法律の見直しによって,セルフ・ネグレクトの定義やセルフ・ネグレクトへの市町村等の関与についての根拠規定が設けられることが不可欠である。以下,高齢者虐待防止法改正についての論点のうち,セルフ・ネグレクトやセルフ・ネグレクトへの対応に関わり法改正が望まれる点について指摘する[6]。

1 65歳未満の者に対する虐待についての条文の新設

　高齢者の定義そのものは改正しない。ただし，65歳未満の者に対する虐待についても，市町村は法律の趣旨に則り，高齢者に準じた取扱いを行うべきとする条文を新設すべきである。

2 セルフ・ネグレクトについての条文の新設

　認知症などにより判断能力の衰えた一人暮らしの高齢者が，自ら他者に対して援助を求めず放置している場合などの「セルフ・ネグレクト（自己虐待，自己放任）」について，第2条第6項として定義規定を設けた上で，高齢者虐待に準じた取扱いとする旨を定めるべきである。これに関連して，高齢者虐待防止法第1条は，養護者または養介護施設従事者による虐待を対象として，その防止を図るのが本法の目的であると規定しているのを，高齢者自身による「虐待」も，高齢者の尊厳の保持にとって防止することが重要であるから，これを防止することも目的とする旨について定めるべきである。

3 市町村による虐待の事実確認等における関係機関の情報提供義務規定の整備

　第9条第1項の市町村による安全の確認や事実の確認の措置を講ずることについて，市町村がそれらの判断に必要な情報を，高齢者に関わる関係機関，関係者などから速やかに提供してもらうことができるように，関係機関等への情報提供義務と守秘義務の免責の規定を創設すべきである。

4 「やむを得ない事由による措置」の規定の整理

　第9条第2項の虐待対応において，緊急性のある場合（生命または身体に重大な危険が生じているおそれがあると認められる場合）以外においても，老人福祉法第10条の4第1項，第11条第1項の「やむを得ない事由による措置」の適切な行使が，市町村の権限であるとともに責務でもあることを明確にするため，第9条第2項を緊急性のある場合とそれ以外の場合に書き分けるべき

である。

5 緊急性のある場合の一般病院への措置入院制度の創設

　第9条第2項による虐待対応において，高齢者を自宅から救出し，医療的措置が必要な場合に，養護者や本人の同意もしくは本人の判断能力がない場合においても，適切な医療機関への入通院を可能とするため，市町村の権限において一般病院への措置入院をさせられるような制度を創設するべきである。

4 Q&A ― 対応・支援のポイントが具体的にわかる

訪問時の対応と留意点

1 初めての訪問

Q 近隣とまったく付き合いをしない変わった人といわれている一人暮らし高齢者。近隣の人から，最近見かけず，心配だと連絡がありました。初めて訪問するのですが，留意点を教えてください。

A 通報や相談からの初回訪問の場合は，相談者からの情報をアセスメントするだけではなく，関係機関からも情報を収集する（生活保護の有無，家族状況等）ことが重要です。セルフ・ネグレクトの場合は，近隣の人も身体状況や生活状況が把握できない場合が多く，過去にトラブルがあれば，なお悪評判が流れ憶測で判断されがちです。まずは，民生委員や自治会長等に相談をして，情報を集めてみましょう。次に，事前に関係者間で初回訪問者として適切な職種や職員を決定し，訪問理由についても合意しておくことは，継続支援をしていく上で重要です。

また，この質問の場合，安否確認としての訪問が必要です。緊急時の対応に備え，職員2人体制で，できれば高齢者を知る担当の民生委員とともに行くことが大切です。到着後，室内で高齢者が倒れていることが確認できた場合は，Q8・9を参照してください。

安否確認ができず，単なる外出による不在かどうかの判断ができない場合は，電気のメーターが動いているかを見たり，可能な範囲で中の様子をうかがって生活の実態があるかを確認しましょう。高齢者と会えた場合は，自分がこの地域の担当者で，「本日は一人暮らしの方のところをまわらせてもらっている」という切り口で訪問するのが一般的です。決して強制的に何かをしに来たのではなく，生活上の困り事に対する行政機関（委託の場合も）の相談窓口である

ことを，所属のパンフレットや名刺とともに印象に残るように説明することは，今後の継続支援に向け重要です。

2 怒鳴られても訪問する？

Q 訪問したら，「二度と来るな！」と怒鳴られてしまいました。怒鳴られても訪問したほうがよいのでしょうか？

A 結論からいえば，怒鳴られても再訪問をします。専門職として訪問による支援が必要と判断したケースであるため，そこで終了とすることは生命の危険を増強させてしまうことにもつながります。セルフ・ネグレクトの人は，訪問者が少なく，挨拶や世間話なども含め人との会話が希薄なので，「怒鳴られる」行為自体に専門職が振り回されないほうがよいでしょう。

また，「怒鳴る」原因をよく考えてみましょう。原因は明確ではないことが多く，自分に関わってほしくないという気持ちが"怒鳴る"行為になっているケースが多いはずです。通常，時折しか訪問しない個人の顔の判別は難しいものですが，再訪問の際に「お前，また来たのか！」と再度怒鳴られた場合は，専門職の顔を正確に判別できたと解釈し，記憶力も高く，他人にも関心があるとも考えられます。さらに，身体状況や健康状態も把握でき，場合によっては室内の状況もわかります。もちろん，セルフ・ネグレクトの人から怒鳴っている理由を明確に指摘された場合は，お詫びすることが必要です。しかしそれに固執しないように話題を切り替えたり，顔見知りの民生委員や自治会役員などと同行訪問をする等の方法を検討していきましょう。そして担当部署では，怒鳴られた専門職の精神面をフォローすることも重要です。

3 名刺を置いてくることに意味はある？

Q 訪問してもいつも返事がないのですが，訪問したことを知らせるために，名刺に一言を添えてドアに挟むようにしています。このようなこと

でも意味があるのでしょうか？

A　セルフ・ネグレクトの人を訪問する場合は，約束ができないなかで訪問することが多く，不在や居留守をされることもあるでしょう。そのような場合，名刺などに一言添えてドアに挟んで置いてくることはとても重要です。また，セルフ・ネグレクトの人のもとに手紙が来ることは少ないので，初めは名刺でもよいのですが，回数を重ねた場合は，時には手紙を郵送することも，反応を確認する上で有効な手段だといえます。

　高齢者には，読みやすい文字や紙質の工夫も必要です。文章は長々と書かず，相手に伝わるわかりやすい表現を心掛けましょう。嬉しいと発しなくても，手紙に自分を心配していることがわかる文章があると嫌な気持ちにはなりませんし，なかには心待ちにする場合もあるようです。毎日ポストに郵便物を取りに行く習慣も少ないので，必ず目に触れる場所を選び，そこに置きましょう。

　生活実態があっても不在が続く場合は，曜日・時間帯を変えて訪問します。雨天時は在宅の可能性が高いはずです。手紙が放置され，居住していないことが予測される場合は，早期に関係機関に連絡をして今後の対応を考えます。

　なお，訪問記録には，曜日や訪問時間とともに，不在であったこと，名刺などに何を書き残してきたか，次回の計画等を明確に記載します。セルフ・ネグレクトの人とコンタクトが取れていないことを，関係機関と情報共有する際に役立ちます。

4　電波が入り込むと言う…

Q　部屋に入って驚いたのですが，壁や窓一面にアルミホイルを張っています。理由を聞くと，電波が入り込むから遮断していると言います。このまま様子を見ていてよいのでしょうか？

A　このようなケースの場合は，本人の「困り事」にゆっくりと寄り添うことが大切です。妄想による生活上の大変さがうかがえますが，「アルミホイルを張ったので今は安心」と感じている人や，「部屋に電波が入ってこ

ない方法を教えてほしい」という人もいるでしょう。例えば，電波が心配で外出できないと言われたらホームヘルパーの導入，他人が買ってきたものは電波が入り込んでいると言われたら一緒に買い物に誘う等，一つひとつ丁寧に対応すると，その人の困り事の全貌が見えてくることがあります。

精神疾患を患っているセルフ・ネグレクトの人は，現在の置かれている状況を客観視できないことが多いですが，何らかの症状に左右されて困っているはずです。精神科医師や訪問看護師の介入は比較的理解されやすいので，医療面からのアプローチをして，自ら服薬ができるように根気強く支援しましょう。「受診＝入院」と思っている人も多く，「病院」「受診」という言葉を聞いて拒否的になる人もいます。例えば，「私は電波で苦しんでいるあなたが心配です。私の知り合いのお医者さんがじっくり相談に乗ってくれますので，その大変さを相談に行きませんか。一緒に行きましょう」と，支援者が心配していることを本人にもわかりやすい言葉で伝えると効果的です。

アルミホイルに関しては，本人が外すまでそのままがよいでしょう。このようなケースの人は，人を警戒することも多いため，特定の支援者が関わり，徐々に関係を広げていったほうが混乱は少ないはずです。

5 痩せてきた…

Q このところ訪問すると，痩せてきた気がしています。夏で食欲がないからかもしれませんが，痩せてきた場合のアセスメントのポイントは何でしょうか？　また，何に気をつければよいでしょうか？

A セルフ・ネグレクトが疑われる人にとって，「痩せ」は大きな意味をもちます。体重測定をしていない場合が多いので，専門職が「痩せ」を直観することは，生命の危険の早期発見にもつながり，重要なアセスメントポイントです。

「痩せ」を外見上で判断するポイントとしては，体格，骨突出，眼球突出，皮膚の弾力や色，毛髪の状況，顔色，顔や手のしわ，手首の細さ，男性であれば喉仏がくっきりとしてくる等があげられるでしょう。さらに，歩行時のふら

つきやろれつ状況も観察する必要があります。会話からの情報では，水分摂取や食事の状況は重要な要素ですが，実際は明確に返答されることは少ないため，外見からの判断が重要な意味をもつことになります。低体温や徐脈は，生命の危険のハイリスク指標になるので，可能な範囲で体温や脈拍，血圧の測定を試みましょう。

　また，台所を見れば使用状況が確認でき，コンビニ弁当の空箱やペットボトルがあれば，食事や水分摂取の推測ができます。なかには，栄養ドリンクや酒瓶等，偏った食事の人もいるので確認が必要です。身体面では，下痢や血便など排便の状況も重要です。器質的な疾患が隠れている場合もあり，薬の副作用や正しい飲み方をしているかどうかのアセスメントも必要です。5月頃からは，室内の温度や湿度にも気を配り，熱中症や隠れ脱水症等の有無を確認することも大切です。

　「痩せ」の人は，脱水や極度の栄養不良による生命の危険に関するハイリスク者であることを，常に頭に入れて支援しましょう。

6　認知症が疑われるが…

Q 認知症が疑われるのですが，私だけでは判断できません。受診を勧めても「病院は嫌だ！」と拒否します。どうしたらよいでしょうか？

A 認知機能の低下やその疑いのあるセルフ・ネグレクトの人もいます。多くは孤立しており，支援を受けていることは少ない状況です。徘徊や迷い人等で発見されれば，介護保険やその他のサービスにつながる可能性は高くなりますが，あまり外出しない人の場合は，支援者が認知症のアセスメントをしなければなりません。単身者で認知症（疑い）のケースは，生命の危険のハイリスク状態だと認識して関わることが必要です。

　まずは，介護保険申請に向けて早急に会議を開催し，地域包括支援センター，民生委員，自治体等による見守り体制を整え，それぞれの専門職の役割を明確にして関わることが重要で，危険回避，事故防止に努めるようにしましょう。また，独居であっても家族・親族を探して会議にも参加してもらい，今後の生

活に対する家族の意向確認を取ることはとても大切です。家族がいない人や見つからない場合には，成年後見制度等を利用する準備も必要になります。

いずれにしても，認知症サポート医や地域の医療機関への早期受診が必要です。受診を促す際は，同行することや無料であること，午後は空いている時間帯だからなどのように，受診のイメージがつきやすいように誘うのがよいでしょう。都道府県の精神保健福祉センターによっては，依頼により訪問相談を行うところもあります。

7 アルコール問題のある人

Q アルコール問題がある人の場合，底つきをさせて，本人の治療する意思が確認できたら関わるという話を聞いたことがあります。しかし，放っておくと死んでしまうのではないかと心配です。本当に底つきを待っていてよいのでしょうか？

A 結論からいうと，亡くなってしまう危険性が非常に高いので，支援者はあらゆる手段で介入する必要があります。

アルコール依存症の回復者が「人生のどん底」について語ることがあります。いわゆる「底つき」とは，本人が「酒で死んでも構わない，本望だ」と言い，すべてが飲むための生活となり，仕事も家族も失い生活が荒廃し，落ちるところまで落ちてしまったということです。言い換えると，これ以上落ちるところがなく，あとは這い上がるしかない，つまり回復に向かって生きていくしかないということです。かつては，アルコール問題のある人を治療する場合，この「底つき」状態に至るのを待って治療していました。しかし現在，アルコールのために荒廃した生活を送る人を目の前にした場合，支援者は放置してはいけません。なぜなら，栄養障害，肝機能不全等で亡くなることが容易に推測できるからです。

近年のアルコール依存症の治療では，目標を断酒だけとするのではなく，節酒も含め酒を抜いている時間があれば，徐々に回復へつながるという考え方に変わってきました。少しでも酒量が減ったら称賛し，再飲酒しても正直に話し

た誠実さを称賛し，小さな成功体験を積み重ね，支援者とともに喜ぶことが重要なのです。日本人は"褒める"ことが苦手といわれますが，自己肯定感を高めることに支援者は力を注ぎましょう。本人はわかっているので，酒害の脅しや説教は禁物です。

　飲酒するかどうかは本人の生き方の問題であり，周囲が口出しをすることではありません。しかし，過度の飲酒により生命の危険が見え隠れしている場合は，放置するわけにはいきません。"褒める"ことを中心に関わり，支援者自身が心配していることを繰り返し伝え，信頼関係の構築に努めていきましょう。酒をやめようと思っていても，そのきっかけがない人が多いといわれています。支援者はあきらめずに関わっていきましょう。

法的な問題に関わる対応

8　帰れと言われて帰らなかったら…

Q 何回か訪問している人ですが，あるとき訪問して話を始めようとしたところ，突然，「帰ってくれ」と言われました。退去しないと，どのような問題になるのでしょうか。

A 正当な理由がないのに，人の住居もしくは人の看守する邸宅，建造物等に侵入することは住居侵入罪（刑法第130条）となり，3年以下の懲役または10万円以下の罰金の刑罰が定められています。また，要求を受けたにもかかわらずこれらの場所から退去しなかった場合も，不退去罪として同様の刑罰が定められています。住居侵入をしようとしたがしなかった，できなかったという未遂の場合も罰せられる罪です（刑法第132条）。何をもって「侵入」とみなすかは考え方が分かれていますが，裁判例などでは，「他人の看守する建造物等に管理権者の意思に反して立ち入ることをいう」とされています。

　「正当な理由がなく」勝手に他人の敷地（家の中だけではなく，塀などがある場合は土地でも）に入ったら「住居侵入」になりますが，例えば，市区町村

や地域包括支援センターの職員が訪問した場合，職員には「市区町村やセンターの役割を知らせる」「生活状況を把握し，支援が必要かどうかを把握する」などの目的があるので，正当な理由になります。ですので，訪問しただけでは住居侵入にはなりません。

　この質問では，居住者から鍵を開けてもらい家の中に入った後に，「話なんか聞きたくない」と断わられています。この場合，市区町村や地域包括支援センターの職員はそこにいる正当な理由がなくなり，出ていかなければならなくなります。そこに居続けた場合，不退去罪になります。もっとも，退去を求められたら即座に不退去罪の既遂となるわけではなく，所持品をカバンにしまったり，靴を履くなど，退去に要する合理的な時間を超えて故意に退去しなかった場合に不退去罪が成立します。本人が怒って「警察に通報する」と言うことがあるかもしれませんが，警察が来たとしても，「安否を確認し，支援が必要かどうかを把握する」等の目的で訪問したことを説明しましょう。

　訪問を拒否された場合は，そこに居続けても効果的でないことが多いので，また日を変えて訪問するなど，粘り強く関係を築いていきましょう。

9　不法侵入になる？

Q 初めて訪問したら，部屋の奥からうめき声が聞こえたので心配になり確認してみると，台所の窓の鍵が開いていたのでそこから家の中に入りました。これは不法侵入になるのでしょうか？

A セルフ・ネグレクトの高齢者でなくとも，高齢者福祉に関わる専門職の場合，このような場面では「助けに行かなければ」と思う人がほとんどではないでしょうか。

　しかし，正当な理由がないのに人の住居に侵入することは住居侵入罪（刑法第130条）に該当する場合があります。ただし，人や物から生じた現在の危難に対して，自己または第三者の権利や利益（生命，身体，自由または財産など）を守るため，他の手段がないためにやむを得ず他人やその財産に危害を加えたとしても，やむを得ずに生じさせてしまった損害よりも避けようとした損

害のほうが大きい場合には,「緊急避難」として違法性が阻却されて,罰しないこととなっています(刑法第37条)。

　部屋の奥からうめき声が聞こえるということは,誰かが具合が悪く倒れているかもしれないと推察され,その人を助けようとしたら鍵がかかっていない窓があり,やむを得ずそこから中に入って安否を確認したという状況になります。この場合,避けようとした損害が「本人の生命,身体」であり,やむを得ずに生じさせてしまった損害が本人の承諾を得ることなく住居内に立ち入るということになりますので,処罰の対象にはなりません。

　ただし,このような状況に1人で対応する場合には,自身の危険も伴い,また行動の判断の根拠となる事実が当事者しかわかりません。このため,警察に通報して対応を求めることも検討すべきです。うめき声の様子などから緊急を要する状況であれば,1人で判断・行動せず,「上司・同僚に報告し指示を確認する」ことが必要でしょう。また,救出後の対応も含め,近隣の人に立ち会ってもらうことや協力を得るなどにより,的確な判断のもとで行動していることを第三者に確認してもらう等に留意する必要があります。

　何度か訪問して関係性ができている人であれば,「もし声をかけても返事がなかったら,心配なので家に入らせてもらう」ということを事前に伝え,約束しておくとよいでしょう。

10 家族が同意すれば無理やり片付けができる？

Q 家の片付けに同意してくれないので,別居している家族から説得してもらったのですが,家族の言うことも聞きません。家族は無理やり片付けても構わないと言いますが,大丈夫でしょうか?

A 本人が所有する物は,たとえ他者から見て不要な物あるいはゴミとみなされる物であっても,本人が「ゴミではない。宝物,必要な物」と言えば,それは財産になります。財産とは,個人や団体に帰属する経済的価値があるものの総称です。「財産権は,これを侵してはならない」(憲法第29条)と保障され,また,財産の所有者は,法令の制限内において,自由にその所有

物の使用，収益及び処分をする権利を有する，つまり，財産を自由に取得，保持，売買，廃棄できる権利を有するとされています（民法第206条）。

財産とした場合，家族が処分して構わないと言っても，本来は本人の財産であり，勝手に処分することは「財産権の侵害」になることがあります。処分するのが家族であれば，家族との「共有財産」であるという解釈もできるので，本人と家族の関係性のなかで，家族が処分することは可能な場合もあるでしょう。しかし，家族が「処分してよい」と言っても，本人が「処分するな」と言っている場合に，第三者である専門職が勝手に処分することは，すでに示したように財産権の侵害に関わる場合があるので，慎重に対応しなければなりません。本人と話し合い，了解を得て少しずつ処分する，あるいは本人の生活スペースだけでも確保するよう別の部屋に物を移動するなどの方法を提案しましょう。処分する了解が得られたら，まずは一つひとつ処分してよいかどうかを確認しながら片付けを進め，信頼を得ていくことが必要です。もちろん家族にも，再度説得してもらったり，協力してもらうことで，その後の本人への支援につながる場合もあります。

11 責任を問われる？

Q 何度か訪問し，ドアをノックしているのですが返事がありません。もし本人に何か起きていたら，私は責任を問われるのでしょうか？

A セルフ・ネグレクトの人の場合，繰り返し訪問してもなかなか本人に会えないことがあります。会えるまで粘り強く訪問を続けることは大事ですが，安否が確認できない場合には，「このまま訪問を続けていてもよいのか」「何か起きたら，訪問している自分が責任を問われるのではないか」と心配になることもあるでしょう。

介護サービス事業者が本人や家族との間で，本人への定期的な訪問等による見守りを行う契約を結んでいるような場合には，見守りを怠ることは債務不履行となります。しかし，このような契約関係にはない地域包括支援センターや行政の職員等については，本人との間で直ちに法的な責任が発生するわけでは

ありません。ただし，高齢者虐待防止法に基づく通報があった場合には，高齢者の安全の確認や事実の確認のための措置を講ずることが定められており，これを放置した場合には，市町村の不作為について法的な責任が問われる可能性もあります。

　質問のような場合には，ドアをノックして反応がなかったとしても，名刺やメモをドアの隙間から入れるなど，訪問の主旨を理解してもらうようにしましょう。次に訪問したときに，その名刺やメモが外に落ちていなければ，きっと本人が見ている，少なくとも本人の手に渡っていることになるでしょう。また，ノックだけでなく，声をかけることも効果があります。その場合には，訪問の主旨がわかるように，また自分が何者であるかがわかるように声をかけましょう。次回いつ訪問するか，そのときに顔を見せてほしい旨を伝えることで，ドアを開けてくれることがあります。

　本人の安否が確認できないときは，本人以外からの情報を集めましょう。例えば，民生委員，自治会長，商店，近隣の人などに，本人の情報として，出かける時間や場所，出かける理由などを聞くことにより，自宅以外で本人と会える場所が把握できたり，直接会うことができなくても，本人の様子を確認してもらうことができます。

　見守り訪問をする際には会議を開いて，見守りの方針，目的，頻度，訪問担当者などを決定し，計画的に訪問することが必要です。また，警察に事前に情報提供し，見守りを強化してもらうことも有効です。1人で見守るのではなく，組織としてチームで見守り計画を立てることにより，何かあったときの対応や担当者が不在のときにも対応できる体制が整い，結果的には本人にとっても支援が広がることになります。

12　救急車を拒否するときには…

Q ある猛暑の日に訪問すると，何だか元気がなく，脱水状態が疑われました。救急車を呼ぼうとすると「救急車を呼ばないでくれ」と言います。しかし，このまま放ってはおけません。本人の意思に反して救急車を呼ぶことはいけないのでしょうか？

A 憲法では，人が生まれながらにもっていて，国家などによって侵されることのない権利として，さまざまな自由権を認めています。自由権には，精神的自由，人身の自由，経済の自由などがあります。そして，すべて国民は個人として尊重され，生命，自由及び幸福追求に対する権利については，公共の福祉に反しない限り，立法その他の国政の上で，最大の尊重を必要とするとされています（憲法第13条）。つまり，生命や身体など，自己の所有に帰するものは，他者への危害を引き起こさない限り，対応能力をもつ成人の自己決定に委ねられるということです。

病院を受診するかどうか，救急隊に搬送してもらうかどうかなどは，本人の自由権の範囲であり，認知能力や判断能力の低下がなく，成人の対応能力をもっていれば，本人がどうするかの決定を下すことになります。しかし，高齢者に関わる専門職に関係の深い老人福祉法第1条には，「老人に対し，その心身の健康の保持及び生活の安定のために必要な措置を講じ，もつて老人の福祉を図ることを目的とする」と示され，専門職は高齢者の健康のために必要な対応をしなければならないとされています。

質問のように本人が拒否をする場合であっても，生命に関わる状況であれば，救急車を呼ばなければならない状況にあること，生命の危険があること，このまま治療を受けないとどうなるかなどを，はっきりと本人に理解できるレベルで伝える必要があります。そして，生命と健康を守るのが専門職の役割であることも明確に伝える必要があるでしょう。

それでもなお，救急車での搬送を拒否する場合には，無理やり救急車に乗せることはできません。その場合は，病状が悪化しないか経過を見るとともに，時間をおいてから再度説得しましょう。家族や本人が信頼を置いている人から説得してもらうのも一つの方法です。また，入院という方法を拒否するのであれば，往診などの別の方法を選択肢として提案することも必要でしょう。ただし，すでに本人の意識が低下しているなどの場合には，迷わず救急隊に搬送してもらうことが重要です。

ゴミ屋敷対応

13 においが苦手…

Q ゴミ屋敷への対応をしていますが，正直，生理的ににおいが苦手です。でも，仕事として対応しなければならないので，少しでも対策をして訪問したいと思いますが，どのような準備が必要でしょうか？

A いわゆる「ゴミ屋敷」といわれている家には，腐敗臭，カビ臭，排泄臭等，さまざまなにおいがあり，それが混在しています。初回訪問ではにおいの元がわからない場合もありますが，関わるなかで特に夏場に近くなると，悪臭は本人にもわかるようになり，においの元に関する話ができることもあります。また，畳が腐る，ゴキブリ・ネズミなどの死骸・糞便などが多数ある場合には，靴を脱いで部屋に入れないことがありますが，直接土足で部屋にあがるのではなく，靴下カバーや室内用シューズ等を準備しておくとよいでしょう。

　また，専門職のなかにも，動物やカビのアレルギーがあったり，それらの影響で喘息を起こす人もいます。その場合は，上司や同僚に正直に説明をして，自身の体調管理を第一に考えることが専門職として大切なことです。一方で，生理的に苦手という場合には，なかなか上司には言い出しにくいものです。その場合の対策では，防臭防塵に強いマスクやマスクの二枚重ね等の工夫などもよいといわれています。

　しかし，セルフ・ネグレクト事例だけではなく，家庭訪問を行う専門職は，悪臭の元を感知するスキルが重要です。例えば，生ゴミの腐敗臭と動物の死骸による腐敗臭は異なるので，支援する上でも役立ちます。排泄物のアンモニア臭や吐き気を伴うような悪臭，表現しにくい悪臭も含め，においは避けて通れないものなので，自身の体調を踏まえながら，体得することも必要でしょう。また，服にもにおいは移りますし，ダニ等を媒介してしまうこともあるので，次の訪問先の予定を入れないよう留意してください。

　また，ズボンの上に靴下を重ね合わせ，小さな虫が足に入らないような工夫

も必要です。職場に戻ったら，手洗いや消毒，うがい等，自分を守るだけでなく，他者への配慮も大切です。

14 ゴミを処分させてくれない

Q　「これはゴミじゃない。すべて使うもの」と言って，ゴミを処分させてくれません。会話は何とかできるようになったので支援を一歩進めたいと思うのですが，「片付け」の話になると急に態度が変わってしまいます。どう対応したらよいでしょうか？

A　いわゆる「ゴミ屋敷」とまではいかなくとも，貧しい時代を生きてきた高齢者は物を大事にするため，なかなか「捨てる」「片付ける」ことは難しいです。一方，そのような高齢者の多くは孤立しており，寄り添う人がいないため"物"で気持ちを埋めることがあります。「本人のプライドを壊さない対応」が重要であり，捨てられない物に対する本人の思いを汲み取りながら，本人に寄り添う姿勢を示していくことが，何より優先されるべきことです。高齢者の場合，ほこりまみれの壊れた電化製品，仕事道具，古新聞，洋服等，思い出のエピソードがありそうな物を見つけて，それを切り口に語ってもらい，保管方法を一緒に考えるのも一案です。

「ゴミ」という言葉は禁句です。「捨てる」「片付ける」も，関係性が深まっていない段階では口にしないほうがよいでしょう。介入の切り口はゴミではなく，まずは健康に関すること，その人の目の前の困り事を見つけて，タイミングよく介入することが大切です。

今の生活になった経緯や背景を知ることはとても重要ですが，簡単ではありません。近隣の人にゴミの捨て方を非難されて室内にため込んだ，分別方法や場所，時間がわからない等の理由がある人もいますが，セルフ・ネグレクトの人の特徴に，困ったことを他者に相談しない，SOSを発しないことがあります。これらの特徴を理解し，強引には行わず，引き際をスムーズにして，「また来てもよい」関係性を保っていくことが大切です。

15 腐った食べ物を捨てさせてくれない

Q 梅雨の時期になり,食中毒が心配なのですが,腐った食べ物をなかなか捨てさせてくれません。何か説得するよい方法はありませんか?

A 認知症,精神疾患,アルコール問題などがベースにあると,認知能力や判断能力の低下もあり,食べ物を捨てられなかったり,物の管理ができなくなることがあります。夏や梅雨の時期など高温多湿等の環境下では,食品や食材の保管が適切でないため,賞味期限内であってもカビが生えたり,ペットボトル飲料水が分離してしまうことも見受けられます。

しかしなかには,賞味期限の数字に譲れないこだわりがあったり,価値観にズレがあるため,腐った食べ物でも賞味期限内であれば食べられると思っている人もいます。このような場合には,決して説得して捨てさせようとするのではなく,本人の判断能力,精神疾患等もアセスメントし,さらにこだわりはどこにあるのか,その行動の意味を理解することが大切です。老眼の人ではカビを見逃していたり,賞味期限の数字が見えない人も少なくありません。もしカビが生えていたら,「これはカビですよね」と事実を一緒に確認し,食べると体調不良や食中毒になる可能性があることを,本人にもわかるように丁寧に説明しましょう。

本人に処分してもらうことが基本ですが,腐った物をすでに食べてしまい,健康に影響を及ぼしそうな場合などには,本人と信頼関係ができていれば了解を得た上で,訪問時に「帰るときに私が捨てましょうか」などと言って持ち帰るなどの工夫もあります。いずれにしても,本人の自尊心を傷つけず価値観も尊重し,生命や安全を見据えて関わりましょう。

1回だけゴミを捨てられたけれど…

Q 部屋を片付けることに同意してくれ,1回だけ少量のゴミを捨てることができたのですが,そこから進みません。どのように支援を進めたらよ

いでしょうか？

A　セルフ・ネグレクトの人の場合，室内外に大量の荷物が片付かないまま，放置状態となっている場合が多くあります。片付けることに同意しているようですが，片付けるのと処分するのでは大きく異なります。本人の真意は対象物をゴミとは思っていないため，所有物を捨てることに納得していないことが多いものです。腐敗や不要品が多いために，生活や健康に悪影響を与えていることを繰り返し説明しても逆効果です。最も大切なのは，本人の価値観に沿った片付けを提案することです。例えば，生活空間（布団を敷いて寝る空間，食事の空間，トイレ，台所など）から片付けを提案してみてはどうでしょうか。本人が大切にしている物を捨てないことは基本です。

　残す物と捨ててもよい物を判断できる人であれば，その方針に沿って進めるとよいでしょう。しかしなかには，大量に堆積した荷物を前に，優先順位を決められない人もいます。そのような際には，根本的にどのように片付けるかについて時間をかけて話し合い，本人も納得ができた時点で，清掃業者や支援者とともに，一緒に片付けるとよいでしょう。

17　火事にでもなったら…

Q　庭にも不用品が山のように積み重なっていて，もし火事にでもなったらと心配でなりません。何か対策はありますか？

A　庭が本人所有の敷地である場合は，行政が強制的に片付けることはできません。まず，庭にある不用品の片付けに関する意思を確認しましょう。本人に尋ねる場合は，不用品ではなく，テレビやミシン等のように物品名で聞くことが大切です。高齢者の場合は，片付けたいと思っていても体力的に難しいことも考えられますし，山のように不用品がある場合は，個人で片付けるのが困難なこともあります。しかし，処分するにも費用がかかるので，費用面や自治体における制度等も把握してから，本人に対応することが重要です。

　また，支援者が心配していると伝えることは，根底に孤独感のあるセルフ・

ネグレクトの人に有効に働く可能性があります。そこで，道路から庭，庭から自宅玄関までの通り道に不用品がある場合は，救急隊や消防隊が通れないので心配であることを具体的に説明しましょう。さらに，灯油やガソリン，塗料等引火しやすい物も火事の危険性があり，心配であることを伝えましょう。

家の中に支援者が入ることを拒む場合でも，庭先での面会や片付けなら受け入れ可能という場合もあるので，このような場合は庭から片付ける方法もよいでしょう。また，複数の支援者が庭を片付けていることがわかると，近隣との人間関係も改善することがあります。

18 近隣からの苦情

Q 近隣から「臭いから何とか片付けさせて」と言われて訪問しているケースです。本人はまったく困っていないようで，なかなか「片付けましょう」とは言えません。近隣の人からは「いったいいつまでかかるんだ！」と言われ，板挟みになり困っています。

A においが発生している場合は，腐敗した食品を本人が誤って食べてしまう危険性や，カビや汚物の散乱等，衛生面からセルフ・ネグレクトの本人にも危害が生じる可能性があります。高齢者の場合は，視力や嗅覚が低下することもあり，カビや腐敗に自分では気がついていないこともあります。

また，セルフ・ネグレクトの人は，基盤に「社会からの孤立」があるため，近隣から孤立しないよう，支援者はむしろ，関係を調整する役割をとることが重要です。

近隣との調整には，自治会，民生委員，地域包括支援センター，社会福祉協議会等も含めて慎重に対応する必要があります。そして，近隣の人も困っており，その人々への支援も重要で，その支援の基本はセルフ・ネグレクトの人を特別視や排除することではなく，同じ地域で生活する住民同士という考え方を根底に置くことを，支援者は常に意識することが必要です。近隣住民に振り回されずに，その人々と一緒に考えるという姿勢が求められます。そして，セルフ・ネグレクトの人にも何らかの背景があって今の状態になっていることや，状況

の改善には時間がかかることを伝え，理解と協力を求める必要があります。

　本人に対しては，今の状況は本人の健康面に危険な状態である事実を伝え，本人と一緒に片付ける，あるいは同意を取って片付けることが必要です。近隣の人に片付けへ協力してもらうことで，本人が地域とつながるきっかけになれば，さらによいでしょう。

19 経済的な問題

Q 家を片付けることに納得してくれましたが，経済的問題があります。ゴミの片付け，回収などは，どのような業者に依頼すればよいのでしょうか？

A セルフ・ネグレクトの人が高齢者や障害者である場合，自治体によっては通常のゴミ出しや大規模な片付けを公費で支援する制度があります。対象者の住所地の保健福祉サービスを確認するとともに，公費負担で支援を受ける際の業者等の紹介を，行政から受けることも一つの方法です。

　これらのサービスが受けられない場合は支援者が探すことになりますが，その際には，本人の価値観や意思を尊重し，機械的に所有物を一掃する方法を取らない業者を選ぶことが重要です。「ゴミ屋敷」となってしまっている人にも，本人なりの所有物に関する価値観があり，それを無視した対応をすると，それまで築いてきた信頼関係を崩すきっかけとなってしまい，かえって状況が悪化してしまう可能性があるからです。行政から紹介を受けた場合であっても，本人の価値観を尊重した片付けは，本人の今後の生活への影響及び支援者との関係性の上からも最も重要な視点であるため，業者に対しても丁寧に説明し，理解してもらうことが重要です。

多機関・多職種との連携

20 家族の連絡先を教えてくれない…

Q 一人暮らしですが，最近体調が悪いようで気になっています。家族は他県に住んでいるらしいのですが，連絡先を教えてくれません。どうしたらよいでしょうか？

A 家族・親族との間にさまざまなエピソードがあり，連絡先を教えたくない高齢者も多くいます。その場合には，家族との関係性や連絡先を教えたくない理由について，丁寧に話を聞いてください。話を聞いていくなかで，本心では家族に会いたいと思っていたり，家族に迷惑をかけたくないという思いから連絡先を教えないのだとわかることもあります。受け答えを確かめつつ，入院する必要が生じた場合には，病院から必ず親族のことを尋ねられると伝えてください。入院等が必要になった場合に備えて教えてもらっておくとスムーズに対応できると伝えると，教えてもらえることもあります。

　あるいは，近隣の人や民生委員，自治会の役員等が，家族から「何かあったら連絡してほしい」と言われていて，家族の連絡先を把握していることもあるので，確認してみることも一つの方法です。また，他の機関が情報を把握している場合もあるので，本人の同意を得て，行政の高齢者担当などへ相談してみてもよいでしょう。関係機関のケース会議等の記録や，行政で行った高齢者実態把握調査などから把握できる場合もあります。

21 精神疾患が疑われる人への多職種連携

Q 精神疾患が疑われる訪問の対象者がいますが，受診には応じてくれません。どのような機関や職種と連携して対応すればよいでしょうか？

A セルフ・ネグレクトの人のなかには，パーソナリティ障害，発達障害，認知症などが疑われるケースもあり，そのほとんどが精神科未受診や治療中断の人だと考えられます。

　支援者が精神疾患の疑いと判断した内容等を整理してケース会議を開催し，さまざまな関係機関で検討し，支援方法を検討しましょう。会議を行うことにより，昔の治療状況や入院歴等が判明する場合もあるので，支援者は1人で抱え込まないことが大切です。

　また，本人が病院やクリニックに行くことを拒否する，あるいは困難な場合，精神科の医師に相談し，状況によっては同行訪問してもらうことも一つの方法です。

　保健所・保健センターの精神保健相談を担当している医師が，所内の相談だけでなく，訪問による相談を行う自治体もあります。また最近は，都道府県の精神保健福祉センターが認知症をはじめとする高齢者の精神保健に関する相談（電話及び訪問）を地域と連携して行っているところもあります。

22　会えない人への多職種連携

Q 地域包括支援センターから訪問を続けていますが，もう数か月たつのに本人に会えません。このままセンターで対応していてよいのでしょうか？

A この数か月の間で，本人がどのような生活を送っていたか，どこかに出かけていなかったかなど，関係する機関や近隣から情報を得て整理しておきましょう。その際には，生活のサインがあるかどうかを見極めることが重要です。

　連日の訪問や時間帯を変えての訪問により，電気メーターが動いているか，洗濯物が干されているか，新聞，郵便類などがたまっていないかなども観察のポイントです。また，裏口に回って声をかけることや，窓やドアポケットなどから家の中の様子を確認することが可能であれば，やってみることも手段の一つです。ただし，近隣から不審者と思われることがないように，目的を明確にして行動することが必要です。

以上のような事実を整理した上で，行政の高齢者担当へ相談しましょう。ケース会議で情報共有し，本人に会うためのあらゆる方法を検討することが大切です。連絡先がわかるのであれば，遠方に住んでいる家族であっても，電話や手紙で心配である状況を伝え，一度確認してもらうことを依頼するのも有効です。そして，会議でまとめられた結果を踏まえた支援を行いながら，緊急性が高いときには行政の高齢者担当と警察で家屋内の確認を行うかなども検討していきます。

　数か月もの間本人に会えないままの状態であるということは，生命に関わる事態も推察されます。地域包括支援センターのみで情報をとどめておくのではなく，状況が把握できるまでさまざまな方法を考え，行政の高齢者担当とともに粘り強く関わりましょう。

23 夜間・休日の対応

Q 夜間や休日に何か起きた場合に，どう対応したらよいのか心配です。どのような体制を取ればよいのでしょうか？

A まずは事前に，本人や家族からの要望を可能な限り聞いておくことが大切です。そして，「何か起こったとき」では曖昧なので，例えば「休日に自宅の庭で倒れているようだと近所からの相談依頼があったら，誰がどのように対応するか」「夜間に本人から体調不良の相談があったらどうするか」などのように，具体的に予測できる内容を正確に書き出し，対応する機関を決めておくとよいでしょう。そして，行政機関とケース会議を開催したときには，必ず緊急時の対応連絡網を作成しておきましょう。誰に，どのように連絡するかという流れが明確であると，関係機関も安心して対応できます。また，第5章の事例1にあるように，一目でわかるフロー図（**図5-2**）などを作成しておくのもよいでしょう。

　なお，緊急時の対応をした場合は，事例検討や個別会議でその状況を共有化すると，今後の対策にも生かすことができます。

24 民生委員だけで対応すべき？

Q 誰にも心を開かない高齢者に訪問を続けて，やっと民生委員の私にだけは話をしてくれるようになりました。この信頼関係を崩さないためには，このまま1人で対応したほうがよいのでしょうか？

A 粘り強く訪問を続けたことにより，対象者が心を開いてくれたのは素晴らしいことですね。ただし，民生委員だけで情報を把握していると，対応が遅れたり，民生委員が不在のときに本人が相談できる相手がおらず，SOSを発信できない可能性があります。また，民生委員法第14条には，福祉サービスを行う者との連携，行政機関への協力などが規定されています。

そこで，本人と民生委員は今の関係を保ちつつ，本人の状況について民生委員から地域包括支援センターに報告し，チームで情報を共有することで，いざというときに迅速に対応できるようにしていくことが大切です。地域のセルフ・ネグレクトの疑いのある人は，いずれ生活をする上での課題が明らかとなり，民生委員だけでは対応できない事態になることが予測されます。また，状態が悪化するなどして他機関へつながった場合や，病院に緊急搬送されたときなどには，地域包括支援センターに支援している人かどうかの問い合わせが来ることもありますので，その際に情報が共有化されていれば，次の対応もスムーズになります。

文献

1) 厚生労働省老健局：市町村・都道府県における高齢者虐待への対応と養護者支援について，2006．
2) 浜崎優子・岸恵美子他：地域包括支援センターにおけるセルフ・ネグレクトの介入方法と専門職が直面するジレンマおよび困難，日本在宅ケア学会誌，15(1)，26-34，2011．
3) 岸恵美子・野尻由香他：地域包括支援センター看護職のセルフ・ネグレクト事例への介入方法の分析，高齢者虐待防止研究，10(1)，106-120，2014．
4) 日本社会福祉士会：市町村・地域包括支援センター・都道府県のための養護者による高齢者虐待対応の手引き，2011．
5) 全国介護保険担当課長会議資料・地域支援事業における権利擁護事業について，2005（平成17）年6月27日．
6) 日本弁護士連合会：「高齢者虐待の防止，高齢者の養護者に対する支援等に関する法律」の改正に関する意見書，2010（平成22年）9月16日．
7) 日本弁護士連合会高齢者・障害者の権利に関する委員会編：高齢者虐待防止法活用ハンドブック，第2版，民事法研究会，2014．
8) 日本弁護士連合会高齢者・障害者の権利に関する委員会編：障害者虐待防止法活用ハンドブック，民事法研究会，2012．
9) 東京都福祉保健局：東京都高齢者権利擁護事業　高齢者虐待事例分析検討委員会報告書，2013．

第4章

セルフ・ネグレクトを予防する

1 ハイリスク者の発見，重症化予防に必要な専門職としての視点

ここでは，ハイリスク者の発見や重症化予防に必要な専門職の視点として，セルフ・ネグレクトのリスクファクターとセルフ・ネグレクトとの関連を述べる。

1 ハイリスク者の発見と見守りの重要性

認知症や精神的な障害がなければ，セルフ・ネグレクトも個人のライフスタイル・自己責任の問題として専門職の介入対象とはならないと決めつけてしまうのではなく，非衛生的な生活を送っている人たち，金銭管理ができない・金銭トラブルなどさまざまな問題が生じるおそれがある人たちは，予防としてセルフ・ネグレクトに陥る前から対応していくことが必要である。最近では，極端に不衛生な家屋の問題は高齢者に限ったことではなく，子育てに追われて家事ができなくなった若い母親や，長時間労働でゴミ出しができない若者にも見られると聞く。セルフ・ネグレクトには誰もが陥る可能性があることを認識し，予防策について，「福祉」の枠を超えて他職種・他機関と検討することが大切となる。

セルフ・ネグレクトの事例に出会っても，見守り訪問を実施し，近況の確認，本人の説得以外に対応する術がなく，最終的には状態が悪くなって入院し，介護保険を申請してサービス利用する，という後手に回った対応となってしまうことが多くある。やむを得ない場合もあるが，予防的に対応することが重要である。セルフ・ネグレクトなのか，今までの生活習慣なのかという二者択一の考え方をするのではなく，今までの生活習慣，ライフスタイルがセルフ・ネグレクトという状態に至らしめたと考えるべきである。

「結局見守るしかできない」という言葉を地域包括支援センターの職員などからよく聞く。もちろん，福祉サービスの制度説明をしてもわかってもらえない。それ以前に，説明すら拒否されるということも多々あるだろう。最低限の

見守りは近隣の人にも協力してもらい，本人に何かあるまで待つという選択をすることもある。ただし，「ただ待つ」のでは「見守りという名の放置」になってしまうので，「○○したら，再度訪問して説得する」などの基準を会議で決めておくことが必要となる。本人は現状の生活で困った様子がなく，他者からの干渉を望んでいないため無理な介入ができないような場合は，本人との信頼関係を崩さないためにも消極的な対応しかできないことが現実には多くある。しかし，本人からいつSOSがあってもよいように，何か問題が発生したときに対応する準備を整えておくことは，積極的な見守りとなる。

2 セルフ・ネグレクトのリスクファクターと介入・支援のポイント

1 近隣とのトラブル

近隣住民とトラブルを起こしている事例や，衛生面等で公共の福祉や公衆衛生で周囲に悪影響を明らかに及ぼしている場合は，近隣からの苦情によりセルフ・ネグレクトの人が発見されることも多い。ここで注意しなければならないのは，セルフ・ネグレクトの人の人権を尊重することである。

周囲への影響がある場合には短期間での解決が求められるが，苦情があると，ついその対処を優先しがちで，「引っ越しさせる」ことや「入院・入所させる」ことにより解決すると考えがちになるが，まずは当事者の気持ちに耳を傾けることが必要である。また，近隣とのトラブルが生じているような事例では，トラブルの再発防止に備えて，見守りなどについて警察へ協力を依頼しておくことも有効である。

2 精神疾患・認知症

精神疾患や認知症などにより認知能力・判断能力が低下している場合，セルフ・ネグレクトに陥りやすいことはすでに述べたとおりである。精神疾患や認知症をリスクファクターととらえ，そのような高齢者の場合は認知能力，判断能力がどの程度低下しているかをアセスメントし，時に成年後見制度の利用も

視野に入れて予防的に関わる必要がある。

　特に認知症の場合は「まだ自分でできますから…」と言い，実際にはできていないことでも自分ではできていると思っていることも多く，サービスを勧めることでかえってプライドを傷つけ，拒否的になることがある。このとき，第三者ができなくても家族ならできることは多くあり，本人も家族の言うことなら受け入れることがあるため，遠方や疎遠になってしまった家族や親族を探して，協力を求めることが有効である。しかし，家族や親族がいない場合，成年後見人の申請を市区町村長同意で行うこともある。この場合は医師の診断が必須であるため，保健所や保健センター，精神保健福祉センターなどとの連携をより慎重に進めていく必要がある。認知症状の進行，精神疾患の重複により，関わる人たちに対して妄想が出現することがある。もし関わる人たちが警察に通報されたり，近所に悪い噂を流されたりする場合には，セルフ・ネグレクトの本人が介入されることに不安を感じているといえる。

　どの自治体でも何らかの認知症対策はすでに実施しているので，セルフ・ネグレクトの予防という観点も含めて対策をとっていくことが望ましい。また，精神障害者への対応として，保健所や精神保健福祉センターの専門医がアウトリーチ（訪問活動）を行い，対応方法の助言や入院先を紹介することも増えてきている。保健所や精神保健福祉センターの保健師などとも連携し，重い精神障害の可能性がある場合には事例検討会等で方針を決めていく必要がある。

3 低栄養・痩せ

　セルフ・ネグレクトの致死因子の一つとして，低栄養をあげる研究者は多い。極端な低栄養や脱水状態から容易に死に至ることは周知のことであるが，野村の調査結果[1]からも，ギボンズ（Gibbons,S.）らの看護診断のセルフ・ネグレクトの関連因子の一つとしても，「栄養状態がよくない」「低栄養による皮膚の統合性の障害」があがっている[2]。近年でも，Elder Self-Neglect Assessment Scale（セルフ・ネグレクトアセスメント尺度）にある73項目のうち，**表4-1**のように6項目が栄養状態を探る質問項目になっている[3]。筆者らの調査[4]でも「不十分な栄養」に対して多くの専門職が，栄養状態の改善への支援が必要であると答えている。

表4-1　栄養状態に関するアセスメント項目（Elder Self-Neglect Assessment Scale）

食事をつくったり，配食サービスを無視したり，拒んでいませんか
低栄養や脱水の徴候を示していませんか
近頃痩せてきていませんか
キッチンの設備に近づけますか
使える調理器具がありますか
使える冷蔵庫が家にありますか

Iris,M., Ridings,J.W., Conrad,K.J.：The development of a conceptual model for understanding elder self-neglect, The Gerontologist, 50（3），303-315，2010. を筆者ら訳

　セルフ・ネグレクト状態にある高齢者を支援する専門職は，常に高齢者の生命が脅かされていないかということに着目する必要がある。低栄養は死に直結することがあるために栄養状態の観察として重要な項目であるが，**表4-1**の「近頃痩せてきていないか」などという観察項目は，本人と継続的に対面していないとわからない項目である。同様に「キッチンの設備に近づけるか」「使える冷蔵庫があるか」などは，家の中に入らないと評価できない。また脱水についても，皮膚や口唇の乾燥等だけでは医療職でも判断できないという問題がある。日頃から本人の様子を観察し，経済的な側面や最後に姿を見かけてからの期間など，多方面からの情報を得て，低栄養や脱水に対するアセスメントをする必要がある。

4 拒否

　高齢者が意思をもって他者の助けを拒否し，サービスを断り，自ら社会とのつながりを断ち切る状況は，社会からの孤立状態を招く。また食事や薬のコントロールを怠り，自分の世話を放棄するような状況で必要な糖尿病の治療や透析を受けないことは，自殺行為であり直接的な死につながる。そのために，セルフ・ネグレクトの重症度を取り上げるときに「拒否」は重要なポイントになる。他者からの助けやサービスの拒否，医療的なケアの能動的な拒否の結果，当然起こり得る状況を自らが熟慮し予測していたとしても，支援者は高齢者の社会

からの孤立を防ぎ，生命の危険に陥ることがないように注目度のレベルを落とすことなく対応する必要がある。

アイリス（Iris, M.）らは**図4-1**のように，高齢者のセルフ・ネグレクトの全体像を模式図として示している。セルフ・ネグレクトは大きく分けて，「身体的，心理的，社会的な原因」と「環境面の原因」の2つがある。そのなかで，アルコールや薬物等の物質乱用や認知障害などにより，精神面や身体的な健康が失われると，なす術なく（①の矢印：passive self-neglect），住まいの状況が悪化し，ついには家を失い，重大な病気に陥る。

また②の矢印は，自らが招いているセルフ・ネグレクト（active self-neglect）で，社会的孤立や助けを自ら拒否してしまうと，家電も動かず，住まいのガスや水道，電気などが止められ，危険から身を守ることができない家屋の状況を引き起こす可能性がある。医学的な指示を守らない状況は普通の高齢者にもあるが，住まいの状況が荒れているときには，そのままにしておくと生命の危機に陥る可能性があることを示している。

このように社会とのつながりを拒み，医学的な指示を守らない「拒否」は，セルフ・ネグレクトの本人が生命を脅かされる危機的状況を自ら招く，重大なセルフ・ネグレクトの態度である。

5 高齢者

高齢者はセルフ・ネグレクトに陥りやすいといわれ，2008年のドン（Dong, X.Q.）らの調査[5]によると，アメリカでは1億人以上がセルフ・ネグレクトの状態にあるといわれている。ドンらは，シカゴ在住の高齢者を対象として調査した結果，約20%がセルフ・ネグレクトの疑いがある高齢者であり，さらにセルフ・ネグレクトの疑いがある高齢者とそうでない高齢者を比較すると，セルフ・ネグレクトの疑いがある高齢者は，①神経質で，②内向的であり，③日常生活のなかで慣れたやり方を変えなかったり，④新しいことに挑戦することが苦手な人が多いという結果であったという。しかしこれら4つがあるからといって，将来セルフ・ネグレクトになるという可能性があるとはいえないこともまた明らかになった。

つまり，どのような高齢者がセルフ・ネグレクトの状態に陥りやすいかとい

図4-1　高齢者のセルフ・ネグレクトの模式図

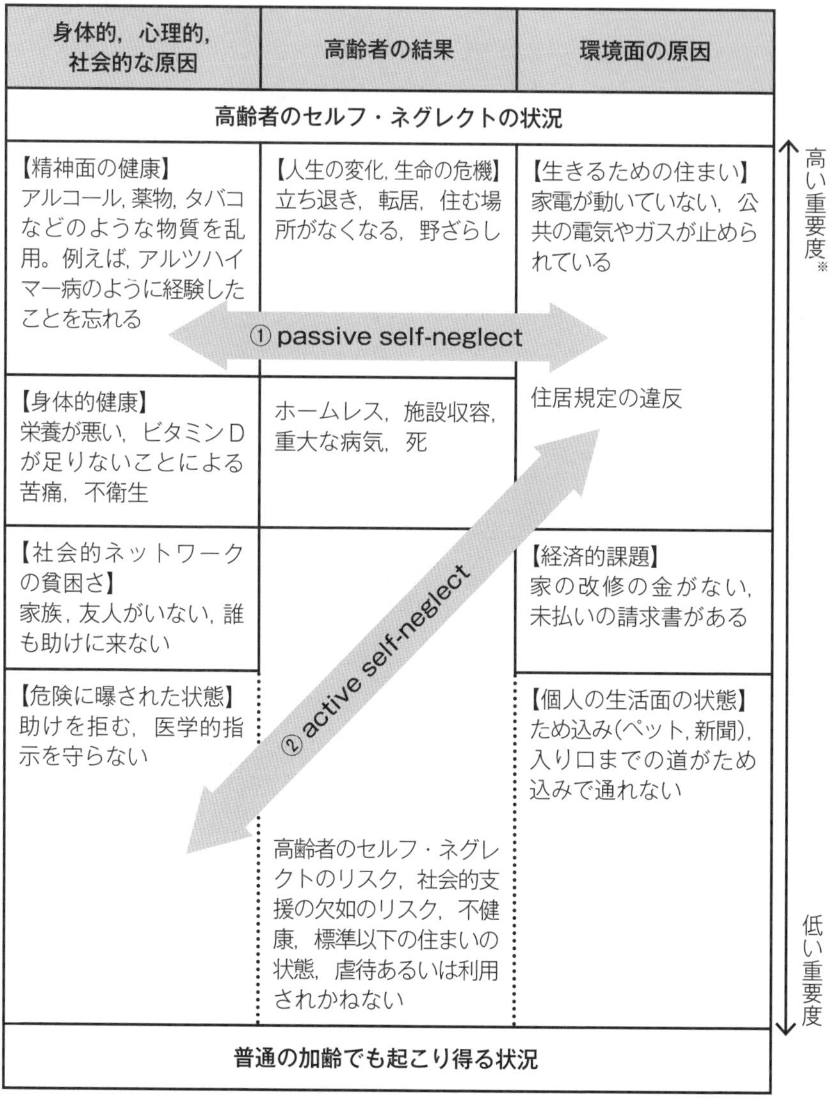

身体的, 心理的, 社会的な原因	高齢者の結果	環境面の原因
高齢者のセルフ・ネグレクトの状況		
【精神面の健康】アルコール, 薬物, タバコなどのような物質を乱用。例えば, アルツハイマー病のように経験したことを忘れる	【人生の変化, 生命の危機】立ち退き, 転居, 住む場所がなくなる, 野ざらし	【生きるための住まい】家電が動いていない, 公共の電気やガスが止められている
【身体的健康】栄養が悪い, ビタミンDが足りないことによる苦痛, 不衛生	ホームレス, 施設収容, 重大な病気, 死	住居規定の違反
【社会的ネットワークの貧困さ】家族, 友人がいない, 誰も助けに来ない		【経済的課題】家の改修の金がない, 未払いの請求書がある
【危険に曝された状態】助けを拒む, 医学的指示を守らない		【個人の生活面の状態】ため込み(ペット, 新聞), 入り口までの道がため込みで通れない
	高齢者のセルフ・ネグレクトのリスク, 社会的支援の欠如のリスク, 不健康, 標準以下の住まいの状態, 虐待あるいは利用されかねない	
普通の加齢でも起こり得る状況		

矢印：① passive self-neglect、② active self-neglect

右側：高い重要度※ ↔ 低い重要度

※重要度は, aging services practitioners を対象として, セルフ・ネグレクト尺度の各項目に, 高齢者のセルフ・ネグレクトの構成概念上重要かどうか(「まったく重要ではない(1点)」から「かなり重要(5点)」まで5段階)を聞いて, その平均点が高いものを上部に配置し, 低いものを下部に配置している。

Iris,M., Ridings,J.W., Conrad,K.J.：The development of a conceptual model for understanding elder self-neglect, The Gerontologist, 50(3), 303-315, 2010. を筆者ら訳

うことについてはいまだ明らかになっていない部分も多いが，高齢者になれば心身の機能が低下するため，誰にでも訪れるリスクファクターであり，さらにライフイベントや遠慮，気兼ね等があればセルフ・ネグレクトに陥りやすいため，心身の機能低下がある場合は継続的にアセスメントしていく必要がある。

6 経済的困窮

医療機関に受診し，身体状況の判断をしたいと考えても，経済的問題（保険料未納など）ですぐに受診できないことや，経済的困窮によって食事を取れない（取らない），必要なサービスを受けられない（受けない）ことがあるため，受診やサービスを拒否する人がいる。食事を十分に取らないことの裏側に経済的困窮が隠れていることがあるため，経済的状況のアセスメントは，セルフ・ネグレクトの早期発見に重要である。また，現在はそれほど経済的に困窮していないのに，"お金がない"と思い込んでいたり，家族のためや今後の生活への不安からお金を使わず残そうとしている人もいる。

特にライフラインが止まっていないかの確認は重要で，公共料金が未払いになって問題（例：電気がつかないなど）が生じてからセルフ・ネグレクトが発見されることがあるが，できれば未払いの状況を早期に把握し，問題が起こる前に対応できるよう，ライフライン関連の事業所から情報提供をしてもらえるよう連携しておくとよい。

7 地域からの孤立

近隣住民とトラブルを起こしているケースでは，近隣からの苦情という形でセルフ・ネグレクトの高齢者が発見されることがある。つまり，近隣とのトラブルがある高齢者の場合は，セルフ・ネグレクトではないか，リスクファクターをもつ高齢者ではないかをアセスメントし，早期に介入する必要がある。悪臭などで周囲に悪影響を及ぼしている場合は，近隣から「早く片付けさせてほしい」「引っ越しをさせてほしい」という要望が強い場合があるが，まずセルフ・ネグレクトの人の人権を尊重することが重要である。

周囲への影響があると短期間での解決を求められがちだが，本人に対応して

いることを近隣にも見せ,本人の状況を近隣に理解してもらうようにしていく。本人を排除することなく,地域で孤立させないように調整していく役割が,関わる専門職に求められる。また近隣とのトラブルが生じている場合には,警察との連携を早めに行って,警察による見守りを強化していくことも有効である。

3 予防的な関わりの重要性

　認知症や精神的な疾患はもちろんリスクファクターであるが,高齢者であることもリスクファクターである。疾患や障害がなくても,非衛生的な生活を送っている人たち,経済的に困窮している人たち,近隣とのトラブルが発生している人たちには,個人のライフスタイル,自己責任の問題として専門職の介入の対象とはならないと決めつけてしまうのではなく,予防的に関わることによりセルフ・ネグレクトに陥らせないことが大切である。また低栄養状態や拒否は重症化につながるため,セルフ・ネグレクトを早期に発見し,さまざまな方法で介入の糸口を見つけ,生命のリスクを回避することにより孤立死を予防することが重要である。

　繰り返しとなるが,本人に何かあるまで「ただ待つ」のでは「見守りという名の放置」になってしまう。孤立死を予防するためにも,まずはセルフ・ネグレクトを早期に発見し支援をしていくことが必要である。

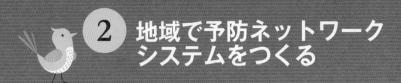

2 地域で予防ネットワークシステムをつくる

1 高齢者虐待防止ネットワークとセルフ・ネグレクト

　「高齢者虐待の防止，高齢者の養護者に対する支援等に関する法律」（高齢者虐待防止法）では，地域包括支援センターが構築する高齢者虐待防止ネットワークの機能として，次の3つを示している[6]。

　一つ目は「早期発見・見守りネットワーク」の機能である。住民が中心となって虐待の防止，早期発見，見守り機能を担うもので，民生委員，地域住民，自治会，社会福祉協議会などがそのメンバーとなっている。二つ目は「保健医療福祉サービス介入ネットワーク」の機能である。主に介護保険事業者等で構成され，現に発生している高齢者虐待事例にどのように対応するかをチームとして検討し，具体的な支援を行っていくもので，居宅介護支援事業所，介護サービス事業所，保健センター，医療機関などがそのメンバーである。三つ目は「関係専門機関介入支援ネットワーク」の機能である。保健医療福祉分野の通常の相談の範囲を越えた専門的な対応が必要とされる場合に協力を得るためのネットワークで，警察・消防・法律関係者などの専門機関・専門職や，精神保健福祉分野の専門機関などとの連携を図っていくものである。

　地域包括支援センターが構築する高齢者虐待防止ネットワークについては，2006（平成18）年に厚生労働省老健局からその考えが示された[6]が，この間，この高齢者虐待防止ネットワークにおいてセルフ・ネグレクト事例への介入・支援が行われ，なかでも，三つ目の「関係専門機関介入支援ネットワーク」機能を必要としている事例において，重篤なセルフ・ネグレクト事例が含まれていることは周知の事実である。しかし，法律に明記されていないセルフ・ネグレクト事例をどう扱うかは，それぞれの市区町村の裁量であり対応もばらつきがある。

　セルフ・ネグレクト事例を地域包括支援センターにおける対応困難事例とみなすのではなく，「自己の心身の安全や健康が脅かされる状態に陥ること」を

セルフ・ネグレクトに共通する定義であると踏まえ，さまざまなネットワークを活用して対応することで，セルフ・ネグレクトの重症化・深刻化，ひいては孤立死の回避につなげることが重要である。

2 地域で予防ネットワークシステムをつくる目的とシステムモデル

　地域でセルフ・ネグレクトの予防ネットワークシステムをつくる目的，すなわち，セルフ・ネグレクト支援に関わるすべての人々が目指すべきゴールは，地域で暮らす高齢者の安心・安全を守り，その人らしい生き方を支援することである。この目的を達成するための具体的な見守りネットワークの目標は，①高齢者のSOSを見逃さない，②高齢者を孤立させない，③高齢者の生活の再構築（再建）を支援する，の3点である。

　システムモデルに欠かせない個人のヒューマンネットワークを示しているのが，**図4-2**である。高齢者本人を中心に三重の同心円で表されており，円の各層は親密さと役割の程度で区分されている。内側から外側に向かうにつれて親密さが低くなり，また役割を中心にした関係になっている。しばしば経験する対応困難なセルフ・ネグレクト事例では，円の三層が希薄か，バラバラでつながっていないことが問題となる。個人がもつ社会関係の同心円を重層的・包括的につなぎ，一つの支援組織にすることがネットワークであり，このネットワークが機能すれば，セルフ・ネグレクトの発生は回避できるか，もしくは早期介入により重症化・深刻化を防止できる。

　また，**図4-3**にセルフ・ネグレクト予防ネットワークシステムモデルを示した。このシステムモデルは，セルフ・ネグレクトを予防するためのネットワークシステムを，つくり，動かし，見直し，存続させる一連のモデルである。2005（平成17）年に，厚生労働省が「地域包括支援センター業務マニュアル」[7]に提示した高齢者虐待防止ネットワーク運営事業イメージを参考に作成した。「保健医療福祉サービス介入ネットワーク」や「関係専門機関介入支援ネットワーク」は，高齢者虐待防止ネットワークで示されたものと大きな変更点はない。既存の高齢者虐待防止ネットワークの活用が有用であろう。

　セルフ・ネグレクト予防ネットワークの特徴は，セルフ・ネグレクトの主要

図4-2　高齢者のヒューマンネットワーク

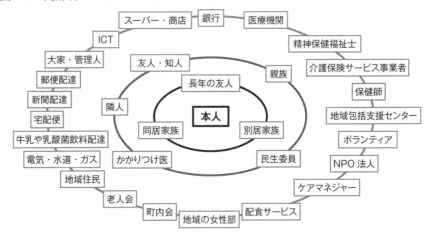

な概念から考えて，見守りのメンバーのうち，個人のヒューマンネットワークの最も外側の円に存在する"高齢者にとってそれほど身近な存在ではないが，生活していく上で関わりのあるメンバー"が，見守りに大きな役割を果たすことである（メンバーについては，次項に示す）。もちろん，この外側の円には保健医療福祉介入ネットワークのメンバーも含まれる。

3 地域での見守りネットワークシステムをつくるポイント

　前述のとおり，セルフ・ネグレクト支援に関わるすべての人々が目指すべきゴールは，地域で暮らす高齢者の安心・安全を守り，その人らしい生き方を支援することである。この目指すべきゴールに向かって最も重要でかつ基本的なことは，生活圏内での日常的な「見守りネットワーク」の構築である。
　見守りネットワークシステムを構築するということは，一つの政策・施策形成という意味合いをもっている。したがって，ネットワーク構築のコーディネーターは，プロセス全体を通して調整能力が求められることになる。真山[8]は，調整能力として，①問題の解決に関係がある人や組織の範囲を見定める能力，②関係者の主張の内容とその根拠を的確に把握できる能力，③自らの主張

図4-3 セルフ・ネグレクト予防ネットワークシステムモデル

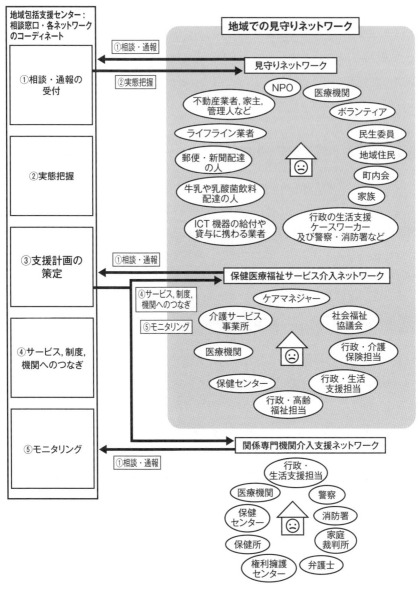

厚生労働省老健局：地域包括支援センター業務マニュアル，51，2005. をもとに筆者作成

をしっかりとした根拠に基づいて明快に述べる能力，④相手の立場や気持ちになって論議ができる能力などをあげている。ただ，現実にはそれ以上に，職務上のヒューマンネットワークが施策形成の大きな力になることがある。ある程度の調整能力と職務を通した人と人とのつながりが，最終的に持続可能なネットワーク構築に結びついていく。以下に，見守りネットワークシステムをつくる際のポイントをまとめる。

1 地域特性・地域の強みを生かす

地域には，その地域の風土，文化，風習，生活習慣がある。見守りネットワークシステムをつくるためには，その地域特性・地域の強みを生かすことが不可欠となる。既存の地縁組織，住民のインフォーマルなつながり，伝統行事のための住民のつながりなど，その地域でこれまで受け継がれてきた，当たり前の日常を生かしたネットワークシステムを構築することがポイントとなる。

2 地域のマンパワー・資源を生かす

誰がどのように地域のマンパワーになり得るのか，見守りネットワークシステムのどの部分なら無理せず引き受けてくれるのか，前述の地域特性・地域の強みを生かすことと連動させながら，見守りネットワークシステムをつくるために必要なマンパワー・資源を発掘し，活用することが重要となる。

3 ネットワーク構築のプロセスへのメンバーの参加

住民など見守りネットワークのメンバーが，システム構築のプロセスにどのような形で参加するのかが非常に重要となる。単に参加メンバーとして名前を連ねるだけでは，真に参加しているとはいえない。パートナーとして参加し，対話していく必要がある。真山[9]は，住民とのパートナーシップを成立させる要件として，対等・平等，相互補完，目的の共有の3点をあげ，その中でも住民との目的の共有が最も基本だと述べている。見守りネットワークシステムの目標を共有し，参加した人々のエンパワメントを図ることで，住民参加型

の見守りネットワークシステムをつくることができる。そのためには，ネットワーク構築の初めの段階から，これらのメンバーと協議する機会と場をもつことがポイントとなる。2015（平成27）年に改正された介護保険法では，市町村レベルの地域ケア会議が制度的に位置付けられた。地域ケア会議をその機会と場ととらえることで，介護保険制度との整合性を図りつつ，見守りネットワークシステムの構築を進めることができる。

4 見守りネットワークシステムに参加すべきメンバー

　見守りネットワークのメンバーとして参加すべき（参加してほしい）人々であるが，まず，比較的高齢者に身近な存在であるメンバーとして，家族，近隣住民，民生委員，見守りサポーターのような住民ボランティアなどがあげられる。次に，高齢者にとってそれほど身近な存在ではないが，生活していく上で関わりのあるメンバーとして，ライフライン業者，郵便・新聞配達業者，牛乳や乳酸菌飲料配達などの民間事業者，不動産業者，家主，管理人などの住居関係者，警察，消防署などの公的機関，NPO法人などがあげられる。

5 見守りネットワークシステムとICT機器

　将来的に，高齢者宅に付けられたICT（information and communication technology：情報通信技術）機器による高齢者のモニタリングから得られた情報が，このネットワークに組み込まれる可能性がある。例えば，ICT機器のセンシング技術を活用した高齢者の日常的なモニタリング情報から気になる高齢者が抽出された場合，郵便・新聞配達業者や，賃貸住宅であれば大家など，日頃関わりのある見守りメンバーに情報を提供して，見守りを強化してもらうことができる。ICT機器の活用がこれまで以上に，セルフ・ネグレクト高齢者への時宜にかなったアプローチを可能にするかもしれない。

4 地域で"見守る"ということ

1 セルフ・ネグレクトにおける具体的な見守りのポイント

『市町村・都道府県における高齢者虐待への対応と養護者支援について』[6] では、高齢者虐待防止ネットワークの機能の一つである「早期発見・見守りネットワーク」について、「住民が中心となって虐待の防止、早期発見、見守り機能を担うもの」としている。このことは、セルフ・ネグレクトの見守りネットワークの機能にもいえる。セルフ・ネグレクトにおける具体的な見守りのポイントを4つ示す。

1 セルフ・ネグレクトの主要な概念となる項目を理解し確認する

確認方法は、次節で示すリスクアセスメントシートなどを活用する（154～159頁参照）。

2 高齢者がセルフ・ネグレクトに至る経過を理解する

高齢者がある日突然、セルフ・ネグレクト状態になるのではなく、認知症・精神疾患の悪化、重大なライフイベントや人間関係による意欲の低下など、"生きづらさ"がきっかけとなり、生活に必要な最低限のことを行えない、あるいは行わないという生活の破綻をきたし、ついには心身の健康に悪影響を及ぼすセルフ・ネグレクト状態となる[10]ととらえていく。

3 高齢者の異変の察知ポイントを知る

東京都は『高齢者等の見守りガイドブック』[11]を作成し、異変の察知ポイントを、「心身の病気について」「認知症について」「虐待について」「自宅で倒れている可能性について」など7項目にまとめて具体的な状況設定を示している。これらを参考にすると、わかりやすい。

4 緊急性を判断し通報する

東京都足立区では、「『絆のあんしん協力員』見守り・寄り添い活動の手引

き」[12] の中で，地域包括支援センターに連絡すべき心身の状態を具体的に示している。痛みやしびれ，震えなどで，歩行，着替えなど日常的な活動ができなくなった場合などの身体的変化，ろれつが回らない，落ち込んでいるなどの精神的変化があるときは連絡が必要とし，当然のことながら，命に関わる場合は，110番・119番への通報を勧めている。また，見守りのなかで，気になることがあったときの情報提供の流れについて，埼玉県さいたま市では，情報提供のガイドライン[13] を示している。各市町村の情報提供の流れを確認し，タイムリーに相談・通報することが，地域で"見守る"ことの責任でもある。

2 見守りの頻度と深さ

　見守りには，見守りの頻度と深さが求められている。前述のさいたま市は，「気づく，つなげる，寄り添う，支援する」という単純・明快な表現で見守りネットワークのあるべき姿を啓発している。高齢者の異変に気づくためには，常日頃からある一定の頻度（例えば，週1回）で一人暮らしや高齢夫婦の家庭を訪問して様子を見ていないと，タイムリーに気づけない可能性がある。さらに，ただ高齢者の様子を観察するだけでなく，高齢者の気持ちに寄り添い，思いを汲み取るなどの見守りの深さが求められている。

3 見通しをもった見守り

　そして見守りには，ある程度の見通しをもっていることが必要である。今ある高齢者の姿を観察するだけでなく，これから高齢者の身の上に起こり得る危険や問題を予測し，予測した状況が起こったときにどう対処すべきかを日頃から想定することができて，初めて見守りといえる。もちろん，住民などの専門職ではない人々がすべて，このような高齢者の起こり得る将来の姿を予測する力をもっているわけではない。住民参加型の見守りネットワークシステムでは，参加した住民が事例を通して徐々に学習し，気づき，一人ひとりがエンパワーされ，高齢者の起こり得る将来の姿を見抜く力をもつことが期待できるのである。

5 見守りネットワークシステムの運営上のポイント

2010（平成22）年度に実施された内閣府のセルフ・ネグレクト状態にある高齢者に関する調査[14]は全国1750市区町村を対象に行われ，有効回答率93.5％であった。この報告書によると，何らかの形で高齢者見守りネットワークを整備していると回答した自治体は36.8％にとどまっていた。また，過半数の自治体が見守りネットワークを効果的に行う上での課題として，関係機関との情報共有等による連携の強化や見守り対象高齢者の隣人等地域住民の理解・協力をあげた。見守りネットワークシステムは構築したものの，システムが実働し，発展するための関係機関や地域住民とのコミュニケーションのもち方に課題を感じていることになる。

このコミュニケーションの課題も含めて，セルフ・ネグレクトに対する見守りネットワークシステムの運営上のポイントを述べる。運用上のポイントは，①ネットワークシステムのモニタリングの定期的実施，②住民へのアカウンタビリティの実施，③見守りネットワークシステム運営委員会の開催，④セルフ・ネグレクトについての住民に対する広報やキャンペーンの実施の4点である。

1 ネットワークシステムのモニタリングの定期的実施

ネットワークシステムのモニタリングを定期的に実施することにより，運営上の不都合や不具合などを明らかにし，ネットワークが実働しているかの評価をすることができる。要支援・要介護高齢者のケアプランのモニタリングを定期的に行っているので，地域の高齢者を支援する専門職はモニタリングすることに抵抗なく参加できるであろう。モニタリング項目を何にするのか，実施時期や参集メンバーをどうするのかなど，具体的な内容は見守りネットワークシステムのなかで決定していく必要がある。

2 住民へのアカウンタビリティの実施

住民に対して見守りネットワークシステムのアカウンタビリティ（説明責任）

の機会をもつとは，具体的にどのようなこととらえたらよいだろうか。自治体にとってのアカウンタビリティとは，事業の目的や課題，意図や狙いなどを明らかにし，結果としてどれだけの成果や効果を上げたかをわかりやすく説明して，責任を追及する住民の理解と納得を得ることである[15]。

　見守りネットワークシステムにおけるアカウンタビリティにおいても，基本的な計画・実施・評価がシステムの案の段階で示されていないと住民に対する十分なアカウンタビリティを確保できない可能性がある。これは，大変骨の折れることである。しかし，アカウンタビリティの機会をもつことは，住民に対する見守りネットワークシステムの周知につながることも忘れてはいけない。なぜなら，見守りは選ばれたメンバーのみがそのネットワークに組み込まれるのではなく，高齢者を取り巻くすべての住民がメンバーになり得るからである。そのためには，まず住民に対する啓発活動が必要であろう。住民一人ひとりがセルフ・ネグレクトを知って，気づいてもらう，相談してもらう，見守りながら支援してもらうという自然な流れをつくることが重要である。

3 見守りネットワークシステム運営委員会の開催

　見守りネットワークシステムの運営を協議する場を設置することは，地方自治体が実施する事業で通常行われている運営委員会の手法を踏襲することに他ならない。委員会は，定期的な事業報告とそれに対する評価を受けるという機能と，地域で実際に経験した（もしくは経験している）事例を検討する機能が想定される。委員会のメンバーは，地域住民と地域にとって影響力の大きい人（民生委員，自治会の役員など）を入れるのが鉄則であろう。この委員会は，評価される側と評価する側に二分するかのように勘違いされがちであるが，自分たちの地域の高齢者に対する見守りネットワークシステムであるという共通認識があれば，堅苦しい印象の委員会がネットワークにおけるチームワークを強化し，責任を分かち合う場となるのである。

4 住民に対する広報やキャンペーンの実施

　何らかの健康問題に関する住民に対する広報やキャンペーンは，年1回で

も定期的に行うことが大切となる。マスメディアを活用することにより，セルフ・ネグレクトは誰でも陥る可能性のある状況で，どのようなサインがあればそれを疑って，誰に伝えるのかなど，住民の共通した認識を得ることができる。見守りネットワークを十分に機能させるには有効な教育方法である。

　また，高齢者が集う場を利用して啓発活動をしていくことも必要である。ある自治体の地域包括支援センターでは，シニアクラブ（老人会）のメンバーに，一人暮らしの高齢者が「ゴミ屋敷」と化した自宅で孤立死に至った事例のDVDを視聴してもらうということを行った。15分程度のDVDであるが，それを見たシニアクラブの人々からは，静かだが，ため息交じりの真剣な受け止めがあったという[16]。

　以上のように，始めこそ行政主体の見守りネットワークシステムづくりであるが，アカウンタビリティの機会や運営を協議する場を設置するなど運営上のポイントを活用し，一つ一つ手続きを踏んでいくことで，地域力の底上げとなる持続可能な見守りネットワークとして成熟していくはずである。

3 セルフ・ネグレクトのアセスメントツール

1 セルフ・ネグレクトの測定尺度

　どのような状態（横軸）が，どの程度（縦軸）であれば，セルフ・ネグレクトと断定してよいか。これは非常に難しい問題である。確かに「ゴミ屋敷」のような状態であれば，誰しも自分の家とはまったく違うと認識する。しかし「ゴミ屋敷」ではなくても，セルフ・ネグレクトの状態はあり得る。「自己の心身の安全や健康が脅かされる状態に陥ること」が，セルフ・ネグレクトに共通する定義である。これは単に家の中が汚いとか，悪臭がするというだけの問題ではない。また津村らが定義しているように，「生活において当然行うべきことを行わない」ということは，ゴミを捨てないことや物を片付けないことにとどまらない。

　では，セルフ・ネグレクトであるかどうかを測る尺度，つまり「ものさし」はあるのだろうか。現在，筆者らの研究でもまさにその検討をしているところであり，検討途上ではあるが，ここで示してみたい。

　なお，アメリカではダイヤー（Dyer,C.B.）らにより「セルフ・ネグレクト重症度スケール（Self-Neglect Severity Scale）」の作成が進められており，関係者間である程度のコンセンサスの得られた概念規定とそれに基づく評価尺度の作成が試みられている[17)18)]が，ここでは詳述はしない。この尺度も信頼性と妥当性という，いうなれば尺度の正しさの検証が現時点ではなされておらず，また項目によってはわが国の文化背景とそぐわない部分もある。そのため，測定尺度の作成については，今後，日本の文化的な背景に基づいて十分に吟味した上で，日本独自の尺度の開発を行う必要がある。

2 アセスメントツール（試案）の開発

　筆者らは，これまでの研究の成果から，セルフ・ネグレクトを予防し，早期に発見・介入するためのツールとして，「リスクアセスメントシート（**表4-2**）」「アセスメントシート（**表4-3**）」「介入の緊急度・状態の深刻度アセスメントシート（**表4-4**）」を作成した。ツールの構造については，「セルフ・ネグレクトアセスメントツール構造図（**図4-4**）」を参照していただきたい。なお，スクリーニング項目については，項目確定のために，現在，慎重に研究を進めているところである。

　本来ならば，より詳細な研究を進めた後にこのようなツールを提示すべきだが，生命や健康に影響を及ぼすセルフ・ネグレクト状態の高齢者を早期に発見することや予防することが最優先であり，未熟なものであっても提示することで多くの示唆を得ることが重要であると考え，ここで紹介することとした。本ツールは現段階での案であり，今後，地域包括支援センターをはじめ関係する機関に活用いただき，さまざまな意見をいただくことで，改善していきたい。

1 セルフ・ネグレクトリスクアセスメントシート（表4-2）

　高齢者虐待については，高齢者虐待防止法に通報の義務や努力義務，関わる職種には発見の努力義務が課せられているが，セルフ・ネグレクトについては高齢者虐待防止法に定義されていないため，発見や通報がなされない，あるいは遅れる可能性がある。これまでの文献[6)19)20)]を参考に筆者らで検討し，セルフ・ネグレクトのリスクが高い，あるいは予兆のサインとして「リスクアセスメントシート」を作成した。予防の観点から，関わる職種，民生委員，地域住民に広く周知していただき，まず発見や通報・相談が重要であることを地域の人たちに認識してもらうことに活用していただきたい。

2 セルフ・ネグレクトアセスメントシート（表4-3）

　セルフ・ネグレクトの状態把握の際に使用するものである。筆者らで，過去の文献や調査結果をもとに，繰り返し検討し項目を抽出した。信頼性・妥当性については現在研究を進めているところである。各項目については，「評価の

ポイント」(156・157頁)を参考に，該当する箇所に○をつけて使用する。日本においてはセルフ・ネグレクトの明確な定義が定められていないため，1項目でも該当すれば支援の対象であるとして対応を検討する。また，支援導入後にケア会議などで支援の効果を測定するなど，関係者間で共有するツールとしても使用していただきたい。

3 介入の緊急度・状態の深刻度アセスメントシート（表4-4）

　介入の緊急度・状態の深刻度をアセスメントするためのツールであるが，最終的な判断は専門職の意見を踏まえ，ケア会議等で決定していくことが望ましい。精神症状を伴う場合の対応は，保健所，保健センター，精神保健福祉センター等と連携するなど，専門機関との関係構築を行って対処することが重要である。セルフ・ネグレクトアセスメントシートと合わせて，ケア会議，事例検討会の資料とし，方針を検討する際に活用していただきたい。

表4-2 セルフ・ネグレクトリスクアセスメントシート

- 本シートでは，疾患以外でセルフ・ネグレクトのリスクが高いか，予兆があるかを査定する。
- 各項目は，支援者など第三者が観察しチェックする，生活の破綻のサインである。

本人の状況	家屋及び家屋周囲の状況	社会との交流
□ 無力感，あきらめ，投げやりな様子が見られる	□ テーブルや台所に汚れた食器類が積み重なっている	□ 近年，一人暮らしになった
□ 暴言を吐く，無表情な顔つきなど，今までと急に変わった様子がある	□ 室内を掃除した様子がない	□ 近年，家族，特に配偶者の死に直面した
□ 汚れた下着や衣服を身につけているときがある	□ 庭や家屋の手入れがされていない，または放置されている	□ 近隣との日常会話が減った
□ 服装や身だしなみに関心がなくなってきた	□ 破れた網戸，障子，カーテンがそのままになっている	□ 今まで挨拶していたのに，挨拶しなくなった
□ ゴミをうまく分別できなくなった，または指定日にゴミを出さなくなった	□ 郵便受けに郵便や新聞がたまっている	□ 外出の頻度が急に減ってきた
□ 薬を飲んでいないなど，治療を中断しているような言動がある	□ 雨や雪なのに窓が開け放してある	□ 地域行事への参加が急に減ってきた
□ 痩せてきたり，体調が悪そうに見える	□ 同じ洗濯物が干したままになっている	□ 買い物に行かなくなった
□ 痛みや病気のために日常生活の動きが制限されているように見える	□ 晴れた日なのに雨戸やカーテンが閉まったままになっている	□ 自分の周囲に関して極度に無関心になる
□ 必要な受診や入院の勧めを断る	□ 日常使う電化製品が壊れたままになっている	□ 何を聞いても「いいよ，いいよ」と言って遠慮をし，世間や周囲に気兼ねする態度が見られる
□ 他人の助言を聞き入れず，極端に健康を害する生活をしている	□ 昼夜問わず，室内の照明がついていない	□ 家にいることは確認できるが，返事がない，または電話に出ない
□ 何らかの症状があるが，受診していない	□ 住居の外にゴミがあふれている	□ 近所付き合いがなく，訪問しても高齢者に会えない，または嫌がる
□ 保健・福祉の担当者と会うのを嫌う	□ 住居・部屋が悪臭・異臭を放っている	□ 今まであった親族の出入りが減ってきた
□ 経済的に困っていないのに，必要なサービスを利用したがらない	□ 部屋に汚れた下着・おむつ等が散乱している	

岸恵美子他作成，2015.

表4-3 セルフ・ネグレクトアセスメントシート

・本シートでは，セルフ・ネグレクトかどうかを判断し，その状態を査定する。

評価者：　　　　　　評価日：　　年　月　日

分類	項目	ない	あまりない	わからない	ややある	ある
健康行動の不足・欠如	治療が必要な慢性疾患や症状を放置している					
	自身で行うべき必要な医療的ケアを行っていない					
	生命に関わるような日常生活の注意が守られていない					
	服薬など療養上必要とされる指導が守られていない					
	極端に痩せており，必要な食事を取っていない					
個人衛生の悪化	入浴や清拭を怠っており，身体の汚れや悪臭がある					
	汚れて不潔な衣類を常時着用している					
	髪・ひげ・爪の整容をせず，伸び放題で不潔である					
	洗顔や歯磨きがなされておらず，不潔である					
住環境の悪化	ゴキブリなどの害虫やネズミが大量に発生している					
	屋内に腐った食べ物や生ゴミが放置され悪臭がする					
	屋内にペット類が放置されており，不潔な状態である					
	排泄物や排泄物で汚れた衣類が放置されている					
	電気・ガス・水道などのライフラインが止まっている					
	トイレや台所，浴室などが使用できない					
	屋内に大量の物が放置され，足の踏み場がない					
	窓ガラスやドアが壊れたまま放置されている					
	屋外に大量のゴミや不用品があふれている					
	家屋が著しく老朽化して危険である					
保健医療福祉サービスの拒否	医療が必要な状態だが，受診を勧めても拒否する					
	介護が必要な状態だが，介護保険利用を勧めても拒否する					
	困窮しているが，生活保護を申請しない					
	その他，必要な保健・福祉サービスを拒否している					
地域社会からの孤立	他者との関わりを拒否している					
	親族との交流がみられない					
	近隣住民とのトラブルなどにより，周囲から孤立している					
金銭・財産管理の不足・欠如	生活費のほとんどをアルコールやギャンブルに費やしている					
	契約などの金銭に関わる手続きができない					
	お金や通帳などの貴重品が放置されている					
	家賃や公共料金などが数か月にわたり滞納されている					

セルフ・ネグレクトアセスメントシートの評価のポイント（表4-3の続き）

健康行動の不足・欠如	<治療が必要な慢性疾患や症状を放置している>	
	重篤な慢性疾患(閉塞性肺疾患，高血圧，糖尿病など)を治療せず放置している．受診を勧めても拒否する場合は，この項目で評価する．精神疾患や皮膚疾患の放置も同様にこの項目で評価する．	
	<自身で行うべき必要な医療的ケアを行っていない>	
	カテーテル・人工肛門などの医療的なケアを怠っている場合にこの項目で評価する．	
	<生命に関わるような日常生活の注意が守られていない>	
	健康を損なうほどの飲酒を継続している，肺疾患があるのに喫煙している，寒暖から身を守ろうとしない等，高齢者の生命や健康維持に悪影響を及ぼすような行動がある場合にこの項目で評価する．	
	<服薬など療養上必要とされる指導が守られていない>	
	主に，服薬コンプライアンスが低下している場合にこの項目で評価する．その他の医療的ケアの中でも，インスリンは薬剤であるため，この項目で評価する．	
	<極端に痩せており，必要な食事を取っていない>	
	外見でわかる極端な痩せが見られる場合は，この項目で評価する．	
個人衛生の悪化	<入浴や清拭を怠っており，身体の汚れや悪臭がある>	
	外見でわかる身体の汚れ，または悪臭がある場合は，この項目で評価する．	
	<汚れて不潔な衣類を常時着用している>	
	不潔な衣類を常時着用している場合にはこの項目で評価する．また，衣服が過度にボロボロであるなどの場合もこの項目で評価する．	
	<髪・ひげ・爪の整容をせず，伸び放題で不潔である>	
	髪・ひげ・爪の状態を外見からアセスメントし，過度に不衛生な場合はこの項目で評価する．	
	<洗顔や歯磨きがなされておらず，不潔である>	
	目やにがたまっている，歯磨きがなされていない等，外見で判断できる状況があった場合にこの項目で評価する．また，口臭などで判断できる場合もこの項目で評価する．	
住環境の悪化	<ゴキブリなどの害虫やネズミが大量に発生している>	
	ゴキブリなどの害虫やネズミが大量に発生し，明らかに不衛生または住環境として適さないと判断した場合は，この項目で評価する．	
	<屋内に腐った食べ物や生ゴミが放置され悪臭がする>	
	屋内に放置されたゴミや物が原因で悪臭が発生し，不衛生である場合にこの項目で評価する．	
	<屋内にペット類が放置されており，不潔な状態である>	
	ペットの飼育状況を評価する．大量のペットが放置され，糞を放置して悪臭がする場合などはこの項目で評価する．視覚的に不衛生と判断できる場合，悪臭がする場合があるが，どちらか一方が当てはまればこの項目で評価する．	
	<排泄物や排泄物で汚れた衣類が放置されている>	
	高齢者の排泄物やそれで汚れた衣類が放置されている場合にこの項目で評価する．視覚的に不衛生な場合，悪臭がする場合があるが，どちらか一方が当てはまればこの項目で評価する．	
	<電気・ガス・水道などのライフラインが止まっている>	
	電気・ガス・水道などのライフラインが止まり，その代替手段もなく生活に著しい支障がある場合にこの項目で評価する．	
	<トイレや台所，浴室などが使用できない>	
	水回りが不衛生で使用できない，壊れていて使用できない，ゴミや物が放置されて使用できない場合にこの項目で評価する．	

住環境の悪化	<屋内に大量の物が放置され，足の踏み場がない>	屋内に大量のゴミや物が放置され，生活空間に支障をきたしている場合にこの項目で評する。不衛生な場合は，上記の<屋内に腐った食べ物や生ゴミが放置され悪臭がする>の項目で評価
	<窓ガラスやドアが壊れたまま放置されている>	窓ガラスが割れて部屋が居住に適さないほど室温管理ができない，侵入者が入って安全が保てないような状態にあった場合にこの項目で評価する。
	<屋外に大量のゴミや不用品があふれている>	家屋内のみならず，屋外に大量のゴミや不用品があふれ，本人の生活及び近隣住民の生活に著しい影響がある場合，この項目で評価する。
	<家屋が著しく老朽化して危険である>	倒壊のおそれがあり，高齢者の安全が保たれないほどの状態にある場合にこの項目で評価する。また，火災の危険がある場合にもこの項目で評価する。
保健医療福祉サービスの拒否	<医療が必要な状態だが，受診を勧めても拒否する>	医療の提供を勧めても拒否する場合にこの項目で評価する。
	<介護が必要な状態だが，介護保険利用を勧めても拒否する>	介護保険サービスを勧めても拒否する場合にこの項目で評価する。
	<困窮しているが，生活保護を申請しない>	経済状況のアセスメント後，生活保護の申請を勧めても拒否する場合にこの項目で評価する。
	<その他，必要な保健・福祉サービスを拒否している>	上記以外に必要な保健・福祉サービスを拒否している場合にこの項目で評価する。
地域社会からの孤立	<他者との関わりを拒否している>	他者との関わりを拒否している場合にはこの項目で評価する。
	<親族との交流がみられない>	親族との関係を評価して，親族との交流がない場合はこの項目で評価する。
	<近隣住民とのトラブルなどにより，周囲から孤立している>	ゴミや悪臭の問題などで近隣住民とトラブルになり，孤立している場合にこの項目で評価する。
金銭・財産管理の不足・欠如	<生活費のほとんどをアルコールやギャンブルに費やしている>	アルコールやギャンブル等に生活費を費やして，著しく生活に悪影響が出ている場合，この項目で評価する。
	<契約などの金銭に関わる手続きができない>	銀行の手続きができない等，契約手続きができないことで生活に著しい支障をきたしている場合にこの項目で評価する。消費者被害にあっている場合もこの項目で評価する。
	<お金や通帳などの貴重品が放置されている>	屋内に貴重品を放置する等，貴重品を適切に管理できず生活に著しい支障をきたしている，またはそのおそれがある場合はこの項目で評価する。
	<家賃や公共料金などが数か月にわたり滞納されている>	公共料金などを滞納し，生活に著しい支障をきたしている場合はこの項目で評価する。

岸恵美子他作成，2015.

表4-4 介入の緊急度・状態の深刻度アセスメントシート

・本シートでは，セルフ・ネグレクト状態の緊急度・深刻度を査定する。

記入者：　　　　　　　　作成日：　　年　　月　　日

	内　容
レベルA	①高齢者自身の生命・身体・生活に著しい影響が生じている 　意識混濁，重度の褥瘡，重い脱水症状，脱水症状の繰り返し，栄養失調，全身衰弱，下肢や顔面の重度のむくみ，極端な痩せ，頻脈，徐脈，脈が触れにくい，不規則な呼吸，高血圧，低血圧，高血糖，低血糖，発熱，自殺念慮 　その他（　　　　　　　　　　　　　　　　　　　　　　　　　　　　　　　） ②近隣住民の生命・身体・生活・財産に著しい影響が生じている 　自傷他害のおそれ，脅し，叫び声，噛みつき，引っ掻き，蹴飛ばし，顕著な独語・空笑，火やナイフを持ち出すなどの危険行為 　その他（　　　　　　　　　　　　　　　　　　　　　　　　　　　　　　　） ③ライフラインが途絶えており，代替手段がなく，生命維持に必要な最低限の生活に支障をきたしている ④その他
レベルB	①高齢者自身の生命・身体・生活に影響が生じている 　軽度の脱水，低栄養・低血糖の疑い，入退院の繰り返し，痩せが目立つ，頭痛，下痢，害虫の大量発生，トイレ等の設備が使用不可，物の散乱による転倒リスクが高い，物の散乱により火災発生リスクが高い 　その他（　　　　　　　　　　　　　　　　　　　　　　　　　　　　　　　） ②近隣住民の生命・身体・生活・財産に影響が生じている 　徘徊，昼夜逆転，頻繁な訴え，異食，弄便，大声，不快音，独語・空笑，害虫の多量発生，悪臭，騒音，物の散乱により火災発生リスクが高い 　その他（　　　　　　　　　　　　　　　　　　　　　　　　　　　　　　　） ③重度の慢性疾患があるのに医療を拒否しているため，生命に関わるような重大な結果が生じるおそれの高い状態が見られる ④その他
レベルC	①高齢者自身の生命・身体・生活への影響は部分的であるか，顕在化していない状態であるが孤立化している ②経済的困窮により，最低限の生活（衣食住等）に支障をきたしている ③近隣住民の生命・身体・生活・財産に影響を及ぼしていない

○レベルA・・・緊急保護，入院，入所を検討
○レベルB・・・入院，入所，定期的なサービス・支援を検討
○レベルC・・・定期的な状況確認・支援，入院・入所の可能性の検討

※1項目以上該当ありの場合，高いレベルの条件に従い支援を行う

本事例のレベル（該当箇所に○）

レベルA・レベルB・レベルC

岸恵美子他作成，2015.

図4-4 セルフ・ネグレクトアセスメントツールの構造図

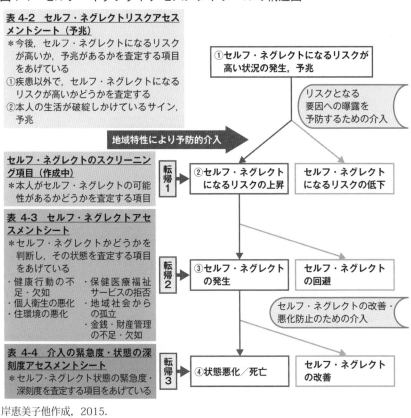

岸恵美子他作成，2015.

文献

1) 野村祥平：ひとつの地域における高齢者のセルフネグレクトに関する実態，高齢者虐待防止研究，1(4)，58-75，2008．
2) Gibbons,S.,Lauder,W. and Ludwick,R.：Self-Neglect：A Proposed New NANDA Diagnosis, International Journal of Nursing Terminologies and Classifications, 17(1), 10-17, 2006.
3) Iris,M.,Ridings,J.W.,Conrad,K.J.：The development of a conceptual model for understanding elder self-neglect, The Gerontologist, 50(3), 303-315, 2010.
4) 小長谷百絵・岸恵美子他：高齢者のセルフ・ネグレクトを構成する因子の抽出―専門職のセルフ・ネグレクトへの支援の認識から，高齢者虐待防止研究，9(1)，54-63，2013．

5) Dong,X.Q.,Tang,Y.,Gorbien,M. & Evans,D.：Personality traits and elder self-neglect severity among community dwelling population, Journal of the American Geriatrics Society, 56, 105, 2008.
6) 厚生労働省老健局：市町村・都道府県における高齢者虐待への対応と養護者支援について，2006．
7) 厚生労働省老健局：地域包括支援センター業務マニュアル，2005．(http://www.wam.go.jp/wamappl/bb05kaig.nsf/0/79ea61ddf2ef4633492570dc0029d9a8/$FILE/m-2-1,2.pdf)（2015年6月24日最終アクセス）
8) 真山達志：政策形成の本質，成文堂，43・144-157・183，2002．
9) 8)，143-149．
10) 岸恵美子：ルポ ゴミ屋敷に棲む人々，幻冬舎新書，2012．
11) 東京都：高齢者等の見守りガイドブック，131-134，2014．(http://www.fukushihoken.metro.tokyo.jp/kourei/koho/mimamoriguidebook.files/ikkatu.pdf)（2015年6月24日最終アクセス）
12) 東京都足立区：『絆のあんしん協力員』見守り・寄り添い活動の手引き，第2版，2014．(https://www.city.adachi.tokyo.jp/chiiki/documents/kyouryokuin_tebiki.pdf)（2015年6月24日最終アクセス）
13) さいたま市：平成24年度版 要支援世帯の早期発見のための通報等ガイドライン，2012．
14) 内閣府：セルフ・ネグレクト状態にある高齢者に関する調査―幸福度の視点から，平成22年度内閣府経済社会総合研究所委託事業，2011．(http://www.esri.go.jp/jp/prj/hou/hou060/hou60_03.pdf)（2015年6月24日最終アクセス）
15) 8)，150-152．
16) 吉田太一：孤立死，扶桑社，2010．
17) Dyer,C.B.,Kelly,P.A. and Pavlik,V.N. et.al.：The Making of a Self-Neglect Severity Scale, Journal of Elder Abuse and Neglect, 18(4), 13-23, 2006.
18) Dyer,C.B.,Pickens,S. & Burnett,J.：Vulnerable elders: When it is no longer safe to live alone, Journal of the American Medical Association, 298, 1448–1450, 2007.
19) 東京都保健福祉局高齢社会対策部在宅支援課：東京都高齢者虐待対応マニュアル―高齢者虐待防止に向けた体制構築のために，2006．
20) 津村智惠子・入江安子他：高齢者のセルフ・ネグレクトに関する課題，大阪市立大学看護学雑誌，2，1-10，2006．
21) NCEA：Types of Abuse Self-neglect(http://www.ncea.aoa.gov/FAQ/Type_Abuse/index.aspx)（2015年6月24日最終アクセス）
22) 埼玉県福祉部高齢者福祉課高齢者虐待防止担当：高齢者虐待対応ハンドブック改訂版―判断基準等資料22年1月，2010．

第5章

セルフ・ネグレクトの人への支援事例

本章で取り上げる事例は，個人情報保護の観点から，事例提供者からの事例をもとにしながら，編者らで必要に応じて支障のない範囲内でフィクションを加え，背景などを改変しているため，実際の事例とは異なる。

　事例中の「今後の支援課題」については，編者らが事例を通して考えた"今後の課題"を記述した。

　なお，事例中の表現であるが，支援が始まったときを「X年」とし，それを起点として＋・－の年表記をしている。また，事例の対象者と家族・支援者等の関係を，適宜エコマップの形で表現しているが，使用している線の意味は次のようになっている。

　　■■■■■■　＝ つながりの強い関係
　　─────　＝ 普通の関係
　　──────　＝ つながりの弱い関係

事例 1 ライフラインを止めてゴミ部屋に住む独居の50代男性への支援

事例概要

対象者：Aさん，58歳，男性
生活状況：建設会社に勤めていたが，52歳のときに早期退職。以前は近隣の市で持ち家に住んでいたが，道路拡張計画を機に，母親と分譲マンションを購入し現住所地に転居してきた。母親は5年ほど前に亡くなり，その後は一人暮らし。「ゴミ部屋」になった時期や原因はわからない。マンションの隣のビルにドラッグストアとコンビニエンスストアがあり，そこで焼酎や菓子パン，ラーメンなどを購入し生活していた
家族状況：近くに親族がいるというが，現住所地への転居は知らせていない
経済状況：預貯金で生活していたが，今はかなり生活に困っている
福祉サービス利用状況：介護保険制度の利用も含め，何も利用していない

支援経過

1 関わりのきっかけ

X年8月末 —— 近隣住民から『ゴミの山で悪臭・害虫がひどい』との相談

保健センターにマンションの住民から，「Aさん宅がゴミの山で，悪臭や害虫がひどい。みんなが困っている。出て行ってほしいが，分譲マンションのため，簡単にはいかない」との相談が入った。相談を受けた保健センター保健師は，Aさんに健康面・精神面での支援の必要性を感じ，まずはマンションのある地区を担当する民生委員に連絡をした。
すると，民生委員もどのように関わればよいか困っていたとのことであった。ガス・電気・水道が数か月間止まっているが，以前訪問した際にAさんは「原始的な生活をしたい」「もう死にたいから放っておいて」と語っており，自ら

が望んだ生活をしているようでもあるとの話があった（図5-1）。

図5-1　介入前のエコマップ

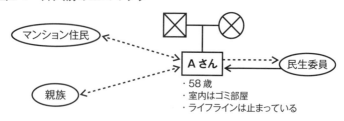

2 支援の始まり

X年9月上旬 ── カンファレンスの開催

　保健センター保健師は，ゴミの山の中での生活は不衛生で健康に害を及ぼす可能性があること，精神疾患も疑われること，何よりも，Aさんが「死」をほのめかしていることから，Aさんをこのまま放置すれば生命に危険が及ぶと判断し，Aさんに関するカンファレンスを開催することを関係機関に呼びかけた。

> **ポイント**
>
> 　セルフ・ネグレクトは高齢者虐待防止法の虐待に位置付けられていないため，同じ事例に対応しても，担当部署によって緊急度や優先順位の判断やその根拠が異なることがあります。生命の危険を少しでも察知した場合は，問題を共有し，チームで支援できるよう，行動を起こすことが重要です。

　カンファレンスには，民生委員，地域包括支援センター看護師，精神保健福祉センター精神保健福祉士，行政の生活保護担当者と高齢介護課事務担当職員，保健センター保健師が参加し，まずは情報共有を行った。Aさんが50代であり，また，自らが望んだ生活を送っているため積極的な支援は難しいと判断する部署もあったが，生命に関わることであるため，保健センター保健師は関係機関

が協力して支援の突破口を見つける必要があることを訴えた。そしてこれに全員が納得し，Aさんの支援計画が立てられた。

> **Aさんの支援計画**
>
> ・保健師が親族と連絡を取り，Aさんの状況を伝え対応を依頼する
> ・親族と連絡を取っている間に何か起きれば，各部署の職員は必ず警察と消防に連絡をする
> ・健康面・精神面からの支援は保健師が中心に行うが，各部署と情報を共有する

3 支援の展開

X年9月中旬 ―― 保健師と民生委員による訪問

　支援計画を受けて保健センター保健師は，Aさんに会うために民生委員と同行訪問をした。Aさんに会うことはできたが，「何しに来た！」「誰だ！」「放っておいてくれ！」など，Aさんからは攻撃的な発言が多かった。そこで保健師は，看護師でもあること，Aさんの健康が心配なこと，話がしたいことを繰り返し伝えた。するとAさんは，室内にあげることは拒否したが，「話だけならいいよ」とマンションの集会所で話をすることを了解した。Aさんは汚れ破れた長袖シャツとズボンを着ており，髪の毛・爪も伸びたままで，見える範囲の皮膚も垢で全体的に黒っぽく見えた。また，アルコール臭と異臭があり，歩行にふらつきがあった。

　集会所で話をするなか，落ち着いた頃を見計らって保健師が血圧計測を提案すると，Aさんは汚れた右腕をおもむろに差し出した。血圧の数値は高く，不整脈も顕著であった。また，Aさんは「もう死ぬからいいよ」「生きていても何も楽しみがない。このまま静かに死にたい」と，積極的ではないが希死念慮を言葉にした。しかし反面，「年金受給するまで，早期退職で得た退職金で食いつないでいる」と，生きることへの意欲のある発言も聞かれ，揺れる本音が見え隠れした。

　保健師はゴミの問題や不潔な状態には一切触れず，Aさんの健康面の話に終

始するようにした。そのためか，Aさんから次回の血圧測定の約束の了解が得られた。

X年10月上旬 ── アセスメントによる問題の整理

その後も保健センター保健師と民生委員は，数度にわたってAさんを訪問し，自宅にはあがれなかったものの集会所での面接を続けた。また保健師は，Aさんへの訪問後には必ず保健センター内で上司に，必要時には保健センター長にも報告をした。保健師は，Aさん宅に入れていないため栄養状況や室内環境は不明ではあるものの，Aさんとの会話を重ねるなかでアセスメントを行い，Aさんへの支援開始時の問題点を次のように整理した。

Aさんの支援開始時の問題点

衛生面：ゴミから発生した異臭，害虫による近隣被害
本人の排泄状況が不明，入浴がされていない
体調面：体重減少，歩行時のふらつき，脱水症状，体力の低下，意欲の低下，高血圧，不整脈
精神面：「死にたいから放っておいて」「首をつるから」等の発言
認知機能の障害（少し前のことを覚えていない）
その他：アルコールの問題がある
住民票の異動手続き，国民健康保険の継続手続きができていない
持ち家のため，周囲も簡単に退去させられない
ライフラインが止まっている
公共料金，管理費の滞納
病院が大嫌い（受診の話題を出すと怒り出す）
親族が見えてこない

X年10月下旬 ── 住民票異動の手続き代行後から変化が…

保健師と民生委員による定期的な訪問を行うようになってから，徐々に他職種もAさん宅への訪問に同行できるようになった。しかし，相変わらず集会所での面接のみで自宅には入れてもらえず，また，拒否や突然怒り出すなど，

Aさんの気分の波も変わらずあった。

　この頃保健師は，Aさんの意向に沿って，委任状をもらい，住民票異動の手続き代行を行ったが，次第にAさんは，ガス・電気・水道の公共料金滞納分の支払いや再開手続きを希望するようになった。そのニーズに沿うには，銀行の預金通帳の再発行などの手続きも必要となったため，保健師，行政の高齢福祉係担当者，精神保健福祉センター精神保健福祉士等がAさんに同行して何度も銀行に行き，通帳とキャッシュカードの受け取りなどを行う支援を進めた。

　そして，このような支援のなかでAさんから，「年金申請の手続きが心配」「風呂に入りたい」などの訴えが出始めた。

X年11月初旬 ── 生活保護受給とゴミ処理の希望

　寒くなり始めた頃，Aさんから生活保護を希望する発言が聞かれたため，保健師はライフラインの復活だけでなく，健康面や生活面（栄養や環境等）への支援もしたいことを伝え，ようやく家庭訪問の約束をすることができた。そして保健師は初めてAさん宅に入ることができたが，2LDKの瀟洒なマンションからは想像もできないほどのゴミの山であった。

　ライフラインが止まってから，Aさんは紙おむつに排泄していたとのことで，部屋中に紙おむつが散乱していた。また，一升瓶に小便をしていたとのことであった。Aさんは「1人で片付けられず，今の状況を何からどう変えていいの

Aさん宅の状況

か…。気力もなく投げやりになっていた」「親族はいない」「大量のゴミで困っていた」と話した。

　保健師は早速，ゴミ処理の具体的な方法と段取りをすることとなった。

X年11月15日 ―― ゴミ処理当日

　当日Aさんは，ゴミ処理をする約束を忘れており，ゴミ処理業者や精神保健センター精神保健福祉士，保健センター保健師等，大勢の人が自宅を訪れたことに驚き，怒る場面もあったが，ゴミ処理業者の大型トラックを見て「よろしくお願いします」と言い始め，ゴミの片付けに関して納得した様子であった。その日のAさんは，一緒にゴミの片付けを手伝ったり，時には冗談なども交えて話し，ゴミがなくなった部屋を見ると笑顔になった。

X年11月下旬 ―― 制度の狭間の年齢にある人への支援の検討

　ライフラインが再開され，ゴミ処理により室内環境も整い始めたことで，Aさんは排泄も入浴もできる環境にはなったが，保健センター保健師は，Aさんの認知機能の低下が顕著で，連続飲酒もあることが気になっていた。このとき，アルコール依存症に対する支援か，認知症としての介護保険利用かなど，「制度の狭間の年齢」にある50代のAさんの抱える課題の困難さが，改めて浮き彫りとなってきた。

　そこで，保健師の呼びかけにより再度カンファレンスが開催され，支援計画の見直しが行われた。

Aさんの支援計画の見直し

- 関係者による定期的な訪問での見守りと，受診やホームヘルパー利用などへの声かけを行う
- 訪問時には部屋の中のゴミ拾いと処理を行い，室内の清潔を保持する
- 金銭管理の支援を継続する

X＋1年6月 ―― 見守りチェックシートの作成と活用

　その後も2週間に1回程度，保健センター保健師，地域包括支援センター

看護師,民生委員が交代でAさんへの訪問支援を継続していたが,梅雨の蒸し暑い時期にさしかかると,Aさんは玄関からの呼び出しに反応するまでの時間がかかるようになった。自宅で状況を確認すると,ライフラインは維持されていたものの,Aさんは食事と水分が極端に取れておらず,体力の低下が著しい様子で入浴もできていないようであった。保健師がAさんのアセスメントをしたところ,今のAさんの状況では熱中症となる危険が予測され,地域包括支援センター看護師も同じように懸念していた。

そこで保健師は,保健センター長,行政の福祉保健部長にも報告し,保健師だけでの訪問頻度では限界があること,Aさんの生命の危険が予測できるなかで予防策を取る必要があることを訴え続けた。

これを受け,ようやく行政の福祉保健部門が,7～9月までの3か月間,週1回の見守り訪問体制を取ることになった。保健師はケースワークに不慣れな職員にもわかりやすく対応できるようなツールが必要と判断し,訪問時の流れや対応がわかるフローチャート(**図5-2**),訪問時の状況確認票(**表5-1**)などを作成した。そして7月に入ると,週1回2人1組となって,Aさんへの見守り訪問が開始された。

ポイント

> 複数の支援者や専門職以外の支援者が関わるときには,統一した対応が取れるようにしましょう。生命の危険が予測される場合には特に重要です。例えば,具体的な行動や観察ポイントが書かれたフローチャートの作成などは非常に有効です。これにより,誰もが判断に迷うことなく対応することができます。

X+1年7月上旬──足首痛の訴えから病院受診へ

定期的な見守り訪問が始まった頃,今まで受診拒否をしてきたAさんから保健センター保健師に,「足首のところが痛い。腫れている」と訴えがあった。保健師はAさんの状態に配慮しつつも,これを病院受診してもらえるチャンスととらえた。保健師は,これから先の支援に大きく影響するため慎重な病院

図5-2 訪問時対応のフローチャート

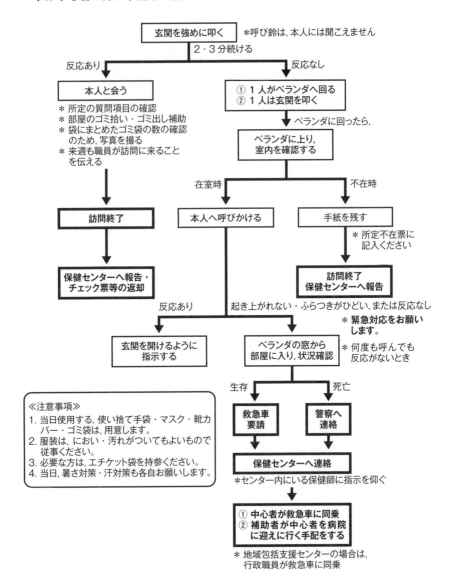

表5-1 訪問時の状況確認票

訪問状況

訪問日時　　年　　月　　日
　　　　　　：　～　：　まで
訪問者　所属　　　名前

下記の項目を確認し，「○」または「具体的な状況」の記入をお願いします。

1. 会話（意思疎通）　　　不可能　・　可能
2. 移動　　　　　　　　　不可能　・　可能（歩行・這う）
3. 食欲　　　　　　　　　なし　・　あり
4. 今日の食事・水分　　　なし　・　あり 内容
（　　　　　　　　　　　　　　　　　　　）

5. 吐き気・嘔吐　　　　　なし　・　あり
6. 最近の買い物　　　　　なし　・　あり 内容
（　　　　　　　　　　　　　　　　　　　）

7. 排尿回数　　　　　　　今日　　回　・　昨日　　回
8. 最終排便　　　　　　　いつ
9. 痛み　　　　　　　　　なし　・　あり どこ・どのくらい
（　　　　　　　　　　　　　　　　　　　）

10. 手持ちの現金　　　　　　　　　　円

気になったこと・次回訪問者への連絡事項

選びが必要と判断し，病院について即答せず，早急に探してくることをＡさんに約束した。

保健師は，往診可能な病院で介護保険制度を熟知しており，連携が取りやすい病院を候補として病院探しを行った。そしてＡさんの訴えから２日後，保健師，地域包括支援センター看護師が受診に同行した。

その後の検査・診察の結果，脳梗塞の所見が確認されたため介護保険の認定が受けられる可能性があり，また，定期的な受診と服薬が必要とのことであった。しかしＡさんの状態を考えると，定期受診や自宅での服薬管理は困難であることから，地域包括支援センター看護師はショートステイの利用を提案し，その場で必要な書類作成を医師に依頼した。Ａさんには，「風呂に入りたい」というニーズに添うためにショートステイの利用を勧め，説明をして了解が得られた（図5-3）。

図5-3 介入後期のエコマップ

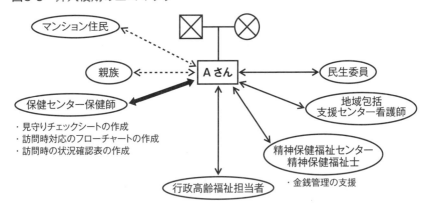

ポイント

清潔状態が保たれていなかったり悪臭がする人が受診する際には，時間帯も含めてあらかじめ病院と調整しておくとよいでしょう。本人や他の患者への配慮だけでなく，病院・クリニックへの配慮も必要です。

その後，Aさんはショートステイを利用し，体力も回復し元気に歩行もしているが，認知機能は顕著に低下し，ベッド上や周辺の床に荷物とゴミが混在してきたところである。近々Aさんの預金が底をつくこともあり，生活保護の申請を予定している。

今後の支援課題

Aさんは定期受診や服薬管理等が困難であることから，いずれ在宅での生活は難しくなってくることが予測される。Aさんの意思を尊重しながらも，認知機能の低下があることから，親族の協力も得られるよう調整ができるとよいと思われる。

支援者は生活保護申請の機会に親族との話し合いがもてるよう，行政の生活保護担当者と連携を取り，親族がどこまでAさんの生活を支えられるかを見極め，今後のAさんの生活を支えるために必要なサービスや制度を再検討する必要がある。

事例 2 鳩が出入りする家に住み，支援を拒む高齢夫婦への支援

事例概要

対 象 者：Bさん，72歳，男性

生活状況：高校を卒業後，畳職人として仕事に就く。20代前半で結婚したがすぐに離婚し，仕事も辞めて実家に戻った。その後は実家の資産で生活を送っていたが，20代後半から躁うつ病を発症。40代のときに母親が亡くなると，Bさんは1階がテナントの一戸建てを相続し，再婚。その後，長期のうつ状態になり家に閉じこもる生活が15年ほど続いた。やがて躁状態となり外出するようになるが，テナントの借り手はなく収入が途絶え，テナント部分に壊れた車や自転車が山積するようになった。見かねた兄弟が業者に依頼して強制的に片付けるとBさんは激怒し，兄弟への嫌がらせをした。また近所で杖を振り回して声を上げたり，小学生を怒鳴りつけて警察に保護されることもあった。兄弟が精神科受診を試みたが，病院から逃げ出し治療につながらなかった。Bさんが躁状態になった頃から妻も精神状態が不安定となり，「お祈り」や「神のお告げ」などと言い，他者とのコミュニケーションを拒むようになった

家族状況：妻との二人暮らしで子どもはいない。Bさんは6人兄弟の次男

経済状況：夫婦の年金のみで暮らしている（合わせて約15万円／月）

福祉サービス利用状況：介護保険や他のサービス利用なし

医療状況：過去に躁うつ病で受診した以降，30年近く医療につながっていない。保健所の保健師が毎月定期訪問し，血圧を測る程度

支援経過

1 関わりのきっかけ

X年1月下旬 —— 住民の相談から本人に会う

社会福祉協議会（以下，社協）では地域住民からの相談を受け付けているが，地域担当職員のもとにBさんの近隣の住民から，「自宅の敷地内にゴミを投げ入れられて困っている。何とか対応してくれないか」という相談があった。

そこで，社協の相談員がBさん宅を訪問すると，建物の外階段に鳩のフンがたまっており，道路に面した窓から中をうかがうと，ゴミや古い家具，家電，自転車，ゴルフ用品などが山積みになっていた。相談員がBさんに声をかけると，妻と二人暮らしで70代の高齢世帯であることを話してくれた。外から家屋等の状況を確認した後，相談員は「困ったことがあれば，社協や地域包括支援センターに相談してほしい」と，Bさんに連絡先を伝え，その日はBさん宅を後にした。

数日後，Bさんから地域包括支援センター（以下，包括）に相談に乗ってほしいとの連絡が入った。

> 初回訪問では，いきなり「ゴミ」「片付ける」「捨てる」などの言葉を使用しないほうが，支援がスムーズに進む場合が多いです。本人の体調や生活状況，趣味など，本人が関心をもちそうな話題から入ることで安心感を与え，次の訪問につなぎやすくなります。

2 支援の始まり

X年2月上旬 —— 包括職員と社協相談員による訪問

包括の職員と社協の相談員がBさん宅を訪問した。包括職員が「この地域

の地域包括支援センターから，高齢者の方の困り事がないかまわらせていただいています」と伝えると，Bさんは「ご苦労さん」と答え，「俺のゴルフの腕はプロ級だ」「このあたりはほとんどうちの土地だった。名家で大名の子孫なんだ」などと次々と話した。「俺は病気をしないから，全然医者にもかかっていない！行く必要もないよ！」と言い，また同じ話を繰り返した。2階の窓から鳩が見えたので尋ねると，レース鳩で何十万円もする鳩もいるとBさんは自慢げに話した。そして，部屋を見せてほしいと頼むと，室内へ案内してくれた。

　Bさん宅の床には鳩のフンが散乱しており，室内の物干し竿や棚の上には数匹の鳩がいた。部屋の奥にはマットが敷いてあり，Bさんは毎日そこで寝起きしているとのことだった。また別の部屋には古紙やゴミ，衣類・家財道具が散乱しており，出入り口を塞いでいた。その奥の部屋には妻がいるとのことだったが，声をかけると「今はお行をしているので帰ってください」と妻の返事が返ってきた。

　この日は，再度訪問することを伝えて訪問を終えた。

鳩のいる部屋

同日──兄弟から聞くBさんの生活状況

　Bさんの話を聞いているなかで，Bさんの兄の家が近所にあることがわかったため，包括職員が訪問した。Bさんの兄の話によると，Bさんは20代から

躁うつ病を発症し，精神科病院に入院させようとしたが逃げられてしまい，治療に至らなかったとのことであった。また現在，Ｂさん宅はガス・水道・電気が使えない状況で，トイレも使用できないため近隣のコンビニエンスストアのトイレを借用しているとのことであった。しかし，妻がそのトイレに３時間閉じこもり，水を出しっ放しにしたため警察に通報され，地域にある複数のコンビニエンスストアへの出入りが禁止となったと話した。コンビニエンスストアのトイレが使用できなくなった後は，近隣の駐車場や庭先で排泄をするようになり，その苦情が兄のところにくるようになったため，他の兄弟もあまり関わらないようになったという。また以前から，保健所の保健師がＢさん宅を定期訪問していることもわかった。

包括職員は，今後Ｂさんと信頼関係を築いていくために，しばらく継続訪問しながら顔を覚えてもらうよう関わることを，社協の相談員と申し合わせた。

> 家族から本人の過去の状況を聞くことで，本人の情報だけでなく，家族との関係や困り事，協力の意思などが把握できます。家族の連絡先がわからないことも多いので，行政の担当課と連携しながら対応しましょう。できるだけ早期に家族と話をすることで支援の展開が広がっていきます。

Ｘ年２月中旬 ── 数回のたき火による火災の危険性と自覚のない本人

社協の相談員から包括職員に，Ｂさんが自宅のテナント部分の土間でたき火をしているので同行訪問してほしいとの依頼があった。訪問すると，Ｂさんはテナント部分を掃除しており，水を準備して，鍋で古紙や木の枝などを燃やしていた。

話しかけるとＢさんは，先日も警察官に注意されたと悪気なく答えた。さらに話を聞くと，土間でのたき火はこれまでにも数回あり，時には窓から煙が出ているとのことで119番通報されて消防車が出動することもあったが，火事にはならず，注意を受けたのみで終わったことがあったと話した。Ｂさんは，

親戚宅の井戸水をペットボトルで汲んで来ているとのことだった。包括職員と社協相談員は，テナントでのたき火は危険なのでしないようにと促したが，Bさんに自覚はないようであった。

また包括職員は，保健センター保健師に，ライフラインを使用していない高齢世帯があり，関わり始めているとの連絡を入れた。

X年3月中旬 ── 妻との初めての会話

その後も包括職員は，Bさん宅を通るたびに観察し，本人がいれば声をかけるようにしていた。ある日，自宅前に妻と思われる女性がおり，「地域包括支援センターですが，Bさんいますか？」と尋ねると，今は外出中とのことで，妻に「お身体で調子悪いところはないですか？」と尋ねると，「私は神様に祈っているから大丈夫。あなたもお忙しいから，私にかまわず行きなさい」と言って，それ以上の会話を望まない様子であった。

X年4月中旬 ── 妻と友好的に話ができる

保健所保健師の異動があったため，保健所保健師，保健センター保健師，社協の相談員，包括職員で再度情報交換をし，Bさんと妻への今後の支援について検討するための会議を開催することとなった。

保健センター保健師から，本人の様子を会議の前に確認したいとの話があり，包括職員と同行訪問すると，Bさんは不在だったが妻が応対し，気分がよいのか友好的に話ができた。妻は，姉妹がいるが何十年も会っていないことや，若い頃に美術講師をした経験があると話した。

X年5月中旬 ── 関係機関によるカンファレンス

保健所保健師の定期訪問日に合わせて関係機関が集まり，Bさん夫婦への今後の支援について話し合い，支援計画の方向性を確認した。

Bさんの支援目標と支援計画

＜支援目標＞
- 医療機関受診：現在医療につながっていないため，医療につなげる必要がある。医療につながることで，その後に介護保険のサービスなどにつなげることが可能になる。
- 環境の改善：鳩のフンに汚染された環境で寝起きしているため，衛生的な環境を受け入れてもらい，「ゴミ屋敷」状態を改善する。
- ライフラインの使用：ライフラインが使用できるようにする。自宅のトイレを使用できるようにする。

＜目標達成に向けての支援計画＞
- 精神保健福祉センターの精神科医に訪問依頼をする。
- 現在の精神状況を客観的に判断するために，精神科医療につなげ診断を得られるよう，受診のきっかけをつくる。
- 包括職員と社協相談員で週1回程度の訪問を継続する。部屋の片付けなどの介入を受け入れてもらえるよう信頼関係を築いていく。

コラム　精神保健福祉センター精神科医の訪問

　精神保健福祉センターのなかには，市区町村及び地域包括支援センターの職員等からの依頼に応じて，精神科医と看護職が地域の関係者とともに認知症等の高齢者の精神保健の相談（電話及び訪問）を行ったり，家族や関係者の相談に乗ったり，事例検討会に参加し，処遇及び対応方法，介護についての助言も行うことがあります。管轄の精神保健福祉センターと連携を取って対応していくことで，支援が広がります。

3 支援の展開

X年7月下旬 ―― 精神科医との同行訪問

　精神保健福祉センターの精神科医，保健所保健師，保健センター保健師，社協相談員，包括職員で兄を訪問し，Bさんの経歴，病歴，家族関係などの話を聞いた後，Bさん宅を訪問した。Bさんは，ゴルフの腕前や土地持ちであることを自慢げに繰り返し話した。妻はお祈り中であると，面会には応じなかった。

　精神科医によるBさんの見立ては，詳しい検査等ができていないので確定はできないが，躁うつ病の症状があり，現在は躁状態になっているだろうとのことで，発達障害の可能性もあるとのことであった。妻については，統合失調症の可能性はあるが，面会時間が短すぎるので確定まではできないとのことであった。また，現在は本人たちに治療の意思がないことや自傷他害のおそれも認められないため，入院などは難しく，他科の受診でもよいので医療につながれば介入のきっかけになるとのことであった。

　そこで，医療につなげることが難しく，環境の改善にも時間がかかるため，体調不良や体調変化の際に，Bさん夫婦からのSOSをキャッチできるよう，また困った場合に相談できるように，定期訪問と地域の見守りを行っていくことを関係者で話し合い確認した。また，精神疾患の可能性があるため，不特定多数ではなく，関わっていくメンバーをある程度絞って信頼関係を築いていくことや，本人からSOSが出たときや体調に変化がみられた場合には，包括が連絡を受けて早期対応ができるよう，日頃の情報を集約して，見守りのネットワークを構築していくことを確認した。

X年8月 ―― 自宅訪問により，生活状況や本人の認識の確認

　包括職員が午前10時頃に訪問すると，Bさんは妻と食事をしており，コンビニエンスストアで購入したものを食べていた。「朝食ですか？」と尋ねると，「昼飯だよ。電気がないから，太陽が沈むと寝て日が昇ると起きる生活をしている。朝食は5時頃に食べた」と話した。「水道や電気を使えるようにしませんか？」と尋ねると，「電気はなくても，太陽と一緒に起きているから大丈夫。水道水にはカルキが入っているから身体に悪い。井戸水や公園から汲んでくるから大丈夫」と答えた。

> **ポイント**

訪問時間を少しずつ変えてみると，生活状況が把握できます。特に，食事時間に訪問をすると食生活がわかるため，栄養状態や衛生状態を推測できます。また，信頼関係ができてきたら，支援者側から質問を投げかけ，本人の認識や思いを確認する作業を始めましょう。本人の意思は今後の支援を検討する上で重要なことです。なお，上記の会話のなかでは，「公園の水道水にもカルキが入っているのに…」と，本人の回答に矛盾を感じて話したくなるかもしれませんが，言葉尻をとらえて突っこんでしまうと拒否されることもあります。むしろ話を引き出すことが重要です。

X年9月 ── 見守りメンバーを増やし，見守りの頻度を上げる

包括，社協，民生委員が見守りを行っていたが，民生委員から，家の前を通って中をうかがっても不在のことも多いので，回数を増やしたほうがよいのではとの意見があった。民生委員の負担軽減も含め，メンバーを増やし人の目を増やすことにした（**図 5-4**）。近隣3地区の民生委員に依頼したところ，それぞれの民生委員もBさん宅の前を通ることがあり気にはなっていたとのことで，見守りを快諾してくれた。基本的には，本人たちが自宅前や近所にいたら挨拶し，簡単な立ち話ができたら会話をし，生活や体調の変化が見られたら，包括に連絡するよう依頼した。

> **ポイント**

本人が訪問に拒否的であったり，生活の様子が把握できない場合は，見守りの頻度と人を増やしていくことも一つの方法です。ただしその場合には，何を見るか，変化があったときにはどこに伝えるかなどの見守りのルールを決めておくことが重要です。

図5-4　Bさん夫婦の支援エコマップ

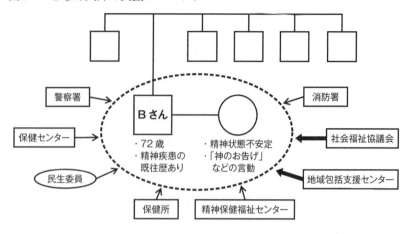

X年11月中旬──コンビニのトイレへの妻の立てこもり

　コンビニエンスストアの店長から保健センター保健師に，Bさんの妻が深夜に店内のトイレに閉じこもり，水を流し放しにしたりトイレットペーパーをロールごと流して詰まらせるため，警察を呼ばなければならない状況になっており，行政としてきちんと対応してほしいと連絡があった。

　包括職員と保健センター保健師でコンビニエンスストアを訪問し，防犯ビデオを見て確認したところ，確かに妻が，深夜で店員が手薄になっている時間に店にいることが確認された。店長と対応について相談し，入店をきちんと断り，万一トイレに立てこもり営業に支障が出てしまう場合には，警察を呼んで対応するよう依頼した。後日，警察署にも協力依頼を行った。

X年11月下旬──消防署との連携

　包括職員がBさん宅を訪問すると，室内に古い石油ストーブと灯油の入ったポリタンクの蓋が開いたまま放置されていた。着火装置は壊れており，マッチで直接火をつけて使用していた。ストーブの周囲にはゴミがあり，火事に気をつけるよう注意し，灯油タンクの蓋は閉めて，火のそばから離して管理するように促した。その後，保健センター保健師に連絡するとともに消防署に相談に行き，室内でたき火をしている場面を確認した際は注意してもらうよう，パトロールの際に外から確認を行ってもらうよう依頼した。

X年12月下旬 ── 火の不始末への注意喚起

　Bさんは汚れたダウンコートを着込み,「昔から自分の家で門松を仕立てているんだ」と言いながら,自宅前で門松をつくっていた。包括職員がストーブについて聞くと,「寒くても使っていない」と話したが,灯油のポリタンクの蓋が開いていたので,くれぐれも火事には気をつけるように話し,ポリタンクの蓋を閉めて,部屋の隅へ片付けた。

X＋1年2月中旬 ── 妻の失禁が始まる

　包括職員と社協の相談員が訪問し,妻の様子をBさんに確認すると,最近トイレに間に合わず失禁することがあると話した。そこで「奥さんが困らないよう1階のトイレを使えるように,流せるようにしましょう」と提案したが,自分で片付けるから必要ないとBさんは拒んだ。

　その後再び訪問すると,1階のトイレ周りの床が片付けられてスペースができ,トイレのドアが開閉できるようになっていた。「きれいに片付きましたね,トイレも使えるようにしましょう」と話すと,「このまま（汚物がたまった状態）使えているから必要ない」「人の世話にはならない」と怒った口調で拒否をした。

X＋1年3月中旬 ── 自宅から出火し,近所からの不安の声が上がる

　Bさん宅の2階から火事が出て,リビングの一部家財道具が焼け,スプレー缶が爆発し窓ガラスが破損した。妻は外出しており不在で,Bさんは煙を吸って救急搬送されたが体調に異常はなかった。近隣から,このままでは心配との声があがった。出火原因は妻のタバコの不始末と思われたため,Bさんの兄,保健所保健師,保健センター保健師,社協相談員,民生委員,包括職員で話し合いを行い,ゴミの撤去と医療につなげる方向で支援を進めていくことにした。

見直ししたBさんの支援計画

- 家の周りにあるゴミから片付けていく。関係者で片付けを行い，その後，業者（包括の仲間という設定）へ依頼する流れをつくる。処分費用はBさんの兄に出してもらう。包括で業者を紹介し，処分費用の見積もりを出してもらう。
- 精神科医への受診の流れをつくる。保健所の医師に診てもらうことから始め，受診につなげる。保健所の医師の診療予約を保健師に依頼する。

X＋1年3月下旬──2度目の出火で室内全焼

　ゴミ処理業者に見積もりを出してもらっていた矢先，Bさん宅で2度目の出火があった。2階で火を燃やして湯を沸かした後の不始末が原因で，室内がまったく使用できなくなり，Bさん夫婦を別々に，特別養護老人ホームの緊急ショートステイを利用できるよう手配した。

　現在，Bさんは施設の生活に不満はなく，入浴もスムーズに応じ，食事も取り，適応している。施設の職員からは，シャワーのある個室で日に三度もシャワーを浴びているとの情報があった。一方，妻も施設の生活に馴染み，食事も取り，テレビを見たり，他の利用者と会話して過ごしている。しかしBさんは，「ここで1か月ほど過ごしたら，その後は自宅に帰ります。骨組みだけになっていても帰ります」と話している。

室内が全焼したBさん宅

今後の支援課題

　地域で連携し見守りながら支援を行っていたが，室内全焼となり，結果的にBさん夫妻は大事な家を失うことになってしまった。もう少し積極的な介入をして改善していく方法がなかったのかと悔やまれる事例であろう。

　しかし今回，緊急ショートステイ利用がスムーズにでき，Bさん夫妻も施設生活に順応していることは支援の成果である。

　今回の事例は，夫婦ともに精神疾患が疑われ，介入の困難なケースであったといえるが，次の事例に生かすためにも今回の事例を振り返り，精神疾患のあるセルフ・ネグレクトの人へのアプローチについて，地域で検討する機会とすることも必要である。

事例 3 路上にも収集物を放置し近隣から孤立する高齢者への支援

事例概要

対 象 者：Cさん，75歳，男性

生活状況：加工食品の製造・販売をしていたが，50歳頃に妻の病気入院を機に廃業。収入がなくなったため，空き缶（アルミ缶等）や古紙等の資源を収集し売り払うことを仕事とするようになった。そのうち他の廃品等も収集し始め，初めは家屋内だけであったが，次第に路上へ放置するようになった。長女の収入や貯蓄を取り崩し，自身と妻の年金から，妻の有料老人ホーム費用（26万円／月）を支払い，その残金で生活している。持ち家であるが，風呂釜が壊れ使用不能な状態で，老朽化した家屋（旧耐震基準以前）のため，屋根の一部が強風時に剥がれ，雨漏りもある。家屋の3分の2が収集してきた物で埋め尽くされている。Cさんには，統合失調症及びアルコール依存症の疑いがある

家族状況：長女と同居。妻は有料老人ホーム入所中。長男とは連絡が取れず，次女・三女は結婚後別居。次女は長女に協力的であるが，三女は一切関わりたくないとの意思表示をしている

経済状況：長女の収入と本人及び妻の年金があるが，有料老人ホームの費用が高額なため，経済的な余裕はなく，生活は困窮している状況である

福祉サービス利用状況：介護保険制度の利用も含め，何も利用していない

支援経過

1 関わりのきっかけ

X－8年夏頃 —— 近隣住民から「路上の集積物からの悪臭がひどい」との相談

　Cさん宅の近隣住民から行政の道路管理課へ，「路上に集積物（生活用品や

食品等）を放置し，悪臭がひどい！　道路上で通行にも支障がある」「もう何年もの間我慢しているが，ゴミを収集し，路上にも放置している。隣地や道路からの悪臭もひどく，虫も湧き出てくる不衛生な状況を，行政で何とかしてほしい」との苦情・相談が入った。

　早速，行政の道路管理課職員が訪問し，Cさんに集積物の道路上への放置は，道路法・道路交通法上，違反行為であることを話して確認してもらった後，法の権限の下，路上に放置された集積物の撤去作業を行った。その際，二度と路上に放置しない旨の約束をさせた始末書を，本人の署名捺印の上で所管警察署へ提出してもらった。

　しかし，収集してくる物品の一部は，アルミ缶や古紙等，一定の金額で引き取られるもので，物品の収集は生活をするために必要な作業・仕事というCさんの思いがあり，始末書を提出した後も再び元の状態に戻ってしまうことが繰り返された。指導をし，Cさんと所轄警察署，行政の担当部署が協力して撤去作業を行っても，数か月するとまた再び同様な「ゴミ屋敷」状態になってしまうことが続いた。

X－3年7月下旬──ゴミを撤去するだけの堂々巡りの日々

　同様に，路上に放置されている集積物撤去作業を再度実施したが，ゴミを片付けるだけの対応では堂々巡りとなり，一向に改善する様子が見られなかった。

2　支援の始まり

X年4月1日──新設された生活環境調整担当課による支援の開始

　ゴミを集積してしまう住民に対して，これまで行政では道路管理課が道路法で，また所轄警察署は道路交通法を根拠法令として対応してきたが，ビューティフル・ウィンドウズ運動の一環として新設された生活環境調整担当課が，地域社会での課題解決を図るために対応することになり，Cさんについても同様に対応することになった。

> **コラム　ビューティフル・ウィンドウズ運動**
>
> 　アメリカの「ブロークン・ウィンドウズ（割れ窓）理論」を参考にして展開された運動です。『きれいな街では，犯罪が減少する』をコンセプトに，この運動の一環として『ゴミ屋敷』に関連する地域社会での課題解決を図るため，生活環境調整担当課が創設されました。

　Cさんの生活状況を把握するために，生活環境調整担当課では，これまで関わっていた保健所の担当保健師から情報を得た。Cさんは，精神疾患（統合失調症）及びアルコール依存症の可能性があり，通院治療を勧めていたが拒否されていること，飲酒により長女に対する暴力行為があることがわかった。これまで保健所の保健師は，Cさんの病気や妻の入院等について支援を継続していた。しかし，家屋内のゴミの集積や路上の集積物については担当業務外であると考え，解決に向けての積極的な対応が行えていなかった。

> **ポイント**
>
> 　本人と関わりのある機関，例えば保健所，保健センター，生活保護担当課，障害福祉課などから，これまでの関わりや相談の有無の確認をすることは，健康状態や生活状況を把握する上で重要です。最近のことだけではなく，10年以上遡ることで，家族との関係を含めた貴重な情報が得られることがあります。また，関係機関に確認する際には，誰へのどのような支援を，どこまで行ったか確認することで，今後の課題が明確になります。

　生活環境調整担当課では，近隣への迷惑が問題となっている路上への集積物の放置や，家屋内のゴミ蓄積の撤去や改善，老朽化した家屋の改修または解体除却，また今後Cさんにどう対応していくか，どのような展望があるか等を確認する必要があると考えた。そして，Cさんと同居している長女が，自分の

給与から生活費や母親の入院費を支出しているためキーパーソンになると考え，まず長女と面談することが解決への糸口になると考えた（図5-5）。

図5-5　Cさんの支援エコマップ

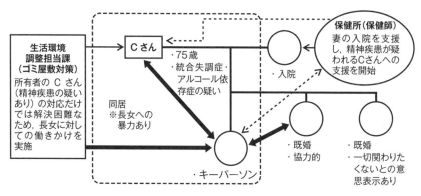

　セルフ・ネグレクトの事例では，単身の場合も多いですが，同居家族がいることも少なくありません。そのような場合，家族自身もどこに相談したらよいか悩んでいることも多くあります。対応に困っている，あるいは問題を解決したいと考えている家族をキーパーソンとして，一緒に支援方法を考えていくことは有効です。同居家族がいない場合は別居している家族を探すと，その家族の中でキーパーソンとなる人が見つかることもあります。

X年4月5日──Cさん宅への訪問

　生活環境調整担当課職員がCさん宅を訪問し，「今後，この状況をどうしようと思うのか？」と尋ねたところ，「このままでよいとは思っていない」と回答があった。そのため，生活環境調整担当課が今後担当となり，解決に向けての対応や相談に乗ることを伝えた。また，長女に電話連絡をするようCさんに伝え，名刺を手渡した。

3 支援の展開

X年4月中旬 —— 長女との面談により支援方針が決定

　長女から生活環境調整担当課に電話連絡があった。長女はこれまでゴミの集積の問題については，妹（次女）以外に誰にも相談することができずに困っていて，相談できる担当課ができて嬉しいと電話で話した。

　数日後に長女と面談し，Cさんの日常生活について確認をした。Cさんは不定期に空き缶等を収集して業者に売り，そのお金で酒類を買って時間帯に関係なく飲酒しているとのことであった。また，衣服は着たきりで排泄はほぼ垂れ流し状態，入浴や着替えもほとんどしないため不衛生な生活をしているという。酒に酔うと長女に対して暴力的な行動があるが，長女はCさんの肝機能の低下が心配であり，断酒と衛生的な生活をさせるために入院治療を行わせたいと話した。また，近隣住民に長期的に多大な迷惑をかけていることが申し訳なく，Cさんの入院を機に，自宅内や路上の集積物はすべて片付け，老朽化した家屋を解体して土地を売り払い，転居をしたいとの希望であった。

　そこで，長女の希望に沿い，関係各機関と連携して，Cさんの支援を次のように計画した。

Cさんの支援計画

- 健康状態の悪化を改善するため，入院治療につなげる。
- 生活環境の著しい悪化を改善するため，転居等による生活環境の改善を試みる。
- 近隣地や通行者への迷惑となっている路上に放置された集積物（ゴミ）の撤去。
- 老朽化して倒壊等の危険度が高い家屋の撤去。

X年5月9日——Cさんを入院治療につなぐ支援

Cさんの健康状態と生活環境の改善のためには，入院治療がまず優先的な支援であるため，保健所で実施されている精神保健福祉相談制度を利用し，精神科医の訪問による相談を行うこととした。訪問による相談日を5月29日とし，その結果から治療方針・対応方法を検討することとした。

X年5月29日——訪問による精神保健福祉相談の実施

精神科医とともに，Cさん宅を訪問し面談を行った。Cさんからは，外国人が家屋内に侵入して家財を盗んでいく等の発言があり，不安症状が見受けられるとともに，夜間の咳込みによる不眠，飲酒を常時しているなどの状態が確認されたため，検査入院をしたほうがよいと説得した。面談開始時には入院に対し拒否反応を示していたが，時間をかけ粘り強く説得したところ，検査入院であればよいと意思表示があった。

X年6月上旬——認知症と診断され，次女が成年後見人となり支援継続

Cさんは入院し，検査により認知症と診断されたため，成年後見人を立てて支援をする必要があると考え，次女が成年後見人として正式に認定された。集積されたゴミと危険な家屋の撤去が可能となったため，ゴミの片付けを行い，危険家屋については，行政の助成金を活用して解体除却した。Cさん宅は現在更地の状態であり，Cさんの退院後の支援については，成年後見人の次女と関係機関とともに検討していく予定である。

Cさん宅の変化

支援前

支援後

今後の支援課題

　本事例は，行政が取り組みを始めた『ゴミ屋敷対策事業』により近隣の苦情から把握することができ，長女がキーパーソンとして動いてくれたことから，セルフ・ネグレクト状態にあったCさんの支援へとつながっている。

　本人や家族が相談できないセルフ・ネグレクトの事例では，近隣からの苦情を糸口に本人を支援することが可能であるが，把握のきっかけが苦情であっても，本人の意思を尊重し，本人を支援していくことが有効である。

4 水道が止まり地域から孤立した，ゴミ屋敷に住む家族への支援

事例概要

対 象 者：Dさん，75歳，女性
生活状況：10年ほど前にDさんの夫が死亡した後，家族3人とも仕事がなく無収入のため，父親名義の土地・家屋で，それまでの貯えを取り崩して生活していた。その後，長男が非正規雇用で働き200万円弱の年収が得られるようになった。しかし，数年前から水道が止まり，近くの公共施設の水道へ水を汲みに行き利用している。電気・ガスは使用可能だが，数年使用している形跡はない。せんべいと水を昼食代わりにするなど，食生活は十分とはいえない。下水道については，下水道本管へのつなぎ込み工事を行っておらず，汲み取りトイレのままで，水洗への改修がなされていない。最近は汲み取り作業に実費がかかるため実施がなされず，トイレは使用不可能な状況である。Dさんには精神疾患及び認知症の疑いがあるが，通院は拒否している
家族状況：Dさんと長女，長男との3人家族。長女は44歳で知的障害の疑いがあり，長男は38歳。近所に親族はなく，遠方の親族との付き合いはまったくない
経済状況：預貯金も底を突き，長男の収入も断たれたことで，生活はかなり困窮している
福祉サービス利用状況：介護保険等のサービスは，何も利用していない

支援経過

1 関わりのきっかけ

X−1年夏頃 ── 隣地住民から「樹木の繁茂，悪臭がひどい」との相談

　Dさん宅の隣地住民から役所へ，「隣の家がまったく管理をしないため樹木が伸び放題になり，自宅の屋根に覆い被り，鳥のフンや樹液が原因でカビがはえて腐ってきている。ゴミもあふれており，悪臭もひどく，窓も開けられない。何とかしてほしい」との苦情・相談が入った。

　そこで，老朽家屋対策事業として所管の建築安全課で状況調査を行ったところ，Dさん宅の家屋は老朽化し，一部屋根・壁が壊れていて，住み続けるには大変危険な状況であることがわかった。しかし，老朽家屋対策事業の制度を利用すれば，家屋の解体により近隣に対する危険性や迷惑は回避できるが，Dさん家族の住居がなくなってしまう。まずDさん家族の生活を安定させるための支援が必要ということで，生活環境調整担当課が対応することとなった。

> **コラム　老朽家屋対策事業**
>
> 　東日本大震災により行政区域内の老朽家屋が被害を受けたことをきっかけに，「老朽家屋等の適正管理に関する条例」が制定され，老朽家屋対策事業が開始されました。この事業では，危険な状態の家屋の解体工事とそれに伴う必要最小限の樹木の撤去に対して，助成金が支払われます。

2 支援の始まり

X年4月初旬 ── 生活環境調整担当課による支援の開始

　Dさん家族にこれまで支援を行っていた関係機関を把握したところ，25年ほど前に衛生部で心身に関わる支援を行っていた経緯があった。当時Dさんには，精神疾患及び認知症の可能性があり，入院治療を勧めたが拒否されていた。また，長女については知的障害の可能性が指摘されていた。このような状

況から考え，まずは就労している長男と面談を実施し，近隣への迷惑が問題となっている伸び放題の樹木や生活環境として危険な家屋の改善・改修，今後のDさんの介護について，どのように考えているのかを確認する必要があると判断した。

X年4月中旬――粘り強い長男へのアプローチから面談へ

長男が非正規雇用で変則勤務なことや，以前から行政の対応に拒否反応を示していたため，電話連絡により日時の約束をした上で訪問を繰り返した。しかし家の奥で寝ていて出て来ない等，引きこもりの傾向もあり，なかなか会うことができなかった。

その後も数回にわたり粘り強い訪問を継続した結果，何とか面談の機会を数回もつことができた。しかし長男からは，樹木の伐採やゴミの撤去等の費用の捻出が経済的事由により困難である旨の一辺倒の回答が続き，解決の方向性が一向に見いだせないままであった。

すでに行政としては，「生活環境の保全に関する条例」（いわゆる『ゴミ屋敷条例』）の制定を目指していたので，Dさん宅については，その条例案に沿った対策を検討することとした。

> **コラム　生活環境の保全に関する条例**
>
> ゴミを片付けるだけの条例ではなく，原因者の生活再建を含めて再度ゴミ屋敷状態に戻らないよう，根本原因を追求し，解決するのが「生活環境の保全に関する条例」です。「命令・代執行」等の行政処分が明記されていますが，原因者に寄り添って課題解決に取り組んでいます。

3　支援の展開

X+1年1月――解雇された長男から生活支援の依頼

非正規雇用で就労していた長男が病気を原因として1か月ほど前に解雇され，Dさん家族は完全に無収入となった。この頃に長男から，これまでは拒否

を示していた生活支援（生活保護受給）を受けたいという要望が福祉事務所宛にあった。

> 本人や家族は，一度は介入や支援を拒否したとしても，生活状況や就労状況，体調の変化などから支援を求めてくることもあるため，そのタイミングを見計らうことも重要です。拒否をしているからとあきらめず，生命や健康のリスクが少なければ，時にはこのような「積極的な待ち」も必要であり，本人や家族から支援を求めてくることにより，支援が一気に進むことが期待できます。

　すでに資産等の調査は，Ｄさん宅の状況調査と同時並行で行っていたが，Ｄさん宅の土地の所有権・権利関係等調査でわかったのは，土地建物がＤさんの父親名義となっており，Ｄさんのきょうだい（7人）が法定相続人ということであった。Ｄさん以外のきょうだいは全員死亡しているため，相続権がその子どもたち12名に拡がり，各々が7分の1から21分の1の権利を保有していた。Ｄさんは7分の1の財産相続の権利があったが，法定相続人たちと疎遠になっており，財産処理に時間がかかることや諸条件が複雑で早急な資産活用ができないため，当面の間は行政の支援が必要であると考えられた。

　一方で，近隣へ迷惑を及ぼしている樹木・ゴミについて，「生活環境の保全に関する条例」に基づき，迷惑樹木の伐採やゴミの撤去への支援が行えるよう審議会に諮った。Ｄさんの経済状況や財産処理にかかる時間を考慮するとともに，近隣住民への迷惑の早期解決が行政課題であることから，支援に該当するものとして審議会で了承された。

　そして，Ｄさん家族の支援計画を次のように立案し，条例に基づいて支援を進めていくこととした。

> **Ｄさん家族の支援計画**
>
> ・最低限の生活を確保するための経済的支援
> ・生活環境が著しく悪化しているため，居住地移転等による環境の改善
> ・近隣地への迷惑となっている樹木の伐採
> ・老朽化して倒壊等の危険度が高い家屋の撤去
> ・Ｄさんへの介護支援
> ・社会的孤立からの脱却
> ・長男への就労支援

Ｘ＋1年3月初旬 ── 全庁的対策会議とケース診断会議を経て支援開始

　Ｄさんへの生活支援（生活保護受給，転居）についての所管は福祉課，老朽化して倒壊や放火の火種になり得る危険な家屋についての所管は建築安全課となった。生活環境調整担当課は，苦情の原因である管理不全な樹木とゴミ処理が所管であり，それが解決するまで支援するとともに，各所管の連携を図る要としての重要な役割を担った。また，各所管課での情報の共有化を図るため，対策会議やケース診断会議を行った。こうして行政の対応の方向性を定めた上で，各担当者が一緒に訪問し，Ｄさんと家族への説明をする等，連携による対応を進めた（図5-6）。

Ｘ＋1年3月中旬 ── 生活保護受給，アパートへ転居と老朽家屋の解体除去

　まずは，無収入となり日常生活が困窮しているため，Ｄさん家族の生活保護費の受給の手続きを迅速に行い，日常生活の目処を立てた。さらに，現居住家屋が，老朽化により一部の屋根や壁が崩壊して危険度がかなり高いため，Ｄさん家族に今後の危険家屋対応策や居住意思（当該家屋の改修・建て替え等の実施の可否，転居）を確認したところ，転居を希望したため，近隣の賃貸住宅へ転居となった。

　次に，隣地への迷惑となっている樹木であるが，長期間にわたり管理不全な状況が続いていたため，10mを超える高さになっていた。伐採作業を行う際に高所作業車やクレーン等を使用することになるため，作業費用が高額となってしまうという問題があった。委託作業を行う業者や関係所管と綿密な調整や

図5-6　Dさん家族の支援エコマップ

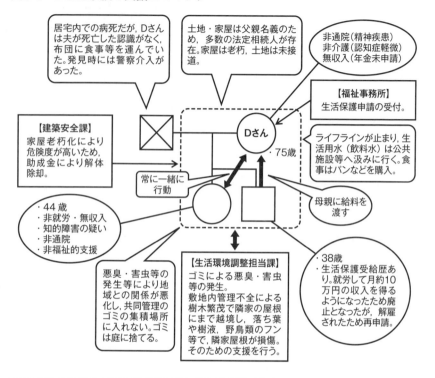

- 本世帯を継続訪問し，信頼関係を構築，必要な関係機関（社会福祉協議会・福祉事務所・保健所・障害福祉センター・地域包括支援センター・建築安全課）につなぎ，連携対応。
- 長男をキーパーソンとして，対応。
- 生活環境調整担当課が樹木の伐採とゴミの片付けを支援。
- 保健所・社会福祉協議会・地域包括支援センターが連携し，Dさんと長女を医療機関へつないだ。
- Dさんは要介護認定を受け，介護サービスを利用。長女は知的障害には該当しなかったが，Dさんの付き添いでデイサービスに通所。
- 福祉事務所が本世帯に生活保護を適用。本世帯はアパートへ転居し，ライフラインも復活。
- 建築安全課の解体助成金にて老朽家屋を解体。
- 近隣の生活環境も改善した。

検討を行い，樹木処理については必要最小限度の費用とするため，あらかじめDさんの居住継続の可能性がないことや，当該家屋（老朽危険家屋）の解体除却の意思確認を行った上で，当該家屋の損傷防止のための養生保護にかかる作業費を省くことで通常作業費用より安く設定してもらい，行政支援として樹木の処理を行った。さらに続けて，老朽危険家屋対策での助成金により，家屋の解体除却を行った。

X＋1年10月末 ── Dさん家族の生活の再構築と近隣の苦情問題の解決へ

Dさん家族は転居後，新しい地域で，ゴミ出しなど地域の人たちに支えられながら生活を送っている。デイサービスに通うようになったDさんには，少しずつ笑顔も見られるようになった。また，これまでは樹木がうっそうとして悪臭が立ち込め，近隣に対して迷惑となっていた老朽家屋であったが，更地となり，近隣の苦情に対する問題についても解決した。

> **ポイント**
>
> セルフ・ネグレクト事例では，本人・家族を転居させて終わりということではなく，本人・家族の「生活の再構築」までが支援となります。転居先で同様の状態にならないよう，ゴミ出しや家の片付けを含め生活状況を把握し，適切な生活指導をしていくことが必要です。近隣との関係も良好になるよう，時には支援者が仲介をすることも，きっかけづくりとして重要な役割でしょう。

Dさん宅の変化

対応前　→　対応後

今後の支援課題

　この事例では，行政の関係所管課が担当所管として責任をもって対応するために条例を設け，連携・連動しながら支援を行った結果，Dさんと家族の心情を動かし，苦情等の解決へと導くことができた。しかし，『ゴミ屋敷対策事業』に行政が取り組み，ゴミを片付け，管理不全が再度起きないようにするだけでは，セルフ・ネグレクト問題の一端に対応したにすぎず，根本的な課題解消へ直接的につながっていくものではない。

　なお，本事例では，高齢者の単身世帯ではなく，家族として同居生活をしているにもかかわらず家族が各々の問題を抱え，生活環境の不安定さにより，親族や友人，近隣住民との付き合いがなくなり，セルフ・ネグレクト問題に発展している。同居家族が存在しても，認知症や精神疾患等により家族間の意思疎通さえできず，周囲との関係を断絶してしまうこともあることがこの事例からも明らかである。独居からセルフ・ネグレクトに至る傾向は強いが，家族と同居であってもさまざまな条件が絡み合いセルフ・ネグレクトが起こり得るという例である。

　財産的な問題がある場合は，行政のみで対応しても解決できない例も少なくない。これまでのように縦割り組織の行政運営ではなく，各事例について多種多様な課題に対し担当所管が情報の共有化を図り，強固な連携体制により解決のための方策を探るとともに，親族等の協力が得られる仕組みづくりが解決への糸口となる。

事例 5 関わりを拒み続けた父親のいる多問題家族への支援

事例概要

対象者：Eさん，64歳，男性

生活状況：Eさんは5年ほど前まではゴミ収集などの仕事をしていたが，大腸がんを患い，ストーマ造設後は細々とテレビや冷蔵庫などの解体業務を自宅で行っていた。妻は統合失調症により治療中で一日をほぼ寝て過ごす。長男は視覚障害があり，定職には就いておらず母親の面倒を見たり，家事をしている。長女は知的障害があり，近所のスーパーマーケットで午前中仕事をしている。自宅は平屋の3DKだが，掃除はまったく行き届かず，家屋全体が傾き危険な状況。家族全員の食生活はコンビニエンスストアの弁当，カップ麺など

家族状況：妻55歳（統合失調症），長男33歳（視覚障害・身体障害者等級2級），長女32歳（知的障害・療育手帳中度B）のほか，同じ敷地内にEさんの妻の母親と弟が暮らしている。妻の弟には知的障害があり，妻の母親と弟は生活保護世帯。Eさんの妻の弟は，10年ほど前には作業所に通所していたが，最近は引きこもりがちになっていた

経済状況：Eさんの収入は月5万円程度。長女は障害年金とスーパーマーケットでの収入が月8万円程度

福祉サービス利用状況：利用していない。生活保護はEさんが頑なに拒否している

支援経過

1 関わりのきっかけ

X年8月──庭先でEさんにばったり出会う

　Eさん宅の敷地内はテレビ等の解体品や不用品であふれているだけでなく，樹木もうっそうとしており，まったく家には陽があたらず，外からでは人が住んでいるかどうかさえ判別できなかった。しかし，同じ敷地内に住むEさんの妻の弟の支援に相談支援専門員として関わるようになった障害者相談支援センター（以下，センター）の職員が，偶然Eさんと出会った。Eさんは小柄で痩せており，服装も決して清潔なものではなく，何かしらの問題を抱えていることは容易に推測できた。しかし，挨拶をしても，Eさんは睨みつけるようにしながら無言のまま自宅に戻ってしまった（**図5-7**）。

図5-7　介入前のエコマップ

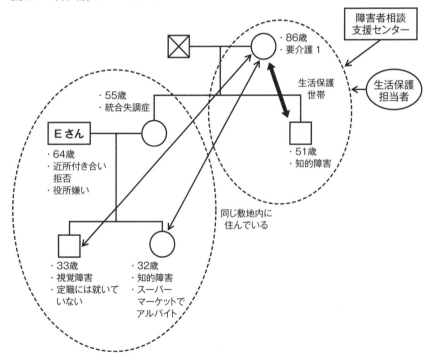

> 気になる家などがあっても，安否確認ができ，生活の様子をある程度把握できているのであれば，信頼関係を構築するために，介入を急がないことが原則です。一度拒否をされてしまうと信頼関係をつくることが難しくなります。情報を感受するアンテナを高くして介入のきっかけを待つことが重要ですが，あらかじめ予測を立てておくと，介入のチャンスが来たときにも混乱は少なくなります。

2 支援の始まり

X年11月初旬──Eさんの長男からの相談

Eさんの妻の弟に支援者が関わるために訪問するようになったが，Eさん家族には支援の糸口がないままであった。

しかしこの頃，時折敷地内で見かけていたEさんの長男からセンター職員に，「自分で働いて金銭を得たい」との相談があった。長男は視覚障害を抱えながらも家族のことを考え，顔見知りになったセンター職員に「妹を一人暮らしさせたい。自分も働いて家族を支えたい」との思いを伝えた。

センター職員が話を聞いていくと，長男は夜間高校卒業後，勤務経験はなく，主に家事と母親の介護をしており，長女は特別支援学校卒業後，職を転々としながらも，現在は午前中だけ近所のスーパーマーケットで仕事をしているとのことであった。長女は明るく前向きで，家を出て一人暮らしをしたいと話していた。

長男と長女の話を聞いたセンター職員は，相談支援専門員として2人にも介入することとなった。

X年11月中旬──長男・長女への支援を検討する会議

センター職員は長男と長女の相談を受け，2人への支援を検討する会議を開催することとした。会議にはセンター職員のほか，行政の社会福祉課職員，就

労継続支援Ｂ型事業所職員，障害者就労支援センター職員が参加した。会議では，2人の希望をもとに支援計画が立てられた。

まずは，長女の職場での勤務状況を確認するため，会議メンバーによる職場への訪問と上司との面談を行うこととした。また，長男の状況については，関係機関で共有を図るために，社会福祉課で情報を集約することになった。

一方で，Ｅさんについては，支援者と庭で出会っても挨拶はせず，睨みつける様子が変わらずあった。センター職員はＥさんの不在時に，長男とＥさん宅で話し合う機会もあったが，室内は暗くゴミも散乱し，決して住みやすい環境ではなかった。統合失調症のＥさんの妻は，通された居間におり，挨拶はしたものの会話には入って来ず，いすに座っているだけであった。

Ｅさんの長男・長女の支援計画

〈長男の支援計画〉

長男の希望：就労の支援をしてほしい

支援計画：
- 社会経験が不足していることから，就労への訓練と障害者雇用を目指して，就労継続支援Ｂ型事業所の利用を開始する
- 本人の現状の能力及び生活状況を把握するために社会福祉課で調査を行い，長男には就労継続支援Ｂ型の利用手続きを行う

〈長女の支援計画〉

長女の希望：スーパーマーケットでの継続した就労と一人暮らし

支援計画：
- 職場での勤務状況の確認
- 障害者就労支援センターへの登録を行い，職場への支援を行う
- 障害者相談支援センターで一人暮らしの支援を行う

> 他人との接触を好まない人のなかには、「人に頼らない。自分で何とかする」と思っている人が多く、特に男性はその傾向が強いようです。他人(行政)に相談して状況がよい方向に変わったことなどを、身近で目の当たりにするとそれがよいモデルとなり、心を動かすきっかけにもなることもあります。

3 支援の展開

X+1年1月──Eさんの入院費未払い発覚

センター職員がEさんの妻の弟の受診同行で病院に行くと、Eさんが以前にがんで入院していたときの医療費未払いが発覚した。センター職員はEさんに事実を伝え、生活保護の話を切り出したが、Eさんは拒否し、毎月定額を支払うことを約束した。医療費は時折滞ることもあったようであったが、8か月かかり完済した。入院費の支払いの件のように、経済的に困っていることは明確であるのに、Eさんは「何とかする。大丈夫」と、頑なに経済的な支援を拒んでいた。

X+1年5月初旬──妻の母親の訃報と妻の弟に対する支援検討会議

Eさんの妻の母親が事故で亡くなり、1人となった妻の弟への支援を今後どのようにするか、支援検討会議を開催した。会議には、Eさん、生活保護担当者、社会福祉課職員、居宅介護事業所管理者、地域活動支援センター職員、社会福祉協議会安心サポート担当者、障害者相談支援センターが参加し、支援計画が立てられた。

> **Eさんの妻の弟の支援計画**
>
> **本人の希望**：施設には行かず，自宅でこのまま暮らしたい
>
> 〈支援計画〉
> - 居宅介護（週5日1時間）を利用した家事全般の支援
> - 訪問看護による服薬管理
> - 社会福祉協議会安心サポートを利用した金銭管理
> - 障害者相談支援センターによる受診援助
> - 外出支援は，視覚障害であることから同行援護を利用し，バスに乗り，地域活動支援センターに行くための練習を開始する
> - 食事に関して，夕食は冷凍で配達された弁当を電子レンジで解凍して食べる。電子レンジの取り扱いも支援していく

　Eさんの妻の弟に関する情報は共有化しやすいよう，障害福祉サービスについては社会福祉課，生活全般に関しては生活保護担当者へ集約することとし，支援を進めていくことになった。

　会議に参加したEさんは，妻の弟の処遇に関して「お願いします」と協力的であった。一方で，Eさんの収入がほとんどないこと，Eさんの体調や妻の病状の問題，長男・長女の思いもあることから，センター職員が「長女を希望通り一人暮らしの方向で支援したい」「生活保護を視野に入れてはどうか」と提案したところ，Eさんは「役所の人間に用はない。この家のことを人から言われたくない」と怒り出し，また行政などの介入を拒んだ。

X+1年9月初旬 —— 妻の入院とEさんの気持ちの変化

　Eさんの妻の状態が悪化し，外出しても自宅がわからず帰れなくなり，家の中で大声を出すようなことが度重なり，Eさんや長男は妻を精神科病院に受診させ，そのまま入院となった。

　また，変わらず長女の一人暮らしには反対であったEさんの態度に少し変化が表われてきた。Eさん宅に訪問する機会も増えてきたセンター職員に対し，「何もできない心配な娘だったが，本当に1人で暮らせるのか」と，娘を思いやる父親としての気持ちを初めて吐露した（**図5-8**）。

図5-8 介入中期のエコマップ

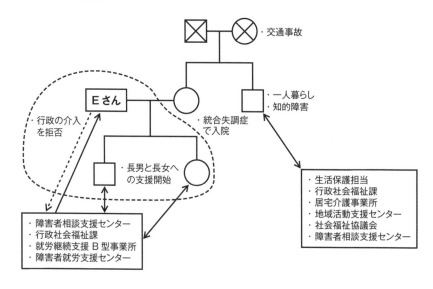

X＋1年9月中旬──長女の体験的一人暮らしの始まり

長女の主治医も一人暮らしを強く勧めていたことから，センターで借りていたアパートの一室が空いたため，長女は一人暮らしを体験的に行うことになった。Eさんも，センター職員からの説明を受けて同意し，長女は順調に一人暮らしの準備を進めた。また関係者で，初めての一人暮らしをする長女への支援計画が立てられた。

Eさんの長女の支援計画

- 金銭管理の確認（今後は成年後見人制度の利用も視野に入れる）
- 食事の支援（当面，配食サービスを利用する）
- 病院受診と服薬確認
- 仕事を終えた後，憩いの場の利用を勧める
- アパートでの体験終了後はグループホームへ移行する予定であるため，社会福祉課で利用手続きの調整を図る

X+1年11月――Eさんの様子がおかしいとの連絡

Eさんの様子がおかしいとの連絡が長男からセンターに入り訪問すると、Eさんは両足がむくみ、歩行できない状況であった。病院を受診し、すぐに入院となった。Eさんは渋ることなく入院をしたが、長男・長女は判断能力が難しいこともあり、センター職員は、入院の手続きや医師からの病状説明等にも同席した。このときには病院の未払いも完済されており、スムーズに入院ができた。

Eさんの病状はがん末期であり、長男・長女と主治医との話し合いから積極的な治療は行わないこととなった。

X+1年12月――生活保護申請

Eさん自ら、入院の支払いが難しいことや現金も底をつきそうな状況であると、センター職員に相談があり、生活保護を申請したいとの申し出があった（図5-9）。

図5-9　介入後期のエコマップ

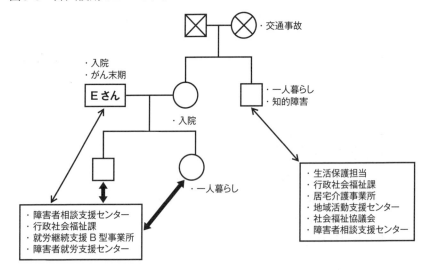

今後の支援課題

　Eさんが頑なに支援を拒み続けた理由は，障害や疾病を抱えた家族を自分で何とか養っていかなければならないという"父親としてのプライド"ではないかと推察される。借金は自分が返さなくてはならない，誰かの支援を受けることは恥という考えと，人を信じられないという考えが根底にあり，拒否的な態度の裏には，金銭の問題がネックとしてあったのではないかと思われる。この事例は，Eさんが支援を拒否したため家族への介入が困難となり，妻や子どもたちも必要なサービスが受けられない状況であった。

　支援者がEさんの家族に直接的に働きかけ，それぞれが自身の考えるような生き方に向かって動き始めていく姿を見て，「支援を受けることは恥ではないこと」「家族にとってよい方向に向かっていることが実感できたこと」から，Eさんにも心境の変化が出てきたと考える。

　今後，Eさんが安心して治療に専念できるよう，具体的な提案と継続した支援をしていくことが課題である。

事例 6 「私にかまわないで…」と，汚物まみれの部屋で暮らす独居高齢者への支援

事例概要

対 象 者：Fさん，77歳，女性

生活状況：二人姉妹の長女として出生。両親が内縁関係であったこと，母親に精神疾患があったことなどの理由で祖父の戸籍に入り，戸籍上の両親は祖父母にあたる。また，妹は別の場所で育てられたが，詳細は不明。中学卒業後，20歳まで祖父の家業を手伝ったが，祖父との考え方の違いから家出をし，友人宅での居候生活を始めた。その後，その頃賑わったキャバレーを転々としながら25年間ホステスとして働き続けた。50歳頃より，男性数名から経済的援助を受けつつ，スナックを経営して自身も働いた。婚姻歴はなく，大病もせずに過ごしてきた

家族状況：血縁者の両親，祖父母，妹は既に亡くなっている。隣人や大家などがたまに様子を見に来る程度

経済状況：預貯金を切り崩して生活をしてきたが，それも底をつき，年金もなく生活が立ち行かなくなり，3年前から生活保護を受給している

福祉サービス利用状況：介護保険サービスも含め，何も利用していない

支援経過

1 関わりのきっかけ

X年7月中旬 —— 定期訪問時の気になる様子

　行政機関の生活保護担当者の変更があり，Fさん宅を訪問したが不在であった。翌日再訪問をしたが，人の気配は感じられず，応答もない。3日目は大家とともに訪問をした。大家が玄関を開けると，Fさんがシャツ1枚であぐらをかいて座っていた。畳全体には黒色と茶色の擦れたような模様があり，便に

よる汚染であることがその立ち込めるにおいでわかった。

　Fさんと話をしてみると，5分程度の会話は可能だったが，長くなるとつじつまが合わず，生活の実態が把握できなかった。室温が高い部屋だったため，水分補給を考えて冷蔵庫を開けたが，日本酒のワンカップとコーヒー牛乳，乳酸飲料がたくさん入っていた。室内には2Lの紙パックの焼酎も転がっていた。水分補給を試みたが強い拒否があり，「水は飲みたくない。私にかまわないで…」とFさんは話した。

　生活保護担当者は後日再度訪問をする旨を伝えたが，Fさんは「もう来ないで。私にかまわないで。放っておいて」と繰り返していた。

> **コラム**
> **アルコールと脱水**
>
> 　アルコールには利尿作用があります。そして，肝臓でアルコールを分解するときにも水分が必要であるため，飲酒によって脱水状態になる危険があります。特に，高温多湿の室内では，アルコール摂取は水分補給にはならないので，別の方法での水分補給が必要になります。

2　支援の始まり

X年7月18日午前——地域包括支援センター保健師と同行訪問

　Fさんの情報を収集したところ，生活保護を受給開始以降，未受診であることがわかったため，生活保護担当者は地域包括支援センター（以下，包括）の保健師と同行訪問した。

　前日と同様に，ドアを開けてもらえなかったため，大家に開錠してもらった。Fさんはズボンやパンツを穿かず，パンティストッキングのみを着用していた。室内は35℃を超えており，テーブルにはビールが入ったコップがあり，飲酒していた様子であった。生活保護担当者が前日冷蔵庫に入れた水分補給飲料には手をつけていなかった。水分補給を促したが強い拒否があり，何度も何度も「私にかまわないで。放っておいて」とFさんは繰り返した。

　Fさんに入浴をしたのはいつかと確認をしたところ，「昨日」と話した。し

かし，汚れが目立ち，昨日入浴したとは思えない状態であった。包括保健師は，手段的日常生活動作（IADL）能力はあり買い物等はできる状態であるが，本人の意思として何もしたくないという気持ちの強さから，自身の身の回りのことを行わない状態にあると見立てた。

そこでＦさんに「放っておけない状態」であることを伝え，今後について話し合った。

本人，包括保健師，生活保護担当者が話し合った内容

①見守りと栄養状態の改善
　Ｆさんはしぶしぶではあったものの，介護保険事業外のサービスである見守り支援業者を導入すること，配食弁当を取ることを了解した。

②室内環境
　Ｆさん本人の自立度から考えても，室内環境を整えることは可能であるため，当面本人が行うことになった。

③経済的管理
　Ｆさんは数千円程度しか手元にもっておらず，銀行でお金を引き出す方法もわからないため，社会福祉協議会の金銭管理事業につなげるようにした。

最終的には了解はしたものの，Ｆさんは話し合いの間もたびたび，「私のことはかまわないで。放っておいて。あまり食べたくない」と繰り返していた（図5-10）。

ポイント

生命の危険を察知した支援者は，本人にもそのことを伝え，すぐに対応策を考え行動を起こす必要があります。他の支援者にも「放っておけない状態」であることを報告し，その時点での最善策を，医療・福祉等，多くの関係者間で協議することが大切です。

図5-10　介入時のエコマップ

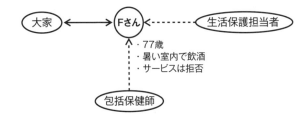

3 支援の展開

X年7月18日午後 ―― 見守り支援・配食サービス導入のため再訪問

　午後に，見守り支援事業の職員や配食サービス業者などとともに改めてFさん宅を訪問したが，複数人の訪問にFさんは，「私，そんなに病気なの？」と戸惑っている様子だった。またFさんは，「やっぱり自分で何とかするから放っておいて」と配食サービスを断ろうとしたが，心配であるということを再度伝え，理解を求めた。

　Fさんへの関わりについて，当面は1日1回の配食弁当による安否確認を中心とし，随時関係機関が家庭訪問して状況の把握を行うこととし，その相談の窓口を包括に一本化した。また，階下の大家，隣人にも協力を依頼し，何か様子がおかしかったら相談窓口へ連絡を入れるように話し，承諾を得た。さらに，社会福祉協議会宛に「金銭管理依頼票」（**表5-2**）を作成し，また，早急に緊急通報システムを導入するとともに，電話開通の手続きを進めること，生活保護費の支払い方法も変更することとした。

表5-2 金銭管理依頼票の記載内容

【本人の状況】
・収入は生活保護費のみ
・支払いができない。何の支払いをしたのかは記憶ができない
・自宅に届いた振込用紙で何とか公共料金の支払いは行うが，何の支払いをしたのか覚えていない。また，書類の保管・管理ができない。もともと，手続き関係は不得意
・電話料金の滞納で契約解除になっている
・日常的な飲酒で腸の調子が悪くなっても自分で排泄の後始末ができず，不衛生な状態となっている

X年7月23日 ── 電話開通の手続き・安否確認のため訪問

階下にいる大家より，「時々外出している」「室内で物音は聞こえている」等の報告も入り，電話開通の手続きのためにFさん宅を訪問した。

部屋に入ると，テーブルには焼酎のコーヒー割があり，配食弁当は完食していなかった。室内は窓を閉め切り35℃を超えていたが，本人は暑くはないと言い，確かに汗もかいていない状態であった。しかし，食事も水分も取らずに常に飲酒しているため，アルコールに水分が奪われている状態であることが推察された。

そこで改めて，包括保健師，見守り業者，配食サービス業者，大家，生活保護担当者で，支援計画を立てた。

Fさんの支援計画

・本人の安否確認
・食事・水分・室内状況等の生活状況の確認
・本人の言動・行動状況等の身体行動状況の確認
・介護保険や医療へつなぐ

本人の強い意思で医療・介護を拒否しており，支援者側は介護保険サービスの導入は難しいと考えていたが，関わっている支援者が共通の認識をもつことと，Fさんに心配していることをその都度伝えていく方針を立てた。

X年8月1日——大家より2日間見かけないとの電話連絡

　大家から「2日間見かけない」と電話連絡があったため，配食サービス業者に確認したところ，昨日は特に変わった様子がなかったとのことであった。念のためFさんに電話を入れると，「おなかが痛い」との訴えがあったため，生活保護担当者と包括保健師で訪問した。

　部屋では扇風機が使われておらず，室内も閉め切られていてテーブルには焼酎のコーヒー牛乳割があった。Fさんの顔色は悪く，腹痛の訴えがあったため保健師が測定すると，体温36.6℃，血圧98／測定不能，脈拍は70回／分であった。

　Fさんに受診を促したが，やはり拒否があった。本人は「病院にかかりたくない。おなかの痛みは大丈夫。大丈夫よ…」と話した。繰り返し，医療費の心配はいらないこと，今なら付き添いもできることを伝え受診を促したが，「今日はいいわ，大丈夫よ。具合が悪かったら電話するから。どうしても医者にはかかりたくないのよ」と静かに拒否をしていた。そして，このときに初めて，支援者らに「何度も足を運ばせてごめんね…」と，以前にはなかった気遣いを見せた。

　またこのとき，アパートの管理をしている不動産業者のZ氏が訪れた。Z氏はこの数年間，2か月毎に水道料金の徴収と安否確認を行っており，今回もそのために訪れたと話した。Fさんは以前，身綺麗にして対応もきちんとしていたが，最近では人が変わった印象で，機嫌が悪かったり怒鳴ったりと，気になっていたとのことであった。また，Z氏の前回の訪問は2か月前であったが，この頃には異臭はなく，状態の変化に驚いていた。

ポイント

　本人があまり多くを語らない事例でも，訪問回数を重ねていくと，心身の変化だけでなく，生活の様子がわかります。親戚や古い友人，この事例では不動産業者，大家など，本人を取り巻く人と出会うこともあり，過去の情報が把握できると，セルフ・ネグレクトと思われる人への介入のヒントが見えてくる場合もあります。

第5章　セルフ・ネグレクトの人への支援事例

X年8月2日 ── 訪問診療の導入を図るため訪問

　前日の状況を踏まえ，訪問診療の導入を図るため，生活保護担当者と包括保健師でＦさん宅を訪問した。訪問時，Ｆさんの体調は昨日とほぼ同じ状態であったが，「今日はだいぶ調子がいいんだ。大丈夫だよ。自分の身体だから一番よくわかっている。今日は気分がいいんだ。だから病院には行かない」と変わらず拒否が強かった。本人は拒否していたが，腹痛をきっかけに医療につなげようと考え，半ば強引ではあったものの，Ｆさんの同意を得て，翌日の訪問診療につなげた。

X年8月3日 ── 訪問診療

　訪問診療の医師から，緊急入院の必要性はないが，当面，継続的な診察と介護サービスを利用するようにと本人に説明がなされた（**表5-3**）。Ｆさんもその場で了解をして，訪問診療を週2回，訪問介護も受け入れることとなった。

表5-3　検査結果と医師の見立て

> 長谷川式認知症スケール：18点
> 〈医師の見立て〉
> ・短期記憶に問題が出現している
> ・通院も食事も水分補給についても拒否が強い。認知症状も見られるため通院自体も困難であり，定期往診が望ましい

X年8月5日 ── 介護保険の要介護認定調査

　訪問介護を利用するため，介護保険認定調査員が生活保護担当者と訪問した。Ｆさんは認定調査員の質問には答え，動作の調査に時折「いやだ…」と言いながらも，言われたとおりに動作はできており，対応に不自然さは見られなかった。

X年8月8日 ── 支援計画の見直し

　介護保険サービスを導入することを契機に，改めて支援者間でＦさんの支援計画を見直した。

見直しされたFさんの支援計画

- 血液検査の結果，栄養状態の不良はあるが，入院加療を要する状態ではない
- 入院拒否が強いため，当面，居宅にて支援を継続する
- 栄養状態の改善，特に食の確保（高カロリー飲料の摂取）
- 週2回の訪問介護を中心に，清潔の保持，室内の清掃，食の確保に対する支援を行う

X年8月17日──サービスの拒否と臨時の訪問診療

Fさんは訪問介護のヘルパーが来るたびに強い拒否を見せていたが，この日はいつもの元気がないと訪問介護事業所より報告があり，訪問診療を行った。

医師からは，以前にも増してFさんの栄養状態が不良になってきている可能性があるため，高カロリー飲料を毎食飲ませるようにとの指示があった。これに伴い，訪問介護を毎日入れることにし，訪問看護の導入も始まった（**図5-11**）。

図5-11 介入後のエコマップ

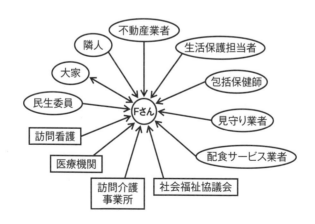

X年8月23日 —— 支援の終結

　訪問介護事業所から，横になっているFさんに話しかけるが反応がない状態であったため，往診医に連絡後，救急要請をしたとの連絡が入った。Fさんは往診医により亡くなっていることが確認された。死因は，低栄養を伴う慢性アルコール性肝障害であった。

今後の支援課題

　地域包括支援センター，訪問介護事業所，医療機関，行政機関，社会福祉協議会，介護保険外サービスのほか，大家，隣人，民生委員等を含む地域住民も協働し，本人への支援を行った事例である。「かまわないでほしい」と繰り返し，医療や介護保険サービスを拒否している本人の意思をどこまで尊重すべきかの判断は難しいが，支援者は常に情報を共有し，支援計画を見直すことが重要である。

　セルフ・ネグレクトの場合，介入から短期間で亡くなる事例も多い。支援者間で事例を振り返り，介入の時期や方法が適切だったかを確認することで，次の事例に生かしていくことが大切である。

事例 7 聴覚障害があり，地域で孤立していた独居高齢者への支援

事例概要

対 象 者：Gさん，80歳，女性
生活状況：聴覚障害（障害者手帳2級）あり。一時期会社勤めをしていたこともあった。同じ聴覚障害のある夫と結婚し，子どもはいない。公営住宅に長年居住し，4年前に夫をがんで亡くした後，独居生活となる。その後，食事は近くのスーパーマーケットで購入する毎日であり，徐々に生活機能が低下していった
家族状況：6人きょうだいだが，皆亡くなっている。親戚との交流はまったくなかったようである
経済状況：障害年金，厚生年金，企業年金預貯金があり，生活費としては十分な額である
福祉サービス利用状況：亡くなった夫は介護サービスを利用していたが，独居になってからは，福祉関係のサービス利用を望まず，利用していない
地域との交流：公営住宅では，夫の存命時から，夫婦で聴覚障害だったことで，同じ階や棟の住民，自治会とも交流が少なかった。また，同じ棟の住民からは，挨拶をしても無反応だったりするために「変わった人」「人間嫌い」という印象や噂が立ってしまい孤立状態にあった

支援経過

1 関わりのきっかけ

X年3月上旬 —— 民生委員から最近見かけなくなったとの相談

地域包括支援センター（以下，包括）に，民生委員からGさんの相談が入る。夫が4年前に亡くなった後からは，公営住宅の中でも買い物に出かけた

りする様子が徐々に見られなくなり，聴覚障害があるので心配だという内容であった。インターホンを押してもドアが開かない。また，時折玄関前の廊下から，水が流れている跡や悪臭がすることもある。住民がたまに見かけ声をかけると，穏やかなときと怒りながら手を振りかざすときがあり，何を考えているのかわからないと，隣人や階下の住民から不安の声が出ているとのことだった（図 5-12）。

図5-12　介入前のエコマップ

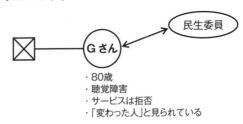

2 支援の始まり

X年3月中旬 —— 情報収集の開始

包括では，民生委員からの相談が入ってからすぐに地域の情報を収集し，初回訪問につなげていく方法の検討を開始した。

これまでの状況から，初回訪問時にGさんが不快に感じて拒否にならないように，どのような形でどのように話を聞いていくか，どのような接し方をしていけばよいかを検討する必要があった。Gさんは以前は仕事に従事しており，夫の存命時には夫の介護サービス関係者との関わりがあった。このことから，他者との関わりがまったくもてないのではなく，Gさんの生活状況がどこかの時点で変化したり，病気を患っていたり，年齢相応に認知機能の低下があることも考えられた。そこで包括では，次のようなGさんへの初回訪問計画を立てた。

> **Gさんへの初回訪問の計画**
>
> ・Gさんも亡くなった夫も聴覚障害があり，障害者手帳や障害福祉のサービスを過去に利用している可能性があるため，行政の障害担当から情報を得る。
> ・亡くなった夫を担当していた介護サービス関係者から，当時の様子やGさんの性格や病気などの情報を得る。また，キーパーソンになり得る親族も確認する。
> ・公営住宅に居住している人，特に同じ階や棟の係を担っている人から情報収集をする。
> ・訪問する前に，自宅前やベランダ，ゴミの様子も確認しておく。
> ・聴覚障害の人のコミュニケーション方法を知り，どの方法を取るか検討する。
> ・会えないときには包括の新聞や自治体発行のちらしに，気にかけているメッセージを残す。

3 支援の展開

X年3月中旬～下旬 ── 繰り返し訪問して出会う

　初回訪問の計画を実施しながら，民生委員や地域住民には，Gさんを見かけたら包括に連絡してもらうように協力を依頼した。同時にGさん宅には3～4日に1回くらいのペースで訪問し，包括の新聞や自治体発行のちらしに「困ることがあれば，いつでもご相談ください」と大きな文字で書いて残すようにした。

　情報は徐々に集まったが，訪問してもなかなかGさん宅の玄関が開くことはなく，連絡も来なかった。そのようななか，毎日ではないが，午後には近くのスーパーマーケットに買い物に出かけている姿があると地域住民から報告を受けたので，時間を見計らって包括保健師と民生委員が訪問したところ，ようやくGさんに会うことができた。自宅のドアが開き民生委員が話しかけると，Gさんは視線を合わさず頷くばかりであった。

Gさん宅のインターホンは聴覚障害者用のもので，インターホンを押すと，リビングにある黄色いランプが点滅する仕様となっていたが，あまり視野に入っていないようだった。室内は散乱し，かなり多くの缶詰が台所に積み重ねられていた。布団も敷きっぱなしであることが玄関からも見え，異臭もあった。包括保健師が筆談で，体調を崩していないか，食事が取れているかと質問すると「大丈夫」と面倒そうに答えた。Gさんはどの質問にも頷くばかりなので，本当に伝わっているかどうか判断に困った。一方で，包括の新聞を見せると表情が変わり，関心を見せていた。Gさんは猫背だがゆっくり歩行でき，顔色や肌の張り，口唇色から，ある程度食事は取れている様子がうかがえた。しばらくは包括保健師の顔を覚えてもらえるように，訪問を重ねることとした。

> **ポイント**
>
> 　長期間孤立状態で，さらに聴覚障害のある人への対応では，信頼関係の構築のために，初期の介入がとても重要です。また，コミュニケーションがうまく取れない場合，栄養状態や体調を把握するために，医療職が訪問して状態をアセスメントすることも大切です。

X年3月下旬 ── 支援計画の立案

　Gさんと出会った後，包括保健師は，訪問とこれまでに得られた情報から，Gさんの状態をアセスメントし，今後の課題を整理した。

　また，今後のGさんへの支援をどのように進めていくか，関係者間で話し合い，当面の支援計画を立案した。

Gさんのアセスメントと今後の課題

聴覚障害：インターホンのランプに気がつくときとそうでないときがある。コミュニケーションは筆談とクローズドクエスチョン方式の両方で聞いていく。

Ａ　Ｄ　Ｌ：円背（猫背），腰も曲がり，歩行力は近くのスーパーマーケットまでがやっとである。

生 活 面：食事は十分に取れているとはいえず，服装も乱れ，洗濯や掃除もされていない。ゴミもたまり，異臭があり，不衛生な状態。自分で整理ができなくなっている。

体 調 面：食事は何とか取れている様子だが，量ははっきりしない。日中寝ていることが多い。医療機関には通院していない。

そ の 他：金銭管理をどうしているのかは不明。キーパーソンがなく，きょうだいも他界しており，親族の協力は期待できない。

Gさんの支援計画

・民生委員や地域住民の見守りのもと，訪問は1週間に1回とする。
・生活面や体調面の確認を継続する。
・訪問により信頼関係を築きながら介護保険申請につなげ，生活支援を行う。
・介護保険申請のために，近所の病院受診の必要性を伝えて受診支援をする。
・コミュニケーションは，筆談で短いセンテンスで表記する。

X年7月上旬――入院で状況の変化が訪れる

　Gさんは人の手を借りたくない思いが強く，病院受診にも同意が得られないまま経過した。訪問時は，玄関が開くときと開かないときが半々であった。玄関が開いても，中に入ることはできなかった。それでも，関わり始めた頃から比べると，コミュニケーションは取れるようになった。また，地域住民との情

報交換から，Gさんの生活パターンもわかってきていた。

　そのようななか，突然，Gさんは救急病院へ搬送された（誰が救急車を呼んだかは不明だった）。病院の医療ソーシャルワーカー（MSW）から包括に問い合わせがあったことで，Gさんの入院が発覚した。軽度脱水と低栄養の診断で，点滴治療により改善し3日間で退院となった。Gさんは入院中，治療を行うとともに食事も全量摂取し，活気が見られ，表情や機嫌もよい印象であった。民生委員と包括保健師が病院を訪ねると，安心したと筆談で会話をした。退院前には，自宅に戻るにあたり，同じ状況にならないよう医師やMSWから介護保険について筆談で説明してもらい，Gさんからも何とか承諾を得るに至ったが，救急病院で入院期間が短いこともあり，介護保険の主治医の意見書に関しては作成できなかった。

　Gさんは，入院前と比べると下肢筋力低下が著明で，ベッド周囲しか歩くことができず，腰痛も悪化しており，1人では外出できない状況となっていた。入院中はGさんがいつも肌身離さず持つ小さなカバンがあり，その中には保険証，障害者手帳，銀行の預金通帳が入っていた。医療費の支払い時に，年金収入について確認することができた。

　包括保健師は，Gさんの退院後の生活を支援するため，改めてアセスメントを行い，支援の再構築を図った。

退院後の生活に向けたアセスメントと支援方法の再構築

・入院を経験してGさんが不安になっている今，具体的な支援方法を伝える。
・食事や水分が毎日摂取できる体制をつくる（配食サービスの開始）。
・病院受診し，健康管理とともに介護保険サービスを導入する（介護保険代行申請と主治医意見書依頼を早急にするために通院支援）。
・Gさんへの説明と意思確認には手話通訳を導入する。
・金銭管理や介護保険等のサービス利用に関して，日常生活自立支援事業（社会福祉協議会）へ依頼しつなぐ。それまで意思確認は2人で行うようにする。筆談したメモも記録とともに残す。

X年7月上旬～下旬まで ── 支援体制が徐々に整う

　Gさんが入院を経験し体調が回復したことで，コミュニケーションが取りやすくなった。実際は，体調の回復だけではなく，入院前からの地域住民や民生委員も含めた関わりや，病院に出向き，退院前の調整をする支援者の行動により，Gさんとの信頼関係が築かれてきた段階であったと考えられた。

　Gさんの退院後は，さまざまな提案に関しては手話通訳士（障害福祉サービスを利用）に入ってもらい，意思を確認するようにした。依頼した手話通訳士は偶然にも，Gさんの亡くなった夫の手話通訳をした人であった。Gさんのことも記憶にあり，4年前とは異なるGさんの状況も確認することができた（当時Gさんは，体格もよく礼節も保たれていたとのことであった）。手話を取り入れることでGさんは意思表示が明確にできるようになるとともに，人と会話することにも慣れてきている様子がうかがえた。病院受診では，往診可能で手話のできる看護師のいる病院とつながり，介護保険の申請も可能になった。

X年8～9月 ── 介護保険のサービス開始と環境改善への取り組み

　退院後から，Gさんの周りにはさまざまな人が関わるようになった。手話通訳士や病院の医師・スタッフ，社会福祉協議会の職員などの訪問には，Gさんも抵抗がなくなった。

　しかし，筋力低下のため，生活面では排泄の失敗が目立ち，部屋の中がさらに散乱するようになった。1人で外出して歩けなくなり，警察に保護されるなどのエピソードも重なった。そこでケアマネジャーにつなぎ，暫定利用による訪問介護支援を開始し，後に要介護3と認定された。

　サービス調整しつつも，夏場であり，物が散乱した家でエアコンもないため，Gさん宅の環境を整える必要が出てきた。地域住民も心配し，週末などは水分の摂取を促していた。そして，Gさんが多くの人に慣れてきたため，ショートステイを利用し，自宅の片付けを行い，生活環境を整えることとした。

　自宅の片付けは専門業者と包括保健師の2人で実施した。ショートステイ先からGさんに外出してもらい，民生委員にも立ち会いの協力を求め，生活環境を整えた。夏も冬もどちらも高齢者には厳しい季節となるため，Gさん承諾のもとエアコンの購入・設置を馴染みの近所の電気屋に依頼した。また，聴覚障害があることから緊急時も考慮し，キーボックスの購入，見守りサービス

の導入をすることになった。ケアマネジャーは，配食サービスの毎日の利用，夜間対応の訪問介護，ショートステイやデイサービス利用などを徐々に整え，Gさんの生活は安定していった（図5-13）。

X年10月以降 —— 認知機能低下と成年後見制度の利用，役割分担の確認

　Gさんは退院後，各機関の関係者に慣れ生活環境も安定してきたが，1人で生活することは困難であった。経過中，手話通訳士からは「手話だけでなく，口元の動きも見ているが，夫が亡くなる前に比べ返事が曖昧である」という報告を受けた。関わり当初から何でも頷いていたのは，認知機能の低下が進んでいたのではないかと，関係者間で同一意見となった。また，社会福祉協議会の日常生活自立支援事業では，聴覚障害があり，かつ何でも頷きがちなGさんの状況では契約締結が難しいとの返答であった。

　そこで今後も見据えて，成年後見制度の利用を検討することとした。かかりつけ医に相談しながら検査も進み，Gさんは認知症と診断された。親族情報の確認においては，亡くなった夫方の甥や姪の連絡先しかわからず，結果，市区町村長による成年後見の申し立てをし，後見レベルとなり成年後見人が選任された。成年後見人は手話のできる人であった。これを機に関係機関で集まり，改めて役割の整理と分担を行った。

図5-13　介入後のエコマップ

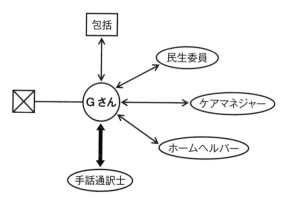

X＋1年5月──独居生活を寂しいと話すようになる

　成年後見人がつき，介護保険サービスを利用することで，Gさんの生活はかなり安定するようになった。支援者のなかに手話のできる人が複数存在していることで，関係機関での情報交換がスムーズになり，Gさんの希望もわかりやすくなった。Gさんは孤立していた時期と比べて表情もよくなり，交流にも慣れてきていたが，一方で，デイサービスやショートステイでの様子と自宅で過ごす様子とでは大きく異なってきていると，ケアマネジャーやホームヘルパーから報告を受けるようになった。この頃からGさんは，独居生活が寂しいと話すようになり，デイサービスのない日はトイレの失敗から不快な思いをしていることもしばしばあった。

　このようなことから，施設への入所が，Gさんにとって安心して暮らせることにつながるのではないかと関係者間で検討し提案したところ，Gさんは喜んで施設入所を希望した。この際には，関係機関で関わるすべての人でGさんの意思を確認し，聴覚障害の受け入れのある特別養護老人ホームを申込み，入所となった。これにより，Gさんの在宅での支援は終了した。

今後の支援課題

　高齢の聴覚障害者がセルフ・ネグレクト状態になっている場合，対応する際には，話や質問の仕方，表情，身振り手振りなど，対象者に注意を向けていることをできるだけ明確に表現することが大切である。話の意図が伝わらないと，相手との関係性が崩れてしまうこともあるので，意思の確認方法としては，関係者間で筆談，口話，身振りなどの方法を交えて辛抱強く聞き，情報交換に努め，手話通訳士や手話ができる関係機関からもアドバイスをもらうことが重要である。

　セルフ・ネグレクト状態にある人に関わるときにはコミュニケーションが大切であり，対応方法を関係者間で検討し，意思確認を丁寧に継続することで，本人から信頼を得ることができる。

事例 8 精神的に不安定になってしまう独居高齢者への支援

> **事例概要**

対 象 者：Hさん，73歳，男性
生活状況：大学卒業を機に結婚し，公務員として十数年勤務する。以後，飲食店や建築会社を経営したりと，事業を興してはやめるということを繰り返していた。バブル期にはかなりの収入もあったが，バブル崩壊とともに事業も縮小せざるを得なくなり，最後の事業をやめてからは清掃の仕事をしていたが，腰痛を発症し仕事ができなくなってしまった。バブルの時期に，妻は娘とともに財産を持って出て行ってしまった。以後，1人で暮らしている。
家族状況：妻とは現在まで音信不通だが，娘との関係はある。付き合いのある親族はいない
経済状況：年金と清掃の仕事で生計を立てていたが，仕事ができなくなってからは不足分を預貯金で賄って暮らしている
福祉サービス利用状況：介護保険サービスも含め，何も利用していない

> **支援経過**

1 関わりのきっかけ

X年4月──知人より「体調が悪く外出ができなくなっている」との相談

Hさんの知人から地域包括支援センター（以下，包括）に，「Hさんの体調が悪く，外出ができなくなっている。食事も取っていないのではないか。本人に連絡してほしい」との相談が入った。相談を受けた包括社会福祉士がHさんの状況を確認するために訪問したところ，応対したHさんは「買い物にも行っているし，食事もしている。お風呂も銭湯に行き入っている。それよりも，アパートが7月に取り壊しになるし，家賃の支払いが大変になってい

るので，4月いっぱいで故郷の北海道に帰ろうと思う」と話した。

　包括社会福祉士は，Hさんの表情や声の調子もよいため，入浴や買い物はできていると判断した。また，体調よりも，現在は金銭の問題のほうが大きいと判断し，支援を行うことも考えたが，Hさんが「生活保護に相談にいく」と言ったため，様子を見ていくこととした。

2 支援の始まり

X年5月 ── 生活保護を断られる

　包括社会福祉士がその後の状況を把握するために，Hさん宅を訪問した。Hさんは，生活保護の相談に行ったが断られたと話した。理由を確認したが，曖昧であった。30万円の残金があると言うため，不動産屋に相談に行くよう話したが，まだ家を探している様子はなかった。また，退去の期日が7月下旬と迫ってきているため，早く行政の生活福祉課に相談に行くよう説得するも，受け入れなかった。保証人について確認すると「娘しかいない。今までも娘がやっている。連絡が取れるかはわからない」とのことであり，Hさんはアルコールを飲んでいる状態であった。

　包括社会福祉士は，Hさんを継続的に支援していく必要性があると判断し，困ったことがあれば相談してほしいと，連絡先を伝えた（**図5-14**）。

図5-14　介入前のエコマップ

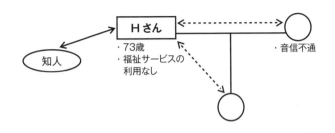

3 支援の展開

X年7月 —— 本人から「動けない」との電話

　Hさんから,「一週間何も食べていない。動くことができない」との連絡が包括に入った。包括社会福祉士が訪問すると,小便を洗面器にしており,身体は横に向けることしかできない状態であった。包括社会福祉士は,引っ越しや生活保護のことよりも,病院受診の必要性があることを説明したが,Hさんは拒否した。

　そこで包括社会福祉士は,Hさんの体調管理を具体的に支援するため,支援計画を立てた。

Hさんの支援計画

- 安否確認と食事の確保,排尿・排便の処理のため,包括職員が毎日訪問する。

　Hさんから電話連絡のあった日より,食事の買い出しが始まった。室内の温度管理もできない状況が続いたため,本人の許可を得て,週末になる前に救急搬送を試みたが,入院適応にはならず,自宅に戻ってきた。この頃より,身体を横に向けることも厳しくなり,下半身も裸でバスタオル等をかけて過ごすようになった。

　また,手持ちのお金もないとのことだったが,お金を下ろしに行くこともできない状態であった。職員も同行はできるが,代わりに下ろすことはできないため,これをきっかけとして,Hさんに娘の連絡先を教えてもらい,連絡を入れることを了承してもらった。

　包括社会福祉士は,このままではHさんの在宅での生活は困難なことから,近隣病院での入院の受け入れができないか確認したが,受け入れ病院はなく,また,娘へ電話するも連絡がつかない状態であった。包括社会福祉士は改めてHさんの課題をアセスメントし,今後の支援を考えていくこととした。

> **Hさんの課題**
>
> **体調面**：身体を動かすことができず，ほぼ寝たきり状態。食事量・筋力の低下，便秘がある。
> **金銭面**：現在の収入では生活の継続が困難。入院費用を賄うほどの金銭的な余裕はない。直近の問題として，所持金が少なくなってきている。
> **精神面**：痛みや動けない現状から不安等があるのか，精神的に不安定になってきており，他者に対する暴言がある。意思疎通，自己決定は可能。
> **家族面**：連絡先は教えてもらえたが，家族からの連絡がない。
> **その他**：大家から退居を求められている

X年8月上旬——娘からの連絡

　入院を受け入れてくれる病院がないこと，娘との連絡も取れないことから，往診の手配を進めたいと伝えると，Hさんは承諾した。そこで，近隣の往診医の訪問診療を手配することとした。

　また，娘に手紙を送ったところ，数日後に娘から電話が入った。包括社会福祉士がHさんの状況を伝えると，大声を出したりして迷惑をかけていないかと，娘からの質問を受けた。

　Hさんから承諾を得た数日後，近隣の往診医による訪問診療を行った。医師の見立てでは，腰痛は圧迫骨折か骨粗鬆症，もしくはヘルニアの可能性が高いとのことで，下肢筋力の低下も顕著との診断を受けた。Hさんからは，往診医が主治医となる了承を得て，介護保険の主治医意見書も依頼し，介護保険の申請も行うことになった。

　初回の訪問から，医師とHさんとの関係性が比較的スムーズに構築できたため，今後，週1回程度の往診が決定した。血液検査の提案は本人が拒否したが，本人の意向に沿いながら，今後の支援を進めることとなった。また，介護保険の申請を機にHさんの支援計画を見直し，ケアマネジャーも入り，ホームヘルパーによる買い物と掃除，デイサービスでの入浴の手配も行った。

> **見直されたHさんの支援計画**
>
> ・介護保険サービスにて,買い物・掃除・入浴のサービスを利用する。
> ・生活保護の検討。
> ・娘とも相談し,転居先等の検討。
> ・主治医による病状の確認・治療。

そして娘に連絡を取り,Hさんの状態を報告するとともに,自宅の立ち退きについて,物件を探すことと引っ越し等の費用面での援助ができないか相談したところ,費用面での負担は致し方ないとの話があった。

X年8月中旬 ── 暴言が目立ち始め,立ち退きも迫られる

主治医の勧めにより,Hさんへ配食サービスの利用が開始されたが,血液検査の拒否は続いたままであった。また,この頃より,Hさんの暴言が目立つようになり,ホームヘルパーやケアマネジャーの訪問時に「そんなこともわからねぇのか」「頭,悪いな」「何回,同じ話聞いてんだ」などと,怒鳴ることも増えてきた。

鎮痛薬の服薬により,車いすへの移乗ができるようになったため,友人と生活保護の相談に行くとも話していたが,結局は色々と理由をつけては行かない日が続いた。そのため,包括社会福祉士が間に入り,生活保護担当者に電話で相談し申請書類を郵送してもらうこととなったが,実際の申請は,保護の基準額より低い手持ち金になったときにしてほしいとのことであった。

この頃,裁判所から,家賃の滞納を理由とする明け渡しの訴訟の呼び出し書類が届いたが,呼び出しに応じるほどの体力等がHさんにないこともあり,「法テラス(日本司法支援センター)」に相談することとなった。

X年9月 ── 弁護士とともに立ち退きへの対応を図る

介護保険サービスが導入され,Hさんの生活が安定するなかで,立ち退きへの対応を進めることになった。

包括社会福祉士も同席の下,Hさんは「法テラス」から紹介を受けた弁護士と面談をするが,ここでも弁護士に向かい「本当に弁護士か」「何してくれる

んだ」などの暴言があった。

　数日後，弁護士から裁判結果の報告がされた。大家は「家賃を払ってくれれば，しばらく住んでよい」との主張だった。これまでの滞納分に関しては，保証人である娘が話をしていくことになるとHさんに報告されたが，Hさんからは「頭が悪い」「何度も同じ話をするな」等の暴言が続いた。また，自分自身に対しても「島流しにあえばいい」と言うなど，自暴自棄になっている様子があった。

X年11月──受け入れ先が見つからない状況が続く

　Hさんは腰痛が悪化し，デイサービスにも行けなくなった。痛みがひどく，這うこともできないため，新聞紙に排泄をしている状況であった。暴言も変わらず続いていたが，身体が思うように動かない歯がゆさ，痛み，お金がなくなっていくことや住む場所がなくなってしまう不安などからか，施設入所も仕方がないかといった話が，Hさんから初めて出てきた。

　包括から，特別養護老人ホームや有料老人ホームへ入所相談を持ちかけたが受け入れ先がなく，主治医にも入院先を含めて相談したが，金銭面・本人の暴言・診断の不確定さ等から受け入れ先が見つからない状況であった。

X年12月──娘からの関わりの拒否

　包括社会福祉士から娘に，現状の報告と今後の相談のため連絡したが，娘は「父親からは感謝の気持ちも示されなかった。今回の費用面の負担は仕方がないが，今後の関わりは拒否したい。できれば，電話ももらいたくない」との意向を示した。

　その後，1月末での明け渡しを命ずる判決が出て，その結果を伝えた頃から，「施設に入れてくれ」とHさんより明確な意思表示があった。そこで，近隣県も含めた施設への入所相談を行ったが，受付してくれた施設は2か所のみであった。

　包括と行政の福祉課で話し合いをしたところ，行政から，「現状では緊急生活支援や措置入所等の制度の利用が困難。施設入所対応となるが，生活保護になっていない状況で受け入れ施設を探すことも難しい。本人を説得し，生活保護の申請につながるよう支援していくことが第一目標」との話があった。このため，生活保護を申請する方向で，Hさんに関わることとなった。

X＋1年1月──生活保護申請

　住む場所がなくなってしまう不安を繰り返し語るHさんは，生活保護申請に関しても，「それで施設に入れるなら」と了解し，申請し受け付けられた。

　それを受け，有料老人ホームよりHさんの面接の申し入れがあった。面接の際には，Hさんより「みんなに迷惑をかけたくないので，よろしくお願いします」などと暴言もなく，丁寧な挨拶がなされた。

　また，包括社会福祉士は娘に連絡し，Hさんが入院した際や亡くなったときの連絡先にだけでもなってほしいと説得し，了承を得ることができた（図5-15）。

図5-15　介入後のエコマップ

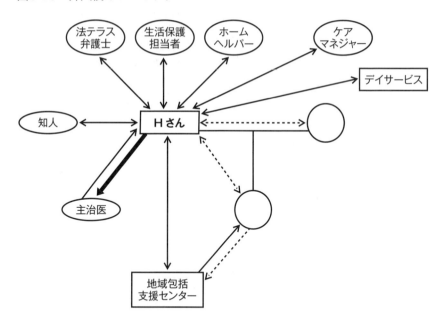

> セルフ・ネグレクト状態になっている人と家族との関係は，長い歴史とともに複雑な場合があります。入院や施設入所を進めるためには家族の了解が必要な場合も多いため，支援者は最小限でもよいので，連絡が取れる関係性を構築することが重要です。また，支援が必要とされる高齢者自身などが，家族には連絡しないでほしいと否定的感情をもっていることもありますが，心身ともに虚弱になると心境の変化が起こることも少なくありません。支援者は高齢者の状況等を家族に時折文書などで報告することにより，家族関係の再構築にもつながる可能性があることも意識しましょう。

X＋1年2月 ── 住宅型有料老人ホームに入所

Hさんは住宅型有料老人ホームに入所することとなった。入所の日に送迎車に乗るときには「落ち着いたら寿司をごちそうしてやるから，遊びに来い」と話し，にこやかに手を振る姿を見送った。

今後の支援課題

セルフ・ネグレクトといわれるケースでは，支援者自身の価値観と対象者の価値観との間に差が生じ，押し付けになっているのではないかと迷うことや，時には片付けたりすることに意味があるのかと思うこともあるかもしれない。対象者が不安になったり，対象者から叱責を受けることで，支援者の判断が揺らぐこともあるが，往診医等から助言を受けることや，ケアマネジャーやサービス提供責任者等の関係者で問題を共有し，方向性を決めていくことが重要である。

事例 9 妻の死去後にアルコール依存症となり，自己管理能力を喪失した高齢者への支援

事例概要

対象者：Iさん，65歳，男性
生活状況：高校卒業後，鉄工所や会社に勤め，その後，自身で建設会社を設立。本市に転入後も会社を経営していたが，妻の死去後，アルコール依存症となり，入院加療後に息子とは音信不通となった。5年前に現住所に転居した直後に舌がんの手術を受け，その後は主に流動食を摂取し，一日のほとんどを自宅内で過ごしている
家族状況：独居。10年前に妻が死去。入院加療後，息子とは音信不通。その他の親族等は近隣にはいない様子
経済状況：過去に生活保護を受給
福祉サービス利用状況：介護認定を受けていない

支援経過

1 関わりのきっかけ

X年9月中旬 ── 本人からの2通のハガキ

　行政福祉部宛に「I家の女3人をどこにやった」「この前から国民保険になりました」等と書かれた差出人不明の2通のハガキが届いた。筆跡や内容から高齢者である可能性が高いため，高齢福祉課の保健師が福祉部内のすべての課に照会したところ，生活保護担当課よりIさんであるとの回答があった。Iさんは65歳で生活保護受給者であったが，健康保険証を持ちたいという理由で，先日，自らの意思で生活保護受給を断り，廃止扱いとなっていたということであった。さらに，身体状況・生活実態の把握を目的とし，管轄の地域包括支援センターに連絡したところ，2年ほど前までは関わっていたが，現在は関わりがないとのことであったため，ハガキの内容を伝え，Iさんへの訪問を依

頼した。

X年9月下旬──把握当初の関係者・関係機関の関わり

　地域包括支援センター職員による訪問が行われ，しばらくは訪問継続により良好な関係を維持できており，介護保険サービスの利用にもつながる見込みがあった。しかし，Iさん自身は現在の生活に困っているという自覚がなく，サービス利用について理解に至らず，事態が改善しなかったため，Iさんの安否確認とサービス利用への説得のため，訪問をさらに継続することとなった。

2 支援の始まり

X年11月下旬──セルフ・ネグレクトの疑いと判断

　その後も地域包括支援センターが根気強く支援を続けていたところ，Iさんの栄養源である流動食が少量となっていることと，預貯金も数百円であることが判明した。しかしIさんは，今後も生活保護を再受給する意思はないと主張しており，このままでは栄養補給ができなくなるおそれがあった。そこで高齢福祉課の保健師が，安否確認と生活実態の把握を目的に訪問することとなった。

　訪問時，玄関扉は施錠されておらず，呼びかけても応答がなかったため，同行していた地域包括支援センター職員とともに保健師が自宅内に入り，確認を行った。料金の未払いにより電気が止められた薄暗い部屋の中で，流動食の使用済みパックが床に散乱する等，不衛生な環境で過ごしていることがわかった。

　室内にいたIさんに生活環境の改善について説明しようとしたが，妄想や幻聴があるのか理解に至らず，現段階で生活改善を求めることは関係を悪化させるおそれがあったため，支援計画を見直すことにした。Iさん自身が自分の意思で不衛生な環境で生活し，今後も現状を改善したいという気持ちがまったくみられなかったことから，保健師は「セルフ・ネグレクトの疑い」があると判断した。一方，地域包括支援センターから「高齢者虐待（疑い）相談シート」が提出され，対応を検討したいとの要請があった（**表5-4**）。

> **コラム　高齢者虐待（疑い）相談シート**
>
> 　高齢者虐待（セルフ・ネグレクトを含む）の疑いがある事例について，窓口職員等が気になった場合に，共通のシートに情報を記入し，高齢介護課に連絡する体制を整えています。

　しかし，セルフ・ネグレクトへの対応方法は整備されていなかったため，福祉部内で協議し，行政が設置している権利擁護支援相談委員会において助言を受けた結果，他の高齢者虐待対応と同様に，高齢者虐待対応マニュアルのフローに沿って対応することになり，情報共有ミーティングを開催し，現状の共有と事実確認項目の抽出，役割分担を行った。

> **Iさんの支援計画①**
>
> ・安否確認と流動食の残数確認のため，1日1回の訪問を実施
> 　→場合によっては，緊急で保護をすることも視野に入れる
> ・Iさんに関する情報収集
> 　①生活保護担当課での支援経過の確認
> 　②過去の通院・入院歴の確認
> 　③主治医に受診状況や判断能力について確認
> ・親族と連絡を取り，現状を伝え，支援協力の依頼

> **ポイント**
>
> 　セルフ・ネグレクトは，独自のマニュアルやフローが作成されていない場合でも，権利擁護の視点や既存の高齢者虐待対応マニュアル等に沿って，関係者で情報共有を図り，計画や役割分担をすることが大切です。

表5-4 Iさんの高齢者虐待（疑い）相談シート

高齢者虐待（疑い）相談シート

発見日	X 年 11 月 日	受付日	X 年 11 月 日	□電話 □来所 ☑その他
受付機関	□行政 ☑支援C（ □A ☑B □C □D ）		担当：	

相談者 （通報者）	氏名		本人との関係	□本人 □家族 □ケアマネ □警察 ☑地域包括支援 □医療機関 □その他
	住所または所属機関名	B地域包括支援センター	電話番号	

本人	氏名	Iさん			☑男 □女	65 歳
	居所	□自宅 □病院（ ） □施設（ ） □その他（ ）				
	介護認定	□非該当 □要支援（ ） □要介護（ ） □申請中 ☑未申請 □不明				

養護者	氏名	同上		☑男 □女	65 歳
	続柄	□配偶者 □息子 □娘 □息子の配偶者 □娘の配偶者 □実兄弟 □実姉妹 □義兄弟 □義姉妹 □孫 ☑その他（ 本人 ）			

不適切な状況の具体的内容		
1 虐待の可能性		□身体的 □介護の放棄・放任 □心理的 □性的 □経済的 ☑その他（セルフ・ネグレクト）
2 情報源	相談者は	☑実際に目撃した □怒鳴り声や鳴き声，物音等を聞いて推測した ☑本人から聞いた ☑（民生委員，近隣 ）から聞いた
3 内容		□家から怒鳴り声や鳴き声が聞こえたり，大きな物音がする〔疑い〕 □暑い日や寒い日，雨の日なのに高齢者が長時間外にいる〔疑い〕 □介護が必要なのに，サービスを利用している様子がない〔疑い〕 ☑高齢者の服が汚れていたり，お風呂に入っている様子がない〔疑い〕　季節に相応しい服装が調達できていない。 □あざや傷がある〔疑い〕 □問いかけに反応がない，無表情，怯えている〔疑い〕 ☑食事をきちんと食べていない〔疑い〕 ☑年金などお金の管理ができていない〔疑い〕 □養護者の態度（本人に会わせてくれない，無関心，支配的， ） ☑その他（具体的内容を記載） 　医療受診ができていない。電気が止められている。 　必要性があるにもかかわらず，生活保護受給を自ら打ち切っている。
4 至った経緯		☑対象者あるいは養護者に認知症（認知症の疑い）の症状がある □介護度が重度である □対象者の家族に精神疾患，障害がある □経済的困窮 □家庭内の確執，不和あるいは依存関係 □その他

添付資料	☑フェイスシート（必須） □チェックシート □要介護認定情報 □支援経過表 □ケアプラン □その他（ ）	記入者	所属：B地域包括支援センター 氏名：
緊急性	有無	□あり（□即時 □24時間以内 □48時間以内） ☑なし	
	判断理由	栄養源は在庫にまだ余裕があり，自身でSOSを発信することができるため，切迫した状況ではないと判断する。	

受理No	－	受理日	X年11月 日	担当支援C	□A ☑B □C □D

第5章 セルフ・ネグレクトの人への支援事例

3 支援の展開

X年12月初旬 —— 支援の輪を広げる

　支援計画をもとに，Ｉさんの安否と流動食の残数を確認するための毎日の訪問，さらなる情報収集，親族への連絡を，それぞれの役割分担に沿って実施した。同時に，Ｉさんの通院するクリニック・薬局，Ｉさん行きつけの喫茶店，タバコ屋にも安否確認の協力依頼を実施した。その際，薬局から，過去にＩさんが受診した際に処方された流動食を保管しており，Ｉさんの食事摂取量に合わせて，少しずつ渡しているとの情報が把握できた。Ｉさんの摂取量を勘案し，まだ２か月分以上は食事の確保ができていることがわかった（**図5-16**）。

図5-16　介入初期のエコマップ

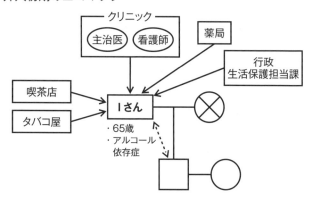

　あらかじめ生活状況を把握し，通院先，行きつけの商店やコンビニエンスストア，よく立ち寄る場所などに，本人を見つけたら，あるいは数日間本人が来なかったら連絡をしてほしいと情報提供の協力を依頼することは有効です。その際には，どのような場合に，どこに連絡すればよいのかを，具体的に明確に示すことが重要です。

また，Ｉさんの息子の所在が確認できたため，高齢福祉課の保健師は，Ｉさんの現状を伝えるために手紙を郵送した。

ポイント

> セルフ・ネグレクトでは，家族と疎遠になっている人も多いのですが，家族の連絡先がわかったら，あきらめずに手紙や電話等で本人の状態を説明し，協力を促すことで，再び対象者が家族とつながる可能性があります。健康や安全のために家族の支援が必要であることや近隣の人も心配していることを伝えると，家族の協力が得られることもあります。

以上の支援結果をもとに，虐待対応フローに基づいて，支援の中心となるメンバーによる会議を開催した。Ｉさんには何らかの疾患もしくは障害があることが推察され，そのため判断能力の低下があり生活が成り立っていないことが課題であると共有できた。

そして今後，心身状況の悪化を招く可能性があるため，Ｉさんがセルフ・ネグレクト状態にあると判断し，支援方針を次のように決定した。

Ｉさんの支援計画②

・専門医を受診し，適切な医療を受けるよう支援
・親族に連絡を取り，成年後見制度の利用と申立ての勧奨を行う
　→親族申立てが困難な場合，市区町村長申立てを検討する

X年12月中旬 —— 突然，行方不明になる

地域包括支援センターの職員が頻繁に訪問していたが，２日間Ｉさんの姿を確認することができなくなり，生活保護担当課職員からも帰宅した形跡がないと連絡があった。そこで，高齢福祉課の保健師が，Ｉさんの行きつけの喫茶店やタバコ屋から情報収集をしたところ，喫茶店からタクシーを呼んだことがわ

かった。所轄の警察署に相談し，高齢福祉課から捜索願を出した結果，警察の捜索によりIさんが近隣市のホテルに宿泊していることがわかったため，ホテルに行きIさんと面談した。Iさんは，「近くの大学病院でインプラント治療を受けるために外出した」と言うが，「もう生活保護じゃない」「誰に頼まれてきた」「地域包括支援センターの職員とはテレパシーでつながっているから，場所も知っているはずだ」などと，妄想・易怒性がみられ，興奮状態に陥ったため，面談を終了せざるを得なかった。

　また，会話のなかで，アルコール依存症により精神科病院への入院歴があることがわかり，今回のホテル宿泊の際に年金を一度に引き出して酒類やタバコを購入していたため，アルコール依存症が悪化する可能性も否定できないと予測された。高齢福祉課の保健師は一刻も早い専門医の受診が必要であると判断し，保健所にも協力を求め，連携して支援することとなった。

X＋1年1月上旬──警察に保護され帰宅

　Iさんはホテル暮らしを続けることとなり，高齢福祉課の保健師や地域包括支援センターの職員が，その後もホテルまで出向き，何度か面談したが，状況に変化はなかった。しかし，24時間営業のファストフード店に長時間居座り続けていたIさんを店員が不審に思い，警察署に通報したため，Iさんは保護され自宅に戻り在宅生活が再開された。Iさんが地域包括支援センター職員の名刺を財布に入れていたことで，警察署から地域包括支援センター職員を通して，高齢福祉課の保健師に連絡が入った。

　安否確認のため，保健師らがIさん宅を訪問したところ，Iさんは不在で，自宅は家主により施錠され，行きつけの喫茶店やタバコ屋にも姿を現していなかった。Iさんを心配した家主が高齢福祉課に来所したため，Iさんの変化に気づいた場合には，高齢福祉課や地域包括支援センターに情報提供してほしいと再度依頼した。

　後日，保健師が生活保護担当課職員とともにIさん宅を訪問したところ，レトルト米を加熱せず，流動食をかけて摂取していた。Iさんを心配して訪問したことを伝えると，急に興奮状態になり，「帰れ」と繰り返した。その後は，会話にならず退去しようとしたところ，Iさんが名刺を要求したので，名刺を渡しながら，困ったことがあればいつでも連絡がほしいと伝えた。訪問時のI

さんは皮膚の汚れも目立ち，保清がまったくできていないなど，これまでになく生活環境と身体状況の悪化が顕著であることが確認された。また，流動食の摂取もスプーンを使用しているものの，口元から大量にこぼれているため，栄養摂取が確実にできていないことが推察された。Ｉさんの判断能力も低下しており，ゴミ出しや片付けもまったくできておらず，室内はゴミとほこりで靴を脱いで上がれる状況ではなかった。

　Ｉさんの状態が徐々に悪化していくなかで，支援方針を再検討する必要があると判断し，Ｉさんのケースカンファレンスを実施し，支援計画を見直した。

Ｉさんの支援計画③

- 受診勧奨を継続し，適切な医療受診へとつなぐ
  - →Ｉさんのアルコール依存症の治療も視野に入れる
- 安否確認と流動食の残数確認のために訪問を継続
  - →Ｉさんが立ち寄る場所からの情報収集を行い，安否を確認
- 年金の引き出しや流動食の調達等に関するＩさんの能力評価を実施

Ｘ＋1年2月初旬――往診と成年後見開始の審判の申立て

　明らかな状態悪化が見られ，早急な病院受診の必要性が高まったため，Ｉさんが以前に受診していたクリニックの医師に往診の協力を得た。Ｉさんは，高齢福祉課の保健師の呼びかけには「帰れ」と言ったが，主治医が呼びかけると玄関先に現れ，敬語で対応した。

　Ｉさんは主治医に，自身の体調に変化はなく，診察も血圧測定も不要であるとはっきりと説明したが，Ｉさんの訴えと現実に乖離が見られることや，これまでのエピソードより，主治医は成年後見開始の審判申立てにかかる主治医意見書が作成できると判断した。その日は，Ｉさんと主治医との関係性を崩さないようにとの配慮から，往診を終了した。

　相手によって対応を変えることができる判断能力がＩさんに残されていることが確認できたが，最低限度の生活を維持できていないことが明確であり，金銭管理もまったくできていない状態であることから，成年後見開始の審判の申立てを行うことが妥当であると思われた。今後の方針について協議し，主治医

は「成年後見相当」であると判断し，親族による申立てが困難であることから，市区町村長による申立てを行った。また，Iさんの支援の困難性から，成年後見人候補者として市の権利擁護支援センター事業を受託している法人に依頼し，ほどなく裁判所より当該法人を成年後見人とする審判決定がなされた。

X＋1年2月中旬――生活保護を拒否し続ける

　Iさんの生活再建に向けて，生活保護の再受給を目的としたIさんの意思確認を行うため，成年後見人とともに，保健師，生活保護担当課職員で訪問した。しかしIさんは今までと変わらず，生活に関して困っていることは何もないと言い，経済面でも「自分は株や預金をたくさん持っているから何も心配ない」と主張した。

　またIさんは，会話を進めるなかで，舌がん術後のコミュニケーションの取りづらさから苛立ちを感じたのか，怒りを露わにし，筆談のために持参したバインダーを取り上げて支援者の頭を叩くという行動を起こした。さらに「帰れ」と言い始め，生活保護の再受給の意思確認はできなかった。

　訪問後，セルフ・ネグレクトの状態を根本的に解決するには病院受診が欠かせないものであるため，生活保護の医療扶助を受ける必要性は明確であるが，生活保護担当課でIさんの処遇について協議することとなった。

X＋1年3月初旬――状態の悪化から入院へ

　成年後見人と行政職員で繰り返し訪問し，Iさんへ生活保護受給の必要性について説得することが必要と判断した。訪問を継続するなかで，「市からお金が入る」ということについて，何とかIさんの了承を得ることができた。

　しかし，このときのIさんは，自身で年金を引き出せないほど精神的な不安定さが増しており，成年後見人がIさんの自宅を頻繁に訪問していくなかでも，何度も暴力を振るわれそうになることがあったため，アルコール依存症の治療を目的とした介入が必要と支援者間で合意し，精神保健福祉相談の精神科医師の同行訪問の協力を依頼した。

　事前に打ち合わせを行い，成年後見人，精神科医師，高齢福祉課保健師，地域包括支援センター職員等でIさん宅を訪問した。Iさんは最初は攻撃的な態度を見せたが，会話を進めるうちに落ち着き，精神科医師の説得もあって，あ

らかじめ入院調整していた精神科病院に入院した。

現在 —— 状態の改善に向けて～生活環境の改善～

　Ｉさんは現在，アルコール依存症の治療のために精神科病院で入院生活を継続している。身体状況が回復し，生活環境が改善されたことで笑顔が見られるようになり，少しずつ精神状況も落ち着いてきている。以前は，他者とのコミュニケーションにおいて，自身の気持ちが相手に伝わらない苛立ちを感じた時点で伝えることをあきらめていたが，現在は根気強く自身の気持ちを伝えようと努力している姿が見受けられる。

　また，成年後見人も頻繁に面会を行っており，Ｉさんと信頼関係が生まれてきているような印象を受けている。面会時に帰られるのが寂しいのか，「もう少しいたら？」などと成年後見人に声をかける姿も見られる。Ｉさんは成年後見人に対してこれまで話さなかった過去についても話し，Ｉさんの人柄や生きてきた歴史が把握できた。地域での生活が可能になるにはまだ時間を要すると考えられるが，支援の当初から目指していた「当たり前の暮らし」に近づいている（**図5-17**）。

　今後も，Ｉさんにとって望ましい暮らしに近づいていけるよう，根気強く支援を続けていく予定である。

図5-17 介入後のエコマップ

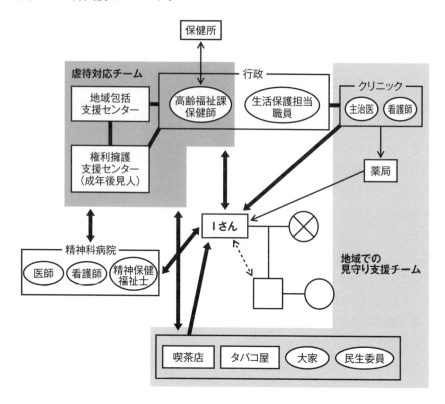

今後の支援課題

Iさんはもともとアルコール依存症であり、舌がんの手術のためコミュニケーションがうまく取れず、妄想や易怒性が見られて支援者は対応に苦慮したと思われる。しかし、どの場面でも、信頼関係を構築しそれを維持できるよう対応していた支援者の姿勢があったからこそ、Iさんが入院後に、他者に自身の気持ちを伝えようと努力する姿勢につながったのではないだろうか。

また、「虐待対応マニュアル」の支援フローに準拠して行ったことでスムーズな支援が展開されていたことと、Iさんの状況が変わるたびに支援方針や計画を見直し、関係機関で連携しながら支援をしたことが、Iさんをアルコール依存症の治療に結びつけることにつながったと評価できる。

セルフ・ネグレクトの事例に特化したマニュアルやフローがなくても，高齢者虐待対応マニュアルやフローを活用し，セルフ・ネグレクトも同様に対応していくことが有効である。ただし，セルフ・ネグレクトの場合は高齢者虐待防止法に定義されていないので，立入調査権が行使できないことや，本人の自己決定を尊重しながら生命と健康を守らなければならないため，本事例のように，状況の変化に応じて，関わる専門職でケア会議を開催して方針や計画をその都度見直していくことが重要である。

事例 10 本人のこだわりから治療拒否となった 40代女性への支援

事例概要

対 象 者：Jさん，43歳，女性
現 病 歴：30歳頃から腹部が大きくなりだし，姉の強い勧めで総合病院を受診。卵巣腫瘍の診断を受けるが，治療は拒否。以降ずっと定期受診もなく，放置している。受診時で，腫瘍は大人の頭大であった
生活状況：大学を卒業後，定職に就かず自宅で父親と二人暮らしをしている。これまで短期間のアルバイト経験はあるが，ここ20年はまったく仕事はしていない。何をするにも独特の決まりを設けるなど，こだわりのある生活スタイルがあり，同居の父親にもその生活を強要している。最近は，昼夜逆転の生活をしている。腹部の腫瘍は大きくなってきており，半年ほど前から1人では外出することはできない状況。買い物等，外に出る用事は父親が行っている
家族状況：3人きょうだいの次女で，姉・弟はそれぞれ家庭をもち別世帯を構えている。姉は市内，弟は県外在住。きょうだい以外に頼れる親戚はいない
経済状況：無収入で父親の年金に頼る生活をしているが，金銭に無頓着で，高額であっても自分がほしいと思った物は購入してしまうところがある
福祉サービス利用状況：「わずらわしい」と支援者の訪問を拒否する

支援経過

1 関わりのきっかけ

X－1年12月――民生委員からの相談

父親の見守り支援をしている民生委員から，娘のJさんの体調が悪そうで心

配であるとの相談が地域包括支援センター（以下，包括）にあった。「臨月くらいにお腹が大きい。自転車を押して外出するところをたまに見かける」とのことであった。

相談を受けた包括は，父親支援の立場からJさん宅を訪問したが，Jさんのこだわりのため自宅には入れてもらえず，「強制じゃなければやめてください」と拒否された。Jさんの下半身はひどくむくんでおり，屋内をふらつきながら歩いている様子であった。

包括では緊急性はないと判断したが，いつでも変化に対応できるように地域での見守りを継続することとし，父親の支援を通してJさんの生活状況を把握していくこととした。

まずは父親への支援として，配食サービスを隔日で利用してもらうこととした。Jさんは訪問は拒否するものの，「何かあればそちら（包括）に連絡すればいいのでしょ」との認識をもち，包括はゆるやかにJさんとの関係性をつくっていった。

Jさんと父親に関する情報を得るなかで把握できた支援機関等の関係性を図5-18にまとめる。

図5-18　介入前のエコマップ

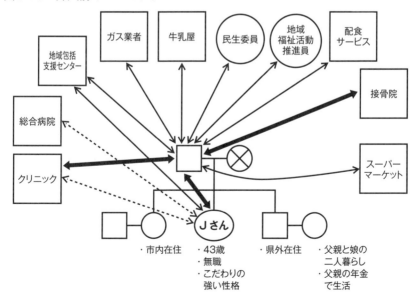

> **ポイント**
>
> 家族全体の状況を把握することは難しいですが，緊急事例でなくても，気になる家族メンバーがいることがわかったら，そのメンバーのアセスメントを含め，今までとは異なった介入方法が必要になります。日頃より，地域内のネットワーク（顔がわかりつながりのある関係）が重要です。

2 支援の始まり

X年1月24日──父親の入院に伴い主支援者がいなくなる

「父親が玄関で動けなくなっている」と配食サービス担当者から包括に連絡があった。包括の保健師・主任ケアマネジャーが訪問し，玄関先でぐったりとして動けない状態でいる父親を発見した。Jさんは大きな腹を抱え，小鹿のように足をわなわなさせてやっと立っている状態であり，父親を助け起こすことはできずに立ち尽くしていた。父親は生命の危機にあると判断し緊急搬送を提案したが，Jさんは「週明けに受診に行く予定だから」と搬送を拒否した。拒否するJさんを，保健師と連絡を受けて駆けつけた姉で時間をかけて説得し，父親をようやく搬送・入院させることができた。

これまで，父親への支援を通して間接的にJさんへの支援を行っていたが，父親の入院に伴い，Jさんへの直接的な支援の開始が必要となった。緊急にJさん・姉・包括で当面の支援について相談し，まずは1週間単位の支援計画を立てた（**表5-5**）。また後日，関係機関が集まり，今後の支援体制について相談していくこととした。

表5-5 Jさんの支援計画書

支援課題	方針	支援内容	分担	頻度	期限
① 当面の1人での生活を支える	食べることの確保	隔日での配食サービスをJさんにも導入	配食サービス業者	隔日	1週間（次回ケア会議まで）
		買い物支援（本人の要望に沿って）	姉・弟	1回/週程度	1週間（次回ケア会議まで）
			訪問介護事業所（要望あれば）	適宜	1週間（次回ケア会議まで）
	日々の安否確認	見守り訪問	民生委員, 地域福祉活動推進員, 包括	適宜	1週間（次回ケア会議まで）
② 医療につなげる	往診につなげる	地区内の内科医に往診依頼	弟, 包括保健師, 内科医院		2〜3日中
③ 緊急時の連絡体制確認	緊急連絡先の確認	連絡先リスト作成	包括主任ケアマネジャー		1〜2日中
		起こり得る緊急事態を想定し, 支援者間で共有	包括保健師		1〜2日中

> **ポイント**
>
> 当面の支援に対して，**表5-5**のような支援計画を本人・家族と関係者の合意のもとで立てることは最も重要です。そして，それぞれの支援課題に対して，支援内容や役割（担当者），頻度，期限等を決めることで，家族，他の関係者，地域住民の役割も明確になり，全体の支援が見えてきます。

3 支援の展開

X年1月27日――Jさんからの買い物依頼

　Jさんから買い物をしてきてほしいとの依頼があり，包括の保健師・社会福祉士が訪問したところ，あっさり室内に通してくれた。このときのJさんの状態は，次のようにまとめられた。

訪問時のJさんの状態

身体：立ち上がったときに家事や排泄等の用事を済ませているが，立ち上がれるのは1日2～3回程度で，徐々に立ち上がる頻度は少なくなっているという。両下腿前面に熱傷が原因と思われる浸出液を伴うびらんがあり，市販薬を使って自分で処置をしている。浸出液の量が多いため，足の下には新聞紙を敷いて対応している。食欲はあり，姉や地域福祉活動推進員が買ってきた食べ物や配食弁当を食べている。

環境：浸出液で汚れた新聞紙が部屋中に散乱している状態。石油・ガス・電気ストーブを3台使用し，室温は25℃以上に保たれている。台所には使用した食器や鍋が積み重なっている。洗濯物は干してあるが，汚れた状態の衣類のように見受けられる。

要望：買い物（塗り薬，ガーゼ，マスク，食べ物），散乱している新聞紙の片付け，灯油タンクの移動，配達された新聞や牛乳の取り込みなど，自分の要望を明確に表現する。

　そこでJさんの要望に沿って，同日に自費でのホームヘルパーを導入。定期的なホームヘルパーの利用を勧めたが，「必要なときに頼む」とJさんは拒否した。

X年1月28日――第1回地域ケア会議の開催

　Jさんの生活状況を踏まえて，支援の方向性を支援者間で共有することを目的に，地域ケア会議を開催した。参加者は，Jさんの姉と弟，行政の地区担当

保健師,病院医療ソーシャルワーカー,民生委員,地域福祉活動推進員,ホームヘルパー,包括全職員であった。

会議では現状の共有のため,それぞれの支援者の把握している情報をホワイトボードなども活用して,統合・共有を図った。Jさんと父親のこれまでの生活過程,Jさんの現状に対する理解の状況が確認され,Jさんの課題と今後の支援方針について話し合われた。

会議で検討した結果,①医療につなげる必要性(医療支援),②当面の生活支援の必要性(生活支援),③経済的支援,④父親の退院後の2人の生活支援,の4点がJさんの課題として抽出された。

以上の課題の中から,緊急度を考慮し,①医療支援,②生活支援に関して重点的に話し合い,具体的な支援策を次のようにまとめた。会議で確認された,この時点でのJさんを取り巻く支援者の状況を**図5-19**にまとめる。

図5-19 介入後のエコマップ

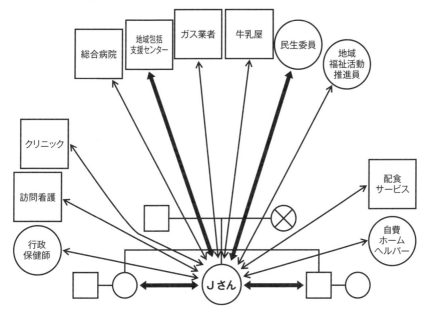

> **Jさんの支援計画**
>
> **医療支援**：往診を設定。入院・手術は断固拒否であったが，訪問であれば承諾を得られたため。
>
> **生活支援**：適宜要望があった際に支援する。定期的な支援はJさん自身の生活ペースが崩れるとの理由で拒否された。必要時にJさんは連絡や要望を出すことができることから，当面はJさんの要望を入り口に，支援につなげていく体制を取るようにする。

X年1月31日──往診をきっかけに医療につながる

　近所のクリニックからの往診が開始された。下肢に熱傷があり，腹部の腫瘍も大きくなっているため入院治療を勧められたが，Jさんは強く拒否した。「腹で死んでもいい。あきらめて。でも，足を切り落とすのはいや」と足の治療のみを受け入れた。そこで，医師からの特別訪問看護指示書を受けて訪問看護サービスを導入した。下肢の熱傷の処置は毎日必要であるため，1日1回訪問して両下腿の処置を行った。ただし，Jさんはそれ以外のバイタル測定を含めたすべての医療行為を拒否した。

X年2月10日──第2回地域ケア会議の開催

　Jさんがこれまで父親に頼んでいた生活上の細かな支援を，訪問看護師・民生委員・配食サービス業者などの支援者に頻繁に要望するようになり，支援者側の困惑が顕著になってきた。そこで，新たな支援体制の構築が必要となり，地域ケア会議を改めて開催することとなった。毎日訪問する訪問看護師には，毎回細かな要望が集中し，処置よりも生活支援に時間を割くことが多くなった。支援者が訪れないときは，自ら民生委員や地域福祉活動推進員に電話して細かな要望を伝えるようになった。一度訪問すると，次々と要望が途切れず，支援に何時間も要するようになっていた。

　会議には，Jさんの姉と弟，主治医，訪問看護師，民生委員，地域福祉活動推進員，自費ホームヘルパー，包括全職員が参加し，まずは現在のJさんの状態について共有を図った。

訪問看護導入後のJさんの状態

身体：下肢のびらんは軽快傾向。浸出液もほとんどなくなっている。腹部がさらに大きくなった印象（測定を一切拒否しているため、正確な比較はできない）。そのためか、1人で立ち上がることができない。2人体制で介助をしてやっと立ち上がれる状態。歩行は困難となり、尻をついたまま身体を引きずるように移動している。

環境：排泄が間に合わないことがあるようで、汚れた新聞紙や排泄物を入れたと思われる洗面器が台所にある。床にこぼした飲み物や排泄物による汚染が見られる。衣服には排泄物が付着しており、ここ3日間は同じ衣服を着ているようである。

要望：買い物（こだわりの食べ物。例：○○百貨店の果物、有名店の菓子）、散乱している新聞紙の片付け、灯油タンクの移動、配達された新聞や牛乳の取り込み、夕方に立つための介助・夜に座るための介助をしてほしいなど。

そして、Jさんの現在の状態に基づいて、会議では今後の支援方針として次の点を確認し、支援を進めていくこととした。

見直されたJさんの支援計画

以下の2点を重点的に支援する
- 医療支援：
  ①緊急性の判断
  ②卵巣腫瘍の治療につなげるための説明を主治医・訪問看護師から行う
- 生活支援：本人の要望に沿いながら、環境調整のために定期的なホームヘルパーの利用を勧める

X年2月16日――ホームヘルパーより包括にSOS

ホームヘルパーが訪問すると、Jさんはまったく動けない状態となっていた。積み上げた布団に寄りかかったまま、体位も変えられないほどで、便・尿失禁

をしているがその始末もできない状態になっているのとのことで，ホームヘルパーから包括に緊急の相談があった。

　包括保健師が緊急訪問してＪさんの状態を確認したが，まったく身動きできない状態での一人暮らしの継続は生命の危険があると判断し，主治医・姉とともに3時間かけてＪさんに病院へ行くことを説得した。ようやくＪさんを病院に救急搬送したが，搬送先の病院では検査をすることは受け入れたものの，医師の2時間にわたる入院の説得に対しては断固拒否し，その日のうちに自宅へ戻ってしまった。包括保健師は主治医，訪問看護師にこの状況を伝え，引き続き治療の必要性を説明することと生命の危機の判断を依頼した。

X年2月17日 ── 入院への同意

　訪問看護師と包括保健師が状態確認のために同行訪問。そこでＪさんと改めて治療について話し合いをした。話を聞いていくと，Ｊさんには「入院＝腹を切る。自分の好きな食べ物が食べられなくなる」というイメージがあり，そのために医師から勧められた入院を断固拒否していたことがわかった。そのため，治療には選択肢があること，必ずしも食事や嗜好品の制限はないことを情報提供した。すると，「それなら入院してもいい」とようやく入院に同意してくれた。そこで，すぐに受診・入院の段取りを整えた。

ポイント

　拒否の理由は話してくれない場合が多く，自ら話す場合であっても真意でないこともあります。そのため支援者は苦慮しますが，通常の会話のなかからヒントが見つかる場合もあります。理由が明確になれば，対応方法も大きく展開できます。拒否は支援者側の提案に対する回答や反応なので，その真意やその裏側にある真実は何かと常に考えていく姿勢が重要です。本事例では，Ｊさんに「入院＝手術＝好物が食べられなくなる」との認識があると支援者が想定できず，その真意の把握に時間がかかりましたが，あるタイミングで真意を話すこともあるので，あきらめずに拒否の理由を尋ねることが大切です。

X年2月18日 ── 入院

　Jさんは，包括の社会福祉士と保健師の支援により無事に入院することができた。包括保健師はこれまでの病状の経過と生活状況を病院看護師に引き継ぎ，社会福祉士は病院の医療ソーシャルワーカー（MSW）と今後の入院費等の具体的な相談を行った。Jさんは卵巣腫瘍に対する積極的治療は拒否しているが，対症療法は受け入れた。

今後の支援課題

　Jさんのように，ものの考え方や日常生活に対して強いこだわりをもっていて，そのこだわりが一般的な常識とはズレが大きいと，その人自身が自分のことを誰にもわかってもらえないという生きづらさを感じている状態であると考えられる。支援する家族がいるときは何とか生活が成り立っていても，一人暮らしになったことでJさんの生きづらさが生活全般に現れ，支援者側はセルフ・ネグレクトという状態として認識できるようになった。

　支援者側にも長いスパンで関わる覚悟と根気が必要となる。本事例では，本人から見える世界への理解，緊急性の判断を行い，そのようななかで，支援者チーム全体でありのままのJさん像を共有する体制をつくり，意図的・積極的な見守り支援を行うことで，支援介入のタイミングを見極め，タイムリーに本人のペースでの支援につなげることができた。

　今後も，①積極的な治療の拒否（緊急性の判断とJさんが納得できる方法での治療の継続），②経済的問題（父親が施設入所等をした場合，無収入のJさんへの経済的支援が必要），③在宅での一人暮らし（先に入院した父親の回復が思わしくない場合）がJさんの課題であり，引き続いて支援を進めていく必要がある。

事例 11 認知症の疑いがある，借金を重ねる独居高齢者への支援

事例概要

- **対象者**：Kさん，68歳，男性
- **生活状況**：バス・トイレ共同で台所なしの四畳半一間のアパートで生活している。アパートのリーダー格であるWさんとは毎日交流がある。パチンコとタバコが常習化しており，火事などを心配した同じアパートの住人が福祉事務所に，このまま放置してよいのかと苦情の電話を頻繁にかけている状況
- **病　状**：50代後半に脳梗塞を発症したが，身体的な後遺症はなくADLは自立している。退院後は通院していない
- **家族状況**：20代半ばで結婚，娘1人と息子3人をもうけたが，50代半ばに会社の倒産を機に離婚。その後家族との交流はなく，一人暮らしを続けている
- **経済状況**：親の会社を継ぎ経営していたが，友人の誘いに乗って大きな事業に手を出し倒産。自宅も失った。その後，定職に就けずその日暮らしの生活だったが，63歳のときに生活保護を受給し現在に至る

支援経過

1 関わりのきっかけ

X年1月中旬 —— 生活保護担当者からの相談

行政の生活保護担当者から地域包括支援センター（以下，包括）に，「金銭管理について注意をしても改善されず話が通じない。身体も弱っているようだし認知症の始まりではないか」と，Kさんに関する相談があった。

また，同じアパートに住むWさんからも包括に，「今まで友人として世話してきたが，もう限界だ。暖房器具もなく，ぼろぼろの布団にくるまっている。

タバコも吸うので火事が心配で，1日に20回近く部屋をのぞいて注意している。毎日タバコをくれ，金を貸してくれと言われ，月に1〜2万円は貸している。生活保護が出た日に返してくれるが，『え？　借りたっけ？』ととぼけることもある。認知症かもしれない。ちょっと見に来てくれ」とのKさんに関する電話相談があった。

2 支援の始まり

X年1月中旬 ―― 包括保健師・社会福祉士による訪問

　相談を受けた包括から保健師と社会福祉士が，生活状況の把握のため，Kさん宅を訪問することとなった。Wさんの案内でKさんの部屋を訪ねた。

　Kさん宅の戸を開けると，強い尿臭とタバコの匂いが混ざった異臭がし，四畳半の狭い部屋に綿のはみ出た汚れた布団と雑誌，100円ライターとタバコの吸殻が散乱しているのが目に入った。Wさんが「心配して役所から来てくれたぞ」と声をかけると，Kさんはゆっくりと上体を起こし，自嘲気味に「どうも」と頭を下げた。「ちょっとおじゃましていいですか？」と言いながら部屋に入り，戸を閉めてから改めて自己紹介をすると，「わたしみたいな人間のことは，気にかけなくていい。世の中の厄介者だ」と話した。WさんがKさんのことが心配で1日何回も部屋をのぞいてチェックをしていることや，Wさんの車で銭湯に行っていること，お金も貸していることなどを話し続けたが，Kさんは人ごとのように無関心な表情で反応しなかった。

　翌日，包括保健師と社会福祉士の2人で抜き打ちの訪問をした。Kさんは横になっていたが顔だけ上げ，「汚いところだけど」と部屋に上げてくれた。昨日はなかったコンビニエンスストアの袋と空のワンカップ酒があったので「朝食は取りましたか？」「いつもご飯はどうしていますか？」「Wさんはよく顔を出されるのですか？」など日常のことを聞いたが，「おにぎり」とコンビニエンスストアの袋を指差しただけで話は続かなかった。歴史ものの本が布団の端に見えたので，「歴史が好きなんですね？」と話を振ってみると，「前はよく読んだ」との反応だけだった。「昔はもてたでしょうね。Kさん，男前ですもんねぇ」と振るとニヤリと表情が動いた。それから，ひとしきり羽振りのよかった若いときの話をしてくれた。「Kさんと話せて楽しかった。また話を聞かせ

てください」と,その日は部屋を辞した。

X年1月下旬──Kさんの情報を共有し,支援の方向性についての話し合い

生活保護担当と包括の保健師・社会福祉士の3人でKさんに関する情報を共有し,Kさんの現在の支援課題を次の4点に整理した。今後のKさんに対する支援は,行政の生活保護係と連携しながら,金銭管理を含めて包括が中心となって進めることとなった(**図5-20**)。

> **Kさんの支援課題**
>
> ①生きる意欲が低下している
> ②生活支援が必要(特に食事と暖房の確保)
> ③金銭管理の実態把握と必要な支援の提供
> ④認知症の状況把握と必要な支援の提供

図5-20 介入初期のエコマップ

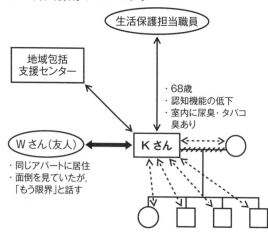

3 支援の展開

X年2月上旬──保護費支給日に合わせた借金の返済が発覚

包括の保健師と社会福祉士が,役所に生活保護費を受け取りに来たKさん

に声をかけたが覚えていなかった。Kさんの顔色は悪く，立っているのがやっとといった状態で反応は鈍かった。座って話を聞こうと相談室に誘おうとすると，男性2人が「Kさんにお金を貸しているので返してもらいに来た」と近寄ってきた。状況を確認する必要があったので，男性2人にも一緒に相談室に入ってもらった。

　話を聞くと，Kさんとは古い友人で，1年くらい前からお金を貸してくれと頼まれるようになり，貸したお金の返済は生活保護費の受け取りに同行してその場で返してもらう方法を取り，額は月によって違うが1人2万円ほどとのことであった。借用書はないという。Kさんは無関心そうにしていたが，「本当に借りているのですか？　返したら生活ができなくなりますが，どうしますか？」と確認すると，Kさんは「貸したというものは返さないといけないだろう」と話した。包括保健師は，「今日はKさんが返すとおっしゃるので返しますが，今後，私たちがお金の管理の手伝いをしますので，Kさんにお金を貸さないでください。もし貸しても，返すことはできません」と伝えた。

　2人が帰った後，今度はWさんがやってきて，貸した1万円と携帯電話代6000円を返してほしいという。Wさんは自分の携帯電話の親子電話契約をし，携帯電話をKさんに持たせて，代金を請求していたとのことであった。Wさんには1万円を返し，携帯電話代はKさんが使った金額がわかるものを示してほしいとお願いした。

　Kさんの意向で返済をしたものの，次の支給日までの残金は1万円しかなく，1日300円で生活しなければならなくなった。そこでKさんに，運動を兼ねて役所まで毎日300円を取りに来ないかと提案した。「いやぁ。そんなこと」と初めは渋っていたが，「毎日私たちの顔を見に来てください」と話すと，「あー，わかった。わかった」と承知してくれた。また，毎日の食事を最低限保証するため，配食サービスによる宅配弁当を1日1食なら取ってもよいというので，1か月一括払いで取ることも決まった。

　翌日の包括内会議では，1年前からほとんどお金がない状態で暮らしていた実態と，その背景に借りたかどうかもわからない借金の返済請求に従っていたKさんには判断能力の低下が見られること，また，生きる意欲の低下も見られることが確認された。

X年2月上旬 ── 1日300円の絆が始まる

　Kさんは翌日から役所に毎日歩いてくるようになった。初めは，Wさんが促してくれたり，受け取ったことを忘れて2度も3度も来る日もあった。包括の職員全員が，Kさんの来所時に対応できるよう情報共有していたので，Kさんは徐々にお金を手渡されるときの会話が楽しみになっていったようであった。一方，配食サービス事業者からは，不在で直接手渡せない，前の弁当が箱の中にそのまま置いてあるなどの知らせが頻繁に入り，外出が多く食事がしっかり取れていない実態が見えてきた。

> **ポイント**
>
> 　介入の方法は対象者に合わせてさまざまですが，訪問するだけではなく，本人から支援者側に出向いてもらう方法を取ることも，有効な介入手段の一つといえます。この事例では，出向いてもらうよう提案したことで，新たな展開が始まりました。健康面の確認や金銭管理の目的だけでなく，このような方法を取ることで，本人にとっては役所が定期的に出かける場所となり，さらに多くの人と接し，社会性が取り戻せるきっかけになったといえるでしょう。

X年3月上旬 ── 介護保険申請のための受診勧奨

　Kさんの生活状況を改善するために，訪問介護サービスの利用を考え，介護保険の申請を勧めることにした。Kさんが「そんなものはいらない」と拒否したため，生活保護担当からの検診命令という形で，介護保険申請のための受診をしてもらうようにした。

　包括保健師が付き添って受診したところ，高血圧，糖尿病，認知症に対する服薬治療の必要性があることがわかった。医師からも介護保険申請について説得してもらい，Kさんは介護保険申請に同意した。

X年3月中旬 ── ケースカンファレンスの開催

　介護保険申請を受けて，Kさんに訪問介護サービスを導入することとなった。

また，今後のKさんへの支援を検討するため，ケースカンファレンスを開催した。参加メンバーは，包括の保健師・社会福祉士，ケアマネジャー，訪問介護事業所管理者，大家で，Kさんに関する情報の共有，支援課題の確認を行った。特に，Kさん自身が「生きる意欲をもてるようにすること」が大切であると確認した。

> **ポイント**
>
> ケースカンファレンス等を行う際には，対象者の人柄や生活の状況について確認していくとともに，人間関係をエコマップにまとめるなどして，支援状況を整理して「見える化」することが大切です。支援を提供する場合は，一つの場面のみの判断では，支援の偏りや抜け落ちている部分がわかりません。全体を「見える化」して，支援者がカンファレンスで情報を共有できるとよいでしょう。

X年4月上旬 ── 成年後見人の申立て

この頃までに，300円の受け取りを，毎日から3日に1回，週1回へと変更していったが，Kさんは次第に受け取る曜日がわからなくなり，結局ほぼ毎日役所に来ることになった。また，1週間分を受け取るとすぐに使ってしまったり，あちらこちらから借金の返済を求められたりしており，本格的に金銭管理を行う必要性が見えてきた。そこで，身寄りはいるが関係を断ち切られているKさんには，市区町村長申立てで成年後見人をつけることになった。

X年5月中旬 ── 保佐人がつく

審判等を経て，Kさんに保佐人がつくこととなった。保佐人は，Kさんと年齢が近い人で，包括の社会福祉士が是非にとお願いした人であった。保佐人は，毎週のKさんへの訪問時に，金銭のやり取りだけでなく，Kさんの身の上話を聞くようにした。するとKさんは，保佐人を認識し待つようになった。Wさんも保佐人を気に入り，Kさんの情報を保佐人に伝えるなど，協力関係ができた。これによりKさんは，お金がないといって役所に来ることはなくなった。

以後，保佐人は，Wさん，包括，ケアマネジャーなどとの連携を図りながら，きめ細やかな支援を行った。布団を新調し，1日2食の宅配弁当を確実に取るよう，Kさんが不在で弁当を手渡しできなかったときには保佐人に連絡が入るように手配した。

介護保険サービスとしては，ホームヘルパーが週1回，掃除洗濯を本人と一緒に行うとともに，朝に30分間訪問して朝食を届け，薬を飲み忘れないよう促すこととした。月1回の通院もホームヘルパーが徒歩で同行した。Kさんは服薬しなくてよいという気持ちが強かったが，病気になると迷惑をかけるからといって薬を飲んでいた。また，デイサービスのお試しを体験するなど，活動的な様子も少し見せるようになった。長年受けたことのなかった健康診査を受けたところ，異常なしであった。

X年9月下旬――認知機能の低下が見られる

さまざまな支援もあり，暑い夏を乗り越えることができたが，この頃になるとKさんは，自転車の鍵をたびたび紛失するなどして，その都度保佐人が対処することが増えていった。Wさんからは，Kさんが夜遅くまで帰らないことがよくあり，どうもアパートから10kmも離れた以前に暮らしていた元の自宅に行っているらしいとの連絡が保佐人に入った。Kさんに話を聞くと，そこに母親がいて会いに行っていると言うが，元の自宅は破産したときに人手に渡り空き家になっている状態であり，認知症の症状が進んだと推察された。

X年11月上旬――行方不明になる

ある朝，Wさんから保佐人に，Kさんが昨夜から帰っていないとの電話があった。そこで保佐人が，行方不明の届けのために交番を訪れると，寝間着姿のKさんが，長男とKさんの妹と一緒にいるところに出くわした。昔の自宅近くにうずくまっているところを通りがかりの人が声をかけ，要領を得ないので交番に連れて来られて，Kさんはかろうじて妹の住所を覚えていたので，交番から妹に連絡が入ったとのことであった。

その後も何度か帰ってこない日があり，保佐人がKさんから話を聞くと，元の自宅には母親が住んでいるとの妄想があり，母親を思っての行動であることがわかった。Kさんの思いは尊重したいが，Kさんの身の危険につながる行

動であり放置できないことであった。Kさんはアパートを離れたくないとはっきりと表明していたが，グループホーム等への入居も考えるべきか，保佐人，ケアマネジャーが悩むところであった。

X＋1年3月下旬──突然の死

　支援が開始された約1年前に比べると，Kさんの認知症は進行していたが，表情も明るくなり，自分以外の人への気遣いや会話ができ，生きる意欲も見えてきていた。しかしそのような矢先，自室で倒れているKさんをWさんが発見した。すぐに救急車を呼んだが助からなかったという連絡が，保佐人を通して包括に入った。交番で長男に会った際に，手術が必要になったり亡くなったときには長男が責任をもつと保佐人との間で約束ができていたので，すみやかに長男に連絡し，支援の終結となった（**図5-21**）。

図5-21　介入後のエコマップ

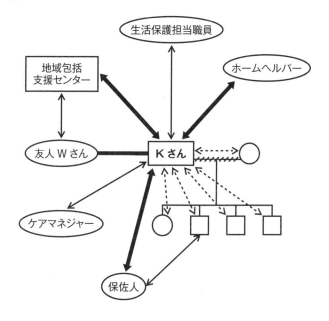

今後の支援課題

　セルフ・ネグレクトの人に対応するためには，まずしっかりと本人に向き合い，理解するように努め，介入の糸口をつかむことが大切である。この事例では，今暮らしている環境のなかでのKさんの状況，身体的精神的な状態，過去の生活や生き様，家族との関係，地域との関係をアセスメントしてKさんを理解し，Kさんに心を開いてもらうよう努めていた。心が開かない状態では，どれほど制度やサービスを提供しても，対象者はその支援を受け入れることがない。「Kさんらしさ」がどこにあるのかをキャッチして，そこに寄り添うことで支援者との信頼関係ができ，Kさんは普通の生活を取り戻していくことができたと考えられる。

　最後までKさんは住み慣れたアパートで暮らしたいと言い続けていた。無理強いをしてグループホームなどに入居していれば，もう少し長生きしていたかもしれないが，どのように生きることができたのかが重要なのではないかと考える。

第6章

地域における先進的な取り組み

本章では，各行政や関係機関で行っているセルフ・ネグレクトへの対応を含む，地域の特性に合わせた取り組みを紹介する。各担当者には，地域の特性，取り組みの経緯・概要・内容について記載してもらった。また，「今後の課題」については，各担当者の視点から考えられることをまとめてもらった。

1 東京都北区：高齢者あんしんセンターサポート医事業
―― セルフ・ネグレクトへの介入の試み

1 地域紹介

　東京都北区は都の北部に位置し，板橋区・荒川区・足立区・豊島区と隣接し，荒川をはさみ埼玉県に接している。

　2015（平成27）年5月1日現在，人口339,569人，高齢者人口86,353人，後期高齢者人口約4万人で，高齢化率は25.4％と東京23区の中で1位であり，一人暮らし高齢者の割合も多い。

　北区では，地域包括支援センターを愛称で「高齢者あんしんセンター」と呼んでおり，2015（平成27）年4月現在，15か所となっている。

2 事業の経過と概要

　超高齢社会を迎え，地域で今後どのような施策が必要であるかの方向性を導くために，北区では2011（平成23）年度に，学識経験者，区関係者を構成メンバーとする「長生きするなら北区が一番専門研究会」を開催した。研究会では課題として，「地域との関わりの少ない一人暮らし高齢者，認知症高齢者が増加し，医療・介護につながらない高齢者の緊急時の対応にさまざまな困難を伴っている」こと等が整理された。その提言を踏まえ，また，さまざまな検討を重ねた後に，2012（平成24）年度から「高齢者あんしんセンターサポート医事業」をスタートさせた。

　本事業では，区医師会から，認知症サポート医の研修を修了して在宅医療を実施している医師の推薦を受け，区内を大きく3つの区域に分け，3名のサポート医を配置した。2013（平成25）年度からは訪問相談件数が増えたため，1名の増員を行い，2015（平成27）年度からはさらに1名増員している。

　サポート医の業務を表6-1にまとめる。サポート医はアウトリーチ機能を

もった動き（**図 6-1**）をしているが，高齢者が自宅で安心して住み続けられるよう，介護・高齢福祉サービスや医療へ，的確に，迅速につなげていくための対応を行っている。

表6-1　サポート医の業務

高齢者あんしんセンターからの医療に関する相談対応
医療・介護につながらない一人暮らし高齢者や認知症高齢者の訪問相談
介護保険認定のための主治医意見書の作成
成年後見制度審判請求のための診断書及び鑑定書の作成
退院支援のアドバイス等
王子・赤羽・滝野川の圏域ごとの情報交換・事例検討等

図6-1　アウトリーチ機能をもったサポート医の動き

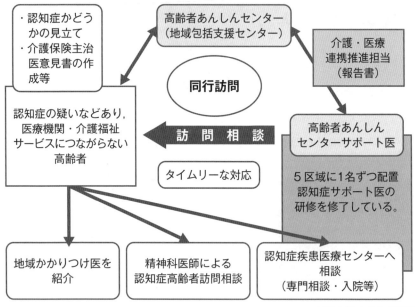

2015 年 4 月 1 日現在

3 事業の具体的内容—セルフ・ネグレクトへの介入

　本事業では2012年6月より,医療相談・訪問相談を具体化していった。主に,高齢者あんしんセンターにおいて職員が対応困難と考えている,医療面の助言が必要な高齢者を支援することとなった。対象となった高齢者のなかには,高齢者あんしんセンターの職員が,数回,経年でアプローチしても介入できなかった高齢者が含まれ,認知症や自身の信念等で医療にかからない高齢者が,病状悪化,生活不良のため,高齢福祉サービス,介護サービスの導入を余儀なくされることが少なくなかった。

　高齢者あんしんセンター職員が地域で課題のある高齢者を把握した際は,高齢者への初動訪問を実施することになっている。ここでは背景が不明ななか,コミュニケーションを取りながら信頼関係を構築するようにし,高齢者の身体的・精神的状況,経済状況などについて把握するように努めている。高齢者の了解が得られれば,医療機関の受診や往診等の対応につながるが,セルフ・ネグレクトとなっている状況では理解が得られることが少ない。本事業が始まるまでは,その状況を定期的訪問という形で,介入できる機会をうかがいながら関わることしかできなかった。

　高齢者あんしんセンターサポート医事業はこのようなケースに対して,「区役所のお医者さんが相談に乗ってくれる」などと職員が紹介することで,しぶしぶながらも,サポート医による訪問相談への承諾を得られることがある。

　実際に職員とサポート医が訪問すると,対象者の受け入れは比較的良好である。「医師が無料で相談に乗ってくれること」「自宅に訪問してまで相談を受けてくれること」は,まだまだ非日常的である。そこにアウトリーチする価値が出てくる。住環境や生活不良の状態を把握しつつ,サポート医は視診による観察,問診による相談,血圧測定等を行う。また,既往歴を聞き出しながら,一つ一つ丁寧に医療機関受診の勧奨を行うことで,医療機関の受診について納得する対象者もおり,説明が進むと介護保険申請にもつながっている。

　平成24年度に介入した事例では,セルフ・ネグレクトの状況に遭遇することがあった。単身者で認知症による生活不良のため,結果的にセルフ・ネグレクトに至っていた事例や,借金,無年金等からくる経済的課題を抱えて救急搬

送しても入院に至らず，自暴自棄となっている高齢者への対応などを行った。

認知症についても，アルコール依存症を起因とするものや，アルツハイマー型認知症だけでなく，複合型，あるいは症例数の少ない認知症を疑うものが確認されるなど，さまざまであった。生活不良の原因と対応については，サポート医と高齢者あんしんセンター職員によるカンファレンスを行うことで情報を共有することができた。

医療につながり，在宅あるいは施設など介護保険サービスを活用するところまで，本事業では支援する。サポート医は，最初の訪問相談をし，必要なサービス・支援につないだところで対応が終了となる。その後は，サポート医がそのまま主治医となったり，以前からの地域のかかりつけ医へつなげたり，精神科領域に紹介したりとさまざまである。

4 まとめ・今後の課題

高齢者あんしんセンターサポート医の仕組みは，今までなかなか介入できなかった困難事例に対する介入の糸口の一つとして活用できている。地域でセルフ・ネグレクトの状況にある高齢者にとって，また，介護者や周囲の住民，関係者にとっても，安心感を与えることにつながっていると考える。

セルフ・ネグレクトの状況にある高齢者は，不衛生な生活環境，身体状態等について，表面的には拒否をしているように見えても，自分自身ではどうにもできないジレンマに襲われていることであろう。実際に事業を展開するにあたっては，この仕組みがまさにセーフティーネットとなっており，セルフ・ネグレクトの高齢者を把握したときに対応する仕組みとして有効であると考えられる。これまで，生活，福祉領域において深く関わることで自立を支援しようと考えがちであったが，本事業を通して，高齢者あんしんセンター職員にとっても医療が身近なものとなり，医療との連携のなかから，対象者の自立に向けた一歩を踏み出すことができるようになった。

セルフ・ネグレクトの状況を理解し，地域でともに動いてくれる医師と出会えるかどうかが，セルフ・ネグレクトの介入と予防の第一歩であると感じた。

2 東京都足立区：ごみ屋敷対策事業
―― 条例の制定と運用

1 地域紹介

東京都足立区は，2015（平成27）年4月1日現在，人口約67万6千人，高齢者人口約16万4千人，後期高齢者人口約7万5千人で，高齢化率は24.3％となっている。

2 事業の経過と概要

①ビューティフル・ウィンドウズ運動からの進展

足立区では，2008（平成20）年から，犯罪認知件数の減少を目指して「ビューティフル・ウィンドウズ運動」を開始した。それまで足立区では，犯罪認知の総件数が東京23区の中で常時ワースト3に位置していたため，暗いイメージを背負いながら行政運営を行っていた。

そこで，犯罪件数を減少させるための対策として，過去にニューヨークで取り組まれ，実績のある「ブロークンウィンドウズ（割れ窓）理論」（割れたままの窓の周りにはゴミが捨てられ，犯罪が増える）に区の独自性を加味しさらに発展させた，「ビューティフル・ウィンドウズ運動」（きれいな窓があり，窓から見える景観がきれいな街には犯罪が起こらない）を区民等に対して徹底して周知し，あらゆる事業などの冠（スローガン）として開始した。

そうしたなか，2010（平成22）年3月に，地域主要道路沿いに建つ2階建て店舗付き住宅で外壁崩落事故が発生した。事故以前に外壁の剥離が発見され，その後数回にわたり建築基準法による適正な維持管理を行うよう指導してきた住宅の2階部分の外壁が，前面道路に崩落する事故であった。幸いにも人的被害はなく済んだが，万一，けが人や死亡者が出てしまう事故となった場合，所有者の管理責任が問われるのはもちろんのこと，危険状態を把握してい

ながら，事故が発生するまで指導しかできなかった行政の責任が皆無とは言い難い事態であった。

　2010年当時，足立区では当該事故と同様に危険な建物，また景観上問題がある土地や建物が区内にどれだけ存在するのかを把握しておらず，調査して全体数を把握し，対策を行うため，翌2011（平成23）年4月に建築安全担当課を創設することを決めた。

　対策開始年度の直前，2011年3月11日の東日本大震災により，足立区内の建物も多大な被害を受け，早急な対応が必要とされる危険な建物が急激に増加し，この対応に追われた建築安全担当課は建物本体に特化し，「老朽家屋等の適正管理に関する条例」を制定し，対応を開始した。課題として残された，景観や環境衛生上等の問題がある，いわゆる「ゴミ屋敷」への対応については，環境部が担当所管となり，翌2012（平成24）年4月に生活環境調整担当課を創設し，「ゴミ屋敷」等に関する条例制定への取り組みと現場対応を開始した。

②足立区生活環境の保全に関する条例（ゴミ屋敷条例）の制定

　2012年4月1日に生活環境調整担当課が創設され，取り組みを開始した。行政課題としてのいわゆる「ゴミ屋敷」対策について足立区では，前年度に施行開始となった「足立区老朽家屋等の適正管理に関する条例」（建物本体の危険性に特化）との対応対象の分別を明確にして，取り組みを開始した。

　環境部では担当所管として，いわゆる「ゴミ屋敷」対策に必要な「生活環境の保全に関する条例」（以下，条例という）を，他自治体の条例に見られるような倒壊等の危険性のある空き家（危険家屋等）と，環境衛生上で有害とされる「ゴミ屋敷」を別立てで条例制定するために，対応策を検討することとした。

　まずは，条例制定を待たずに，「ゴミ屋敷」問題の担当所管として，窓口の一本化を広報や区ホームページを通して情報発信し，区民への周知徹底を行った。これまでは，同様の「ゴミ屋敷」でも，周辺住民の苦情内容により受付所管が異なり，結果的に根本原因の解決には至らない事例が数多くあった。例えば，空き家に鳥獣類が住み着き，異臭・悪臭を放つ事例では環境所管へ，樹木や雑草などが繁茂し，蚊やハエなどの発生源となれば衛生所管へ，ゴミが前面道路まであふれ出し，通行の妨げになれば道路管理所管へ等，さまざまな苦情が各所管に寄せられていた現状であった。これが，窓口の一本化により，苦情

の根本原因の究明や苦情・相談総件数の把握が可能となり，同様事由の事例に対し，解決へ向けた対応策の実践が効率的になった。

また，これまでの「ゴミ屋敷」等に対する対応では，道路にあふれ出た集積物を通行上支障となるものとして，道路法等の既存法令により『ゴミ』だけを片付けた事例もあったが，『再発』することも多くあった。そこで条例では，行政処分としての強制力や支援があるだけではなく，福祉所管や衛生所管，町会・自治会等との連携により，課題解決を図ることにより，「ゴミ屋敷」に至る原因の究明を行い，根本解決を目指すものとした。

所管課の単独対応では再発防止につなげていくことが困難で，縦割りといわれる行政組織に横串を通して，情報の相互提供による意思疎通を密にして，根本解決に向けた方策を検討し，実践できる組織体制を構築した。

そして，2012年10月25日に，足立区生活環境の保全に関する条例（通称：ごみ屋敷対策事業）が公布された。

③条例の概要

以下，条例の概要を紹介する。**図6-2**のフロー図も参考にしていただきたい。

●目的

『区内における土地・建築物の適正な利用や管理に関し，必要な事項を定めることにより，良好な生活環境を保全し，区民の健康で安全な生活を確保する』

これまで行政は「ゴミ屋敷」を行政課題としてとらえていたが，所有者の財産権について憲法で保障されていることもあり，解決に向けた手立ての検討を行ってこなかったのが実情である。例えばこれまでは，収集された集積物について，近隣住民からの視点では価値のない「ゴミ」以外の何物でもないが，所有者（原因者）にとっては資源・原材料等の物的財産として取り扱ってきたため，強制撤去のようなことができなかった。

足立区では，財産権の保護は公共の福祉の上に成り立つものとし，周辺住民の良好な生活環境の保全が，個人の財産権よりも重要性があるものとして確保されるべきである旨の解釈を，条例の目的に明記した。

●所有者等

『土地または建築物を所有し，占有し，または管理する者』

　不動産登記法では，土地・建物の所有権者が死亡した場合に所有者（登記人）名義を変更することができるとしているが，変更をしなくても当然，罰則規定はないものである。所有者（登記名義人）だけでは，既に死亡していて条例での対応を行える対象者とならない可能性があるため，現状の居住者や管理者に対しても，条例の対象とすることができる規定を明記した。

●調査，指導・勧告

『適正管理が行われていない土地や建物等を調査する。また，土地や建物等が近隣に被害を及ぼしていると認めたときは，指導・勧告する』

　「ゴミ屋敷」として，近隣住民等の生活環境に対し著しく迷惑をかけている所有者の調査については，公益上の問題として条例での規定を明記した。また，調査等により判明した所有者に対しての行政指導である指導・勧告も明記し，条例をもとにした対応の積極的な推進が行えるようにした。

●審議会

『区の対応方針について第三者の意見を求めるため，医師や弁護士，区民団体等の役員を含む「生活環境保全審議会」を設置する』

　条例に規定した行政処分である「命令・公表・代執行」や，区からの支援については，第三者委員会としての機能をもつ「生活環境保全審議会」に諮問し，認められたものについて実施できるものとしたものである。なお，「生活環境保全審議会」の委員は，弁護士，医師，学識経験者，町会・自治会連合会役員，民生・児童委員役員，まちづくり推進委員，社会福祉協議会職員，区職員（部長6名）で構成されている。

●委託・支援

『自ら状況改善できないが，所有者等の了解が得られた場合は，区がごみ等の処分を代行し，その費用について求償する。ごみ等の撤去に協力いただいた団体等には一定の謝礼を支払う』

　区からの指導・勧告に従い改善の意思はあるが，所有者等の経済的事情など

により，大量のゴミ等の処理費用の負担ができないと認められる場合は，1事案に1回限りにおいて，区が支援することができることとした。また，ゴミ等の処理に対して，協力いただける地域団体等については，一定額の謝礼を支払うことができることとした。

●命令・公表・代執行

『指導・勧告を行ったにもかかわらず改善されない悪質な場合，命令・公表を行う。また，正当な理由もなく命令に従わない場合，代執行を行う』

指導や勧告の行政指導に従わない場合，行政処分（不利益処分）を実施する規定を設け，強制的な撤去を可能にしたもので，「ゴミ屋敷」に対応する条例としては，先行的な取り組みである。

図6-2 「足立区生活環境の保全に関する条例」フロー図

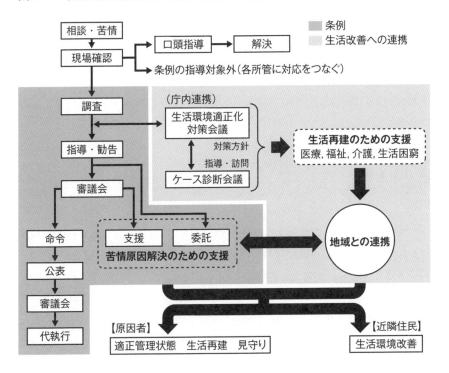

3 条例の運用

　条例制定以前の行政対応は，苦情・相談の種類により対応所管が異なっていたため，解決に向けた取り組みが十分だったとはいえない状況であった。条例制定とともに相談受付窓口の一元化を実施して区民にわかりやすい組織を創設し，条例運用を開始したが，対応開始後に，ソフトやハード，地域や医療機関との連携等，さまざまな手法を導入した行政対応による新たな展開を実践できる体制づくりの必要性を重く受け止め，条例には記されていない部分の重要性を実感している。

　これまでに解決に導いた事例では，条例の運用によるものが多く，条例運用による解決に向けた取り組みの意義は大きい。しかし，『ごみ屋敷対策事業』での対応のなかにも，原因者の死亡により，指導・勧告の行政指導や命令・公表・行政代執行等の行政処分の対象者が存在しなくなったため，解決への道筋を絶たれ，新たな手法を模索している事例もある。

　なお，「ゴミ屋敷」との関連が深いセルフ・ネグレクト問題に対しては，高齢世帯の激増や地域コミュニティの縮小傾向が継続しているなかでは，「ゴミ屋敷」対策の推進だけでは，根本原因の解決へつなげるのは非常に厳しいものがある。

4 まとめ・今後の課題

　今後は，行政関連の団体等との連携強化だけではなく，さまざまなNPO団体や民間企業等との連携を含め，自助・共助・公助での役割分担を明確にし，対策を進めていく以外に方法がないと考えている。

　さらに，「ゴミ屋敷」問題の原因者として所有者や権利者が存在していることを前提に調査を進め，原因者を特定し対策を進めてきたが，原因者死亡による相続人不存在や相続放棄等で，対策が進められない事例が発生してきている。新たな手法展開により，「ゴミ屋敷」の解決を進めていく必要が出てきたことになる。

原因者が既に存在しない場合の対応方法の検討・実施を,「ゴミ屋敷」問題を抱えた地方自治体は,喫緊の課題として迫られている現状である。今後,少子高齢化社会へと急速に進む現代社会では,相続放棄の事例を含め,相続人がいない事例が増加していくものと考えられ,そのための対策も求められる。

3 兵庫県芦屋市：庁内連携の仕組みづくりと地域づくり
── 地域福祉課トータルサポート係の取り組み

1 地域紹介

　兵庫県芦屋市は面積18.57km²，58町区からなり，2015（平成27）年4月1日現在，人口96,590人（男性43,885人，女性52,705人），44,069世帯，高齢者人口25,804人，高齢化率26.7％，要介護認定者4,707人，要介護認定率18.1％となっている。高齢者のみ世帯は8,928世帯（平成22年国勢調査），単身高齢者世帯は4,680世帯（同調査）である。

2 事業の経過と概要

①トータルサポート担当の設置

　芦屋市に「トータルサポート担当（現・トータルサポート係）」が設置された契機は，「高齢者虐待」の支援にある。

　虐待における支援については，虐待を受けている高齢者とともに養護者支援を展開するなかで，多重債務を抱えた家族員による経済的虐待や，障害や疾病の判断がつきにくい家族員による介護放棄等，「支援を継続する必要があるものの，専門領域ではなく，また引き継ぐ相談機関がない」ために，最初に相談を受けた機関が困難な事例を抱えていることが多く見受けられ，制度横断的な支援体制の確立が求められていた。

　また芦屋市では，2000（平成12）年度から「地域の課題は地域で解決する」を目的とし，住民と行政・専門職が協働で「地域発信型ネットワーク」に取り組んでいるが，このネットワークにおいても，支援が必要な高齢者を早期発見する意義を認めており，前述のような「複合支援ニーズを抱えた世帯」の問題も認識していた。

　そこで，これらの課題について，2006（平成18）年度から設置されている「高

齢者権利擁護委員会」等で検討を重ね，問題解決の方策を分析検証した方向性として，「行政内でトータルサポートできる機能をもった部署を設置する必要性がある」旨の提言がまとめられた。特に，制度の狭間にある事案については，「どの機関も対応しない」「誰もコーディネートや面接対応できない（しない）」等の課題が明確化された。

このような背景から，2011（平成23）年4月，福祉部地域福祉課に「トータルサポート担当」が設置された。保健師がトータルサポート担当になり，保健師の専門性を生かし，個別支援・組織支援を行っている（図6-3）。ここでいう保健師の専門性は，住民を「生活者」としてとらえ，「予防」「自立支援」「地域づくり」の視点で業務を行うことである。特に，住民を「生活者」としてとらえる意味は，「福祉」「健康」「医療」「教育」「育児」「経済」「住まい」等の生活構成要素に課題が生じた場合にその課題を整理し，関係課とともに包括的・重層的な支援を行うことにある。

トータルサポート担当は，第2次芦屋市地域福祉計画における取組の柱「多様な連携による支援」の中に位置付けられ，「トータルサポートのしくみを通じて市役所内の連携を強化するとともに，関係機関や地域等の連携をすすめるコミュニティソーシャルワークを推進し，新たなニーズや困難な課題に対して，さまざまな力が協働して，解決する取組をすすめる」と，その機能が明記された。なお，「新たなニーズや困難な課題」には，"セルフ・ネグレクト対応"も相当すると認識している。

なお，2015（平成27）年4月1日付けの組織改正に伴い，地域福祉課トータルサポート担当から地域福祉課トータルサポート係に変更となっている。

②保健師の体制

2015（平成27）年4月1日現在，芦屋市には18名の保健師（総務部1名・福祉部8名・こども健康部9名）が配置されている（いずれも正規職員数）。特に，トータルサポート係のある福祉部地域福祉課には8名が配置され，2名の保健師が地域福祉課専任（担当課長），ほか6名は，それぞれ福祉部内の障害福祉課に2名（うち1名は係長），高齢介護課に3名と市民生活部保険課に1名の兼務職員となっている。

芦屋市の保健師は，この組織をもって地域福祉を推進し，地域住民が住み慣

図6-3 トータルサポート係支援関係図（平成27年度～）

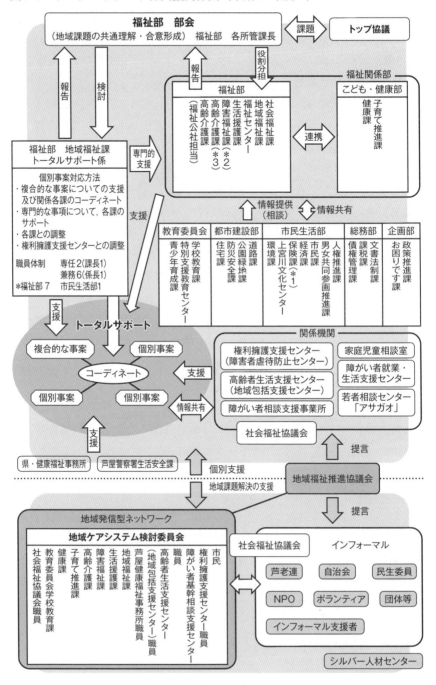

れた街で安心して暮らし続けられることを目標にして活動している。

3 事業の具体的内容

①個別支援

設置から3年の個別支援に関する実績は，**表6-2**のとおりである。

表6-2 トータルサポート担当（現・トータルサポート係）活動実績（新規者）

年度	高齢者	障害者	障害児	子ども	被災者	制度外※	合計	延べ支援回数
23	63人	14人	5人	6人	4人	39人	131人	341回
24	41人	7人	3人	1人	0人	34人	86人	199回
25	64人	16人	2人	9人	0人	48人	139人	164回
合計	168人	37人	10人	16人	4人	121人	356人	704回

※「制度外」とは所掌する行政機関がない場合をいう

3年の実績としては，支援実人員が356人にのぼり，延べ支援回数は704回となっている。特に「制度の狭間」に該当する「制度外」の対象者は121人で，全体の33.9％を占める。また，新規支援者の3分の1は継続して支援する対象となっており，継続支援者のほとんどが「制度外」に該当している。

②組織支援

相談経路について**表6-3**にまとめる。庁内が全体の9割を占めており，福祉部内が7割，福祉部外が2割となっている。福祉部内では，「高齢者虐待対応マニュアル」と「障がい者虐待対応マニュアル」の整備により，支援フローに「トータルサポート担当（現・トータルサポート係）」が位置付けられているため，両分野において「虐待事案」が発生した場合は，各所管課のケースワーカーとトータルサポート担当（現・トータルサポート係）の地区担当保健師が協働で支援にあたっている背景から，連携件数が多くなっている。また福祉部外においては，平成23年度には5課であった相談経路が，25年度には9課

となり，福祉部外においても連携する所管課が増え，相談件数も増加している。
　特に「セルフ・ネグレクト」の支援は，行政内における「セルフ・ネグレクト」の位置付けの協議と決定，成年後見審判開始の申立ての際の「市長申立てガイドライン」の作成へと，新たな課題に対する仕組みづくりに発展し，トータルサポート担当（現・トータルサポート係）が調整役としての機能を実践した。

表6-3　相談経路と関係課・部署等

年度	関係機関	庁内		本人・家族	合計
		福祉部内	福祉部外		
23	15人(11.5%)	93人(71.0%)	20人(15.3%)	3人(2.3%)	131人
24	7人(8.1%)	63人(73.3%)	16人(18.6%)	0人(0.0%)	86人
25	10人(7.2%)	92人(66.2%)	37人(26.6%)	0人(0.0%)	139人
合計	32人(8.9%)	248人(69.6%)	73人(20.5%)	3人(0.8%)	356人

4　まとめ・今後の課題

　設置から4年を経過し，庁内においては相談件数と関連する部署の増加から，トータルサポート係の機能の周知が進んでいると感じている。
　特に保健師が配置されていることから，生命が危ぶまれる緊急の事案を他部署が把握した場合に連絡が入るようになり，保健師が安否確認を目的に訪問を行った結果，救急搬送に至ったケースが年に数例ある。他部署からの相談に適切に対応することが，相談元との信頼関係を育む。それは，次の事例の相談や連携につながる。
　トータルサポート係の保健師は，「断らない」「とにかく一度聞いてみる」を実践している。「行政は縦割り」といわれるなかで，「断らない」を実践するには，

対応する課題と支援する根拠の明確化が必要である。保健師の専門性は,「実践」を積み重ねることでさらに磨かれていくと考えている。行政内において保健師が,「福祉」と「医療」を結ぶ重要なキーパーソンであることを確立するためにも,今後は,庁内職員の「気づいてつなぐ」を標準化することを目的に「相談・対応ガイドライン」を作成し,庁内連携をさらに強固なものにしたいと考えている。

　さらに,「地域での居場所」など,不足している社会資源の創出ができる地域づくりへの関わりにも力を注いでいきたい。そのために,まずは保健師が地域発信型ネットワーク内に設置されている地域の会議体等に積極的に参加し,地域住民や関係機関とともに,地域の強みや課題を明らかにした上で,住民が主体的に,その地域に根付くような社会資源を創り出せるよう,協働して取り組んでいくことを考えている。

4 石川県金沢市：地域を基盤としたセルフ・ネグレクト事例へのアプローチ
—— 地域包括支援センターの実践

1 地域紹介

　石川県金沢市は，2015（平成27）年4月1日現在，人口約45.3万人，高齢化率約24.7％の中核市である。日常生活圏域ごとに委託型の地域包括支援センターを19か所（他ブランチ2か所）設置している。その一つである金沢市地域包括支援センターとびうめ（以下，とびうめ）の担当圏域（小学校2地区を一つの日常生活圏域として担当）における人口は12,471人，高齢化率は31.9％と市全域の中でも高く推移している。

　とびうめの担当地区は，兼六園や市役所が範囲内にある旧市街地に位置し，市内でも高学歴・高キャリアの人が比較的多いことから，人材の宝庫ともいわれる。地域に長く暮らしている住民が多いためつながりは強く，善隣館活動に代表されるような活発な小地域福祉活動の土壌をもつ。しかしながら，高齢者世帯率，単身世帯率が年々上昇しており，老老介護，遠距離介護，セルフ・ネグレクト等も多くなっている。

2 事業の経過と概要

　2006（平成18）年4月に施行された高齢者虐待防止法により，全国の市町村の責務にて虐待対応システムが始動した。すべての市町村において，一律にスタンダートな基準を遵守した上で，その具体の展開方法については地域特性が盛り込まれている。

　金沢市での高齢者虐待対応は，2003（平成15）年に高齢者虐待防止のモデル事業を国から受託したことに端を発する。同じく事業受託した神奈川県横須賀市は，既に高齢者虐待に特化したシステムを先進的に築いていたが，金沢市は当時の他の多くの市町村がそうであったように，支援困難事例の一部として

高齢者虐待事例に取り組んでおり，そこからのスタートだった。そのなかには，セルフ・ネグレクト事例も当然含まれていた。

　金沢市の高齢者虐待対応システムの特徴の一つとして，高齢者虐待の対象の間口を広く取っている点があげられる。つまり，法的に定義されていないセルフ・ネグレクトを，市独自の基準として高齢者虐待の対象として位置付けているのである。金沢市では，高齢者虐待防止法施行後も，セルフ・ネグレクトを看過できない権利擁護すべき事例として通報の対象に含んでいる。

　とびうめにおける「セルフ・ネグレクト事例へのアプローチ」の全体像を図6-4にまとめた。「本人主体」を揺るぎない基本原則とした上で，セルフ・ネグレクト事例の発見・発掘からの4つのステップを，スパイラルにつないでいきながら，地域ぐるみでの支援力の向上を目指すという全体像となっている。その際，最も有効なツールとして実感しているのが「地域ケア会議」である。

図6-4　地域を基盤としたセルフ・ネグレクト事例へのアプローチの全体像

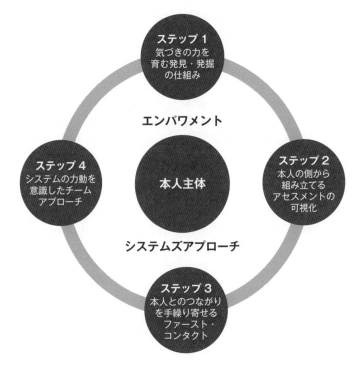

3 事業の具体的内容―セルフ・ネグレクト事例へのアプローチ

とびうめにおけるセルフ・ネグレクト事例へのアプローチの全体像について，図6-4の4つのステップごとに説明を加えていく。

ステップ1：気づきの力を育む発見・発掘の仕組み

セルフ・ネグレクト事例の多くは，本人がニーズをもちながらも支援につながっていない。そのため，発見の段階で事例を取り巻く状況が既に重篤化しており，支援のメニューや選択肢も本人の希望の有無にかかわらず，施設入所や救急搬送などの限られた手段しか残されていないという苦い経験をもつ人は少なくないだろう。

日々の相談・支援を漫然と行っているだけでは，セルフ・ネグレクトの発見にはつながらない。発見に必要なものは権利擁護への視座であり，目の前の人がセルフ・ネグレクト状態であるために支援が必要だということへの支援者側の気づきの力である。金沢市においては，高齢者虐待通報の対象にセルフ・ネグレクトを独自に位置づけたことが，この点で功を奏している。地域包括支援センター職員がセルフ・ネグレクトについての理解を深めることで，日々の総合相談のなかでいち早く気づき，支援へとつながっている。2014（平成26）年度のとびうめ地区の高齢者虐待通報総数51件のうち，認定件数は37件。その中でセルフ・ネグレクトと認定された件数は9件だった（**表6-4**）。すべての事例でいえるわけではないが，早期に発見できた事例は，早期対応につながることからも，当然ながら予後がよい傾向にある。

また，さらに予防的取り組みを行う際には，発見の目を地域住民にまで広げていくことが求められる。アウトリーチによる実態把握は地域包括支援センターが得手とするところではあるが，同時に，限られた専門職だけで広い地域

表6-4　2014（平成26）年度のとびうめ地区の高齢者虐待通報・認定件数

通報総数	認定件数	内セルフ・ネグレクト件数
51	37	9

を奔走しても，発見が後手に回ってしまうことを自覚している。金沢市では，民生児童委員とまちぐるみ福祉活動推進員を中心に，地区社会福祉協議会単位での小地域での見守り体制をきめ細やかに行う土壌がある。そのなかで，「気になった人」について地域包括支援センターに知らせるための高齢者福祉保健台帳調査等の仕掛けも，並行して展開している。これはもはや，発見より発掘に近い作業といえる。

ステップ２：本人の側から組み立てるアセスメントの可視化

　セルフ・ネグレクト事例へのアプローチにおいて有効なツールの一つは，地域ケア会議である。セルフ・ネグレクトは難解なパズルのように，複雑な要因がさまざまに絡まり合った状態といえる。また，セルフ・ネグレクトは一日にして成るものではなく，長い過程を経たものほど問題が根深い。本人はもちろん，家族をはじめ関わりをもつ周囲の人もまた，努力を重ねた末のあきらめと疲弊感が充満している状態に至ってから，支援者と出会うことも多い。いわゆるパワーレスの状態である。

　そのような事例へのアプローチには，遠回りでも丁寧にチームでアセスメントを行い，事例の理解を深めていくことしかない。そのためのツールが地域ケア会議となる。参加者には専門職を中心としたフォーマルサポートのみならず，本人を取り巻く身近なインフォーマルサポートとなり得る関係者（この場合，特に本人の過去からの強み（ストレングス）をよく知っている人を含める必要がある）にも参加を促していく。今，ここから見えるセルフ・ネグレクト状態が，過去のあのとき，あそこから始まっていることを分析し，それを未来に向けて，現在の状況のどこならどのように動かしていけるのかの入り口を探るのがこのアセスメントの目的となる。その際には，支援者側のフレームを一度捨て去り，本人がどう感じているのか，本人の側から見た世界はどう見えているのかという視点から，事例を再度組み立てていくことが最も重要となる。なお，共通言語をもたない多職種が集まる場では，アセスメントを言語に頼りすぎず，議論の内容をホワイトボード上で図や絵にしていく等の工夫を行い，可視化しながら進めていくと，共通理解が深まる効果がある。

ステップ3：本人とのつながりを手繰り寄せるファースト・コンタクト

　セルフ・ネグレクト状態にある人の世界は通常閉ざされており，支援者との関係を新たに開くためには大きな心的負担を伴う。ステップ2で取り上げたツールとしての地域ケア会議においては，このファースト・コンタクトをどのように計画するかをあわせて検討する。

　実際，本人の地域内での関係をエコマップにした際にしばしば驚かされることがある。どれほど社会的に孤立していると思っていた人であっても，情報を広げていくとどこかで誰かと接点をもっていることがわかってくる。もし，それがないというときは，単に支援者が知らないだけ，あるいはアセスメント不足だと思ったほうがよい。支援者側からは見えていないだけで，地域は支え合いの関係やつながりでできている。例えば，毎朝の散歩で挨拶を交わす人，新聞の料金収集の人，定期的に預金を下ろしにいく際の銀行員，回覧板を届ける隣人などがいる。セルフ・ネグレクト事例へのファースト・コンタクトとして支援者が登場する際に，本人にとってどのような既存のつながりを手繰り寄せることが受け入れやすいことなのか，その最初の一歩を描いていくことは，今後の関係を築く上でもとても大切なこととなる。

ステップ4：システムの力動を意識したチームアプローチ

　セルフ・ネグレクト事例へのアプローチは，1人の支援者や1機関の努力だけでは成し得ない。とびうめでの地域ケア会議（2015（平成27）年は41回開催）におけるアセスメントでは，共通して，セルフ・ネグレクト事例に至るまでの経緯が，単なる非自発的なクライエント（インボランタリークライエント）個人に起因するのではなく，むしろ環境因子（家族，地域住民，支援者もまた含まれる），または個と環境との関係の問題から長い時間をかけて成立していることが分析されている。セルフ・ネグレクト事例は，支え合いのシステムが何らかの機能不全を起こしている状態といえる。

　そこからも明らかなように，複合的課題を有し，なおかつ環境面への働きかけ（地域への理解や連携・協働の促進）を必要とするセルフ・ネグレクト事例へのアプローチは，フォーマル・インフォーマルの協働でのチームアプローチが重要となる。事例をシステムとしてとらえ，支援者もまたシステムとなってアプローチすることにより，解決不可能と思われたセルフ・ネグレクト事例に

も手がかりや支援の入り口を見いだすことができる。いうまでもなく，チームアプローチは支援者のバーンアウトを予防することにも効果がある。また，地域におけるチームアプローチの経験や事例の共有は，その後のセルフ・ネグレクトを生み出さないための地域づくりにも確実につながっていく。

4 まとめ・今後の課題

　とびうめにおける地域を基盤としたセルフ・ネグレクト事例へのアプローチを，4つのステップを描いて紹介してきた。これらのステップは，決してセルフ・ネグレクトに限定していない。すべての事例に応用できる，共通する実践の王道といえるものである。セルフ・ネグレクト事例へのアプローチに必要なものは，揺るぎなき本人主体の基本原則と権利擁護への視座であり，丁寧なアセスメントとそれを共有したチームでの実践力に尽きるのではないかと実感している。

　また，セルフ・ネグレクト事例は諸刃の剣ではないかと考えている。一歩間違えれば，支援者のバーンアウトにつながるリスクは否めないが，同時に，支援力や地域力の向上に寄与する可能性をあわせもっている。発見からアプローチまでの一連の支援過程を，地域のなかの一つ一つの事例と向き合う覚悟をもって，今後も重ねていきたい。

5 福岡県北九州市：いのちをつなぐネットワーク事業
——「見つける・つなげる・見守る」の実践

1 地域紹介

　長い海岸線と緑豊かな山々に囲まれた福岡県北九州市は，7区の行政区からなり，2013（平成25）年2月に市制50周年を迎えた。
　2015（平成27）年3月末現在，人口約97.2万人，高齢者人口約27.4万人，後期高齢者人口約13.5万人で，高齢化率28.2％と全国平均（26.4％）を上回り，政令指定都市の中でも上位を占めている。また，2010（平成22）年10月1日の国勢調査による北九州市の総世帯数は42万世帯で，そのうち「高齢者単身世帯」は52,000世帯と，総世帯数の約12％を占めている。
　北九州市では高齢者の保健・医療・福祉の総合相談窓口として，介護保険の日常生活圏域単位に24か所の地域包括支援センターを設置し，そのバックアップ機関として，行政区単位に7か所の統括支援センターを設け，高齢者の幅広い相談に応じ，必要な支援を行っている。

2 事業の経過と概要

　北九州市では，2005（平成17）年，2006（平成18）年に相次いで孤立死が生じた。いずれも生活保護に関連する事例で，北九州市における生活保護行政のあり方が問題とされ，社会問題として全国的に大きく取り上げられた。こうしたなか，「北九州市生活保護行政検証委員会」を2007（平成19）年に設置し，同年12月に最終報告書がまとめられた。
　この最終報告書では，孤立死防止のためには，生活保護行政の見直しのみならず，「自助」「共助」「公助」の役割のあり方などについて，次のような提言が行われた。
○市民自身による「自助」や地域による見守り活動の「共助」に限界が見えて

きた以上，まず基盤としての「公助」の役割を明確にするとともに，行政がコーディネーター役として，「自助」「共助」との協働の仕組みを確立していく必要がある。
○地域福祉におけるネットワークの現状と問題点を洗い出し，孤立死対策や地域づくりを早急に充実させるべきである。

　上記の提言等を受け，北九州市では，地域における支え合い機能に弱まりが見られるなかで，行政がコーディネーター役となり，住民と行政の力を結集し，地域における既存のネットワークや見守りの仕組みを結びつけ，セーフティーネットの網の目を細かくすることによって，高齢者のみならず，支援を必要としている人が社会的に孤立することがないよう地域全体で見守り，必要なサービスなどにつなげていく「いのちをつなぐネットワーク事業」を，2008（平成20）年4月より開始した。

　この「いのちをつなぐネットワーク事業」では，次の2つを主な目的として取り組みを進めている。
①地域福祉ネットワークの充実・強化：支援を必要とする人に気づき（見つける），必要なサービスにつなげ（つなげる），サービスにつながらない人を見守る（見守る）などの地域福祉のネットワークの充実・強化を図る。
②アウトリーチによる個別支援：地域に積極的に出向き，支援を必要とする人に対して，適切なサービスを提供する。

3　事業の具体的内容

①「いのちをつなぐネットワーク事業」の推進体制の整備
●市役所に「いのちをつなぐネットワーク推進課」を新設
　2008年4月，保健福祉局地域支援部に「いのちをつなぐネットワーク推進課」を新設し，市レベルの体制整備を行った。

●区役所に「いのちをつなぐネットワーク担当係長」を配置
　2008年4月，各区役所保健福祉課に合計16名の「いのちをつなぐネットワーク担当係長」（いのちネット担当係長）を配置し，出前主義による地域福祉活

動支援の体制整備を行った。いのちネット担当係長の具体的活動は、①地域福祉ネットワークの充実・強化（原則，小学校区ごとの民生委員等の地域会合に出席し，地域との信頼関係の構築，気になる人の発見など，地域福祉ニーズの掘り起こし），②個別相談への対応（積極的に地域に出向き，状況把握，福祉サービスのコーディネートを実施）である。

●区役所に「いのちをつなぐネットワーク係」を新設

2011（平成23）年4月には，区役所の保健福祉部門の統括として「いのちをつなぐネットワーク係」を新設し，各部署との連携強化と各部署における活動促進の体制整備を行った。現在，7名の係長がおり，業務に携わっている。

②いのちネット担当係長と民生委員や地域住民等との連携

「いのちをつなぐネットワーク事業」における民生委員，地域住民等といのちネット担当係長のそれぞれの役割については，**表6-5**のように考えている。また，地域のネットワークといのちネット担当係長の連携イメージを**図6-5**にまとめる。

表6-5　3つのキーワードと民生委員等といのちネット担当係長の役割

3つのキーワード	民生委員，地域住民など	いのちネット担当係長
見つける	地域に支援や見守りが必要と思われる人がいないか，気を配り，見つける。	地域に出向いて，民生委員や地域住民などから支援や見守りが必要な人の情報を集める。
つなげる	地域に支援や見守りが必要と思われる人がいた場合，民生委員等に相談したり，いのちネット担当係長などに連絡する。	地域からの情報を受け，支援できる制度やサービスがないか，区役所内で検討し，必要なサービスにつなげる。
見守る	福祉サービス等につながらない人を見守る。	地域の見守りを支援する。

図6-5 地域のネットワークといのちネット担当係長の連携のイメージ図

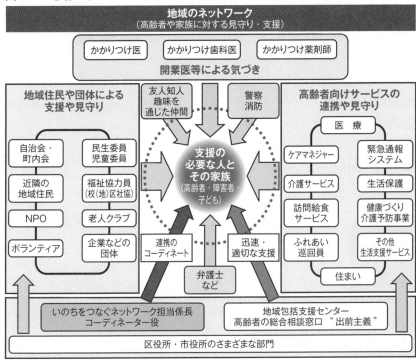

③地域福祉ネットワークの充実・強化

　各区のいのちネット担当係長は，民生委員や社会福祉協議会等の地域のさまざまな会合に出席し，見守りや支え合いへの理解を広めるとともに，地域の人と一緒に地域の課題解決に向けた話し合いをするなど，民生委員や社会福祉協議会などの活動を支援している（**表6-6**）。

表6-6　2013（平成25）年度・いのちネット担当係長の会議出席回数（全16人）

会　議　名	回　数
民生委員児童委員協議会	1,315
社会福祉協議会	297
その他（自治会，町内会等）	116
合計	1,728

④いのちをつなぐネットワーク推進会議(民間企業・団体との連携)の開催

　行政や地域団体だけではなく,市民に接する機会のある地域に根ざした事業展開を行う民間企業や団体を「いのちをつなぐネットワーク事業」協力会員として登録し,日頃の業務のなかで気になる人がいた場合には,区役所等へ連絡する地域福祉のネットワークの取り組みを実施している(2013年の協力会員数は47団体)。また,協力会員が一堂に会して意見交換等を行う代表者会議及び実務者会議を各々年1回開催している。

⑤個別支援事例

　実際にいのちネット担当係長のもとに相談のあった事例について紹介する。

相談者	民生委員,近隣住民,老人クラブ等
対象者	80代女性。一人暮らし。親族・地域との交流なし。
相談内容	老朽化した木造アパートに居住。足の踏み場もないほど部屋中にゴミが散乱し,不衛生。食事も不規則。足腰が弱く,ほとんど寝たきり。このままでは,一人暮らしを続けられるか心配。
支援内容	いのちネット担当係長と地域包括支援センター保健師が訪問するも,関わりを拒否。粘り強く訪問を続けたことで,面談可能になった。預貯金や年金があるので,施設等への入所を勧め,軽費老人ホームへ見学に連れて行くも,「お金がない。共同生活ができない。遠くへは行きたくない」等の理由で入所拒否。訪問給食を手配するが,数日でキャンセル。近隣等の差し入れで生活を続けた。その後体調を崩し,救急車を手配するも,乗車拒否。民生委員,近隣住民,いのちネット担当係長で見守りを実施。再び体調を崩し,救急搬送され,入院となった。その後の粘り強い訪問と話し合いにより,施設入所を承諾。

4　まとめ・今後の課題

　いのちをつなぐネットワーク事業の推進により,民生委員を中心とした地域住民と区役所各種福祉窓口及び地域包括支援センターとの連携が強化され,問題の早期発見,早期対応,必要なサービスの提供などの面において,具体的な

成果が上がっている。
○早期発見・早期対応の仕組みづくり：支援を必要としている人について，民生委員をはじめとする地域住民から区役所へ早期に相談が入ることにより，制度・サービスや見守りを早期に提供でき，事態の重篤化の予防に効果が上がっている。
○必要な制度・サービスへのつなぎ：複雑な課題を抱えている世帯への対応についても，区役所各課を横断的に連携・調整することにより，必要な制度・サービスへ適切につなげている。

また，今後の課題としては次のような点があると考えている。
○一人暮らしや認知症高齢者の増加などに伴って，生活を支援する上でのニーズが複雑・多様化しており（生活困窮，虐待，買い物支援，服薬管理，精神疾患など），区役所における保健福祉部門のさらなる情報共有及び連携が求められている。
○高齢者のみの世帯（老老世帯），セルフ・ネグレクト等，SOSがなかなか地域に届かない世帯が増えるなか，こうした世帯に気づくためには，地域におけるセーフティーネットの網の目をより細かくしていく必要があり，地域との連携に加え，より多くの地域に根ざした企業・団体の協力が必要である。
○公的福祉サービスだけでは対応できない，例えば，地域の見守り等が必要な住民ニーズに対しては，行政としての責任を示すとともに，地域のことは地域で考え，地域で解決するような地域力の向上を図る必要がある。
○地域で支援の輪を広げるためには，支援が必要な人に関する個人情報の共有などの取り扱いについて，わかりやすく理解促進を図ることが重要である。

6 神奈川県横浜市：市営ひかりが丘住宅における相談・生活支援モデル事業
── 大規模団地の見守り施策

1 地域紹介

　神奈川県横浜市は2015（平成27）年3月末現在，人口約372万人，高齢者数は約85万人で高齢化率は22.8％である。横浜市には18の行政区があり，旭区は人口約24万9千人，高齢者数は6万8千人で高齢化率は27.1％となっている。

　横浜市内には昭和40年代以降に建設した1,000戸以上の大規模団地が23あり，旭区内では1967（昭和42）年にURが建設した左近山団地，翌年に横浜市が建設した市営ひかりが丘団地，1982（昭和57）年に神奈川県住宅供給公社が建設した若葉台団地がある。

　この3つの団地の共通点は，高齢化率が著しく高いことである。2010（平成22）年度の国勢調査の段階で既に40％を超えている。ベビーブーム世代といわれる団塊の世代が75歳になる2025年には，介護や医療が必要となる後期高齢者の割合が一斉に増えるとともに，世帯構成も一人暮らし高齢者や高齢夫婦のみ世帯も増えることから，孤立化した高齢者への見守りをどのように行うかが課題となっている。

2 横浜市の見守り施策

①地域住民による自主的な見守り

　自治会・町内会の中には，洗濯物が干したままになっていないか，新聞や郵便物がたまっていないかなどを巡回して確認しているところや，高齢者等の居場所づくりの一環としてサロンを開設し運営しているところもある。住民が身近なところで見守り活動をするということは即応性があり，有効な方法であるといえる。こうした活動を後押しするため，横浜市や社会福祉協議会は見守り

拠点の費用や活動費の一部を補助している。一方，都市部においては地域でのつながりが次第に希薄になってきており，見守り活動を行っているところは少ないのが現状である。

②民生委員による定期訪問

　75歳以上の一人暮らし高齢者には，民生委員が定期的に訪問を行っている。対象者には，あらかじめ訪問をする旨の通知を行っている。しかし，民生委員の訪問を拒否する人も一定程度おり，訪問拒否者に対しどのようにアプローチしていくかが課題となっている。なお，75歳以上の高齢夫婦世帯や75歳未満の高齢者がいる世帯については必要に応じて訪問を行っているが，数が多いためにすべてに対応することは難しい。

③地域包括支援センターによる訪問

　セルフ・ネグレクトなど支援を拒否する人については，住民や民生委員だけでは対応が難しい。こうした場合，区役所や地域包括支援センターなどの専門職による関わりが必要であるが，マンパワーの問題もあり，「アウトリーチ」を行うケースは限られてしまう。孤立化を防ぐというよりも，問題が発生してから動くという事後的な対応となりがちである。

④ライフライン事業者による見守り

　水道，電気，ガス事業者などのライフライン事業者や，新聞配達店などがそれぞれの業務を行うなかで異常をキャッチし，行政や警察等に通報する仕組みを整えている。これにより，孤立死を未然に防ぐことができたという事例もある。一方で，新聞配達店を除けば頻繁に訪問しているわけではないので，死後数日を経過して発見されたという事例もある。また，そもそも新聞をとっていないケースもあることから，一定の限界もある。

⑤見守り機器の利用

　自宅に見守り用のセンサーを取り付け，一定期間センサーが反応しなければ，登録した緊急通報先や警備会社等に連絡がいくシステムがある。電気ポットなどの家電製品が使われない場合も通報がいく。リアルタイムでリスクを察知で

きるので有効な方法であるが，イニシャルコストとランニングコストの負担が課題となっている。

3 ひかりが丘団地の概要

　ひかりが丘団地について紹介する。ひかりが丘団地は市営の賃貸住宅であり，2,325戸，3,641人が居住している。高齢者数1,740人，高齢化率47.8％（市内の市営住宅の平均高齢化率は40.6％）で，横浜市の高齢化率22.1％と比較すると2倍以上となっている。要介護認定者数は369人，9.9％であり，横浜市の3.6％の3倍弱となっている（2014（平成26）年3月末）。

　月額賃料は15,500円からと安く，単身者の転入が多い。なかには，身寄りがなく，家族支援が受けられない人もいる。また，ひかりが丘団地は全棟で1単位の自治会を構成しているが，役員も高齢化しており，新たな担い手も不足している。民生委員も欠員の状態にある。

4 事業の経過と概要

　ひかりが丘団地は単身の後期高齢者が多く，家族支援も期待できないことから，いわゆる「自助」が困難となっている。一方，これまでは住民同士が支え合って生活をしてきたが，高齢化も進み，単身高齢者の転入者も多く，住民だけでは支えきれなくなっていて，「共助」も困難となっている。こうしたことから，「公助」の取り組みとして，旭区では2014（平成26）年度から「市営ひかりが丘住宅における相談・生活支援モデル事業」を実施することとなった。

　予算は，市健康福祉局「地域の見守りネットワーク構築支援事業～重点的支援が必要な地区に対する相談・生活支援モデル事業」8,980千円（国庫10/10）と，区づくり推進事業「市営ひかりが丘住宅支援事業」1,168千円（3年間のモデル事業）の2つの予算を合わせて実施した。なお，2015（平成27）年度は11,306千円となっている。

5 事業の具体的内容

　まず，ひかりが丘地域ケアプラザ（地域包括支援センター）を運営する社会福祉法人に委託して，2名の訪問員を配置した。訪問員は生活保護ケースを除く全戸を訪問調査し，現状を把握する（生活保護世帯は区役所の生活保護担当が訪問する）。そして，必要があれば，福祉保健に関する相談や介護保険サービスなどに結びつけるとともに，サービスに結びつけるまでの応急的な支援も行う（**図6-6**）。

　訪問調査時には，自宅用の「あんしんカード」と外出用の「あんしんホイッスル」という見守りのキットを配布した（あわせて，熱中症予防の注意喚起のチラシと飲料水を配布）。

　あんしんカード（**表6-7**）には氏名，住所，生年月日，電話番号，緊急連絡先の氏名・電話番号，かかりつけ医療機関，病名，介護保険の被保険者番号などを記載する。あんしんカードは複写式となっており，自宅に掲示した内容と同じものを地域ケアプラザと区役所で保管する。室内で倒れた場合，救急隊がかかりつけ医療機関や緊急連絡先を把握できる。このような取り組みを実施している地域は多いが，あんしんカードの情報を地域ケアプラザに登録し，必要があれば地域ケアプラザの職員が訪問するという仕組みをとっているところは少ない。

　また，あんしんホイッスル（**図6-7**）とはキーホルダー付きの笛であり，笛の中に小さい用紙が入っており，氏名，生年月日，電話番号，被保険者番号，医療機関名，緊急連絡先を記載する。外出時に倒れた場合，医療機関名，緊急連絡先がわかる。また，認知症の高齢者が自宅の鍵を付けたあんしんホイッスルを身につけて外出すれば，万一行方不明になったとしても，身元がわかる。

　なお，訪問調査で把握したケースについては，年10回，福祉の専門家を助言者として招き，地域包括支援センターと区役所の関係部署とでケースカンファレンスを実施している。さらに，政策的なアドバイザーとして，看護学の大学教授を招き，全戸訪問や個別事例の検討から見えてきた課題を整理分析し，多面的に検討した上で有効的な政策を立案することを検討している。

図6-6 「市営ひかりが丘住宅における相談・生活支援モデル事業」の概要

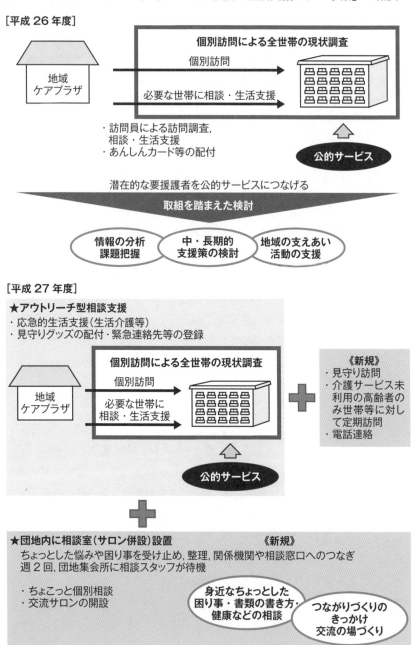

表6-7　あんしんカード

ひかりが丘　あんしんカード

【本人・家族欄】

氏名		生年月日	(明・大・昭・平)
			生　年　月　日
		生年月日	(明・大・昭・平)
			生　年　月　日
住所	上白根町 795 番地　　街区　　棟　　号	電話	

【緊急連絡先】

氏名		続柄	電話番号・携帯番号
		続柄	電話番号・携帯番号

【かかりつけの医療機関】

医療機関名	病名	電話番号
医療機関名	病名	電話番号

【ケアマネジャー（介護支援専門員）】

事業者名	電話番号

被保険者番号等（介保・国保・その他）										

　　　　　ひかりが丘地域ケアプラザ　　☎ 953-6890
　　　　　旭区高齢・障害支援課　　　　☎ 954-6125

私は，緊急時に必要があるときにはこのカードに記載された情報を，区役所・消防署・医療機関・地域ケアプラザ・介護保険事業所・自治会の関係機関に提供することについて同意します。

　　記入日　平成　　年　　月　　日
　　　　　　　　　　　　氏名＿＿＿＿＿＿＿＿＿＿＿＿

第6章　地域における先進的な取り組み

図6-7　あんしんホイッスル

IDカードの内容
氏名・生年月日
電話番号・被保険者番号
医療機関名・緊急連絡先

6 事業の実施状況

　2014年5月末より，地域ケアプラザに配置した訪問員2名が介護保険サービスを利用していない世帯から訪問調査を始めた。2015年5月末時点で調査対象世帯は2,064，そのうち，調査できた世帯は1,356，不在が281世帯，調査拒否が284世帯，その他転出・死亡等80世帯，未実施が63世帯となっている。訪問できた世帯にはあんしんカードとあんしんホイッスルを配布することができた。これにより，現在は介護サービス等が未利用であったとしても，いざというときは地域包括支援センターにつながることができるようになった。

　調査拒否者と不在者の中には，心身とも健康で支援を必要としていない人もいるかもしれないし，セルフ・ネグレクトにより心の扉を閉ざしている人もいるかもしれない。入居者のデータを分析するとともに，会えなかった人については粘り強く訪問を続けていくしかないと考えている。

　また，平成26年度の取り組みに加えて，平成27年度からは自治会館を借りて，週2回，相談室（サロン併設）を設置している（**図6-6**）。さらに，介護サービス未利用者に対しては，定期的な見守り訪問や電話連絡を行っている。なお，平成27年度から訪問員は3名の職員体制となっている。

7 まとめ・今後の課題

　地域の見守り体制をつくるには，見守りのノウハウをもったコーディネーターの関与が必要である。厚生労働省では介護予防訪問介護や介護予防通所介護の受け皿づくりとして，新しい地域支援事業のなかで市町村（地域包括支援センターなど）にコーディネーター1名を配置することとしているが，このコーディネーターが地域での見守り体制づくりも同時に行うことが望ましいと考える。前述の地域住民による自主的な見守り，民生委員による定期訪問，地域包括支援センターによる訪問，ライフライン事業者による見守り，機器による見守りなどを，地域の特性や実情に応じて適切に組み合わせて実施することが重要となってくる。

　団地の居室で誰にも看取られずに人生の幕を閉じ，死後かなりの時間がたってから発見される人がおり，遺体の損傷も激しいことがある。現代社会でこのようなことが常態であってよいはずはない。

　自助，共助，公助を適切に組み合わせることにより，それぞれの施策を重層的に実施し，網目の細かいセーフティーネットを張り巡らせていく必要がある。そのためには，2025年に向けて予算と人と知恵を投入して地域での見守り体制を構築していくべきではなかろうか。特に，自助や共助が困難な地域においては，ひかりが丘団地における取り組みが解決の糸口になればと思う。

7 埼玉県小鹿野町：想いと組織で関わる地域包括ケアシステム
—— 住民とともに歩むまちづくり

1 地域紹介

埼玉県小鹿野町は県の西北部に位置し，2015（平成27）年4月1日現在，人口は12,651人と減少傾向にあり，高齢者人口4,059人，高齢化率は32.08％と過疎化が進んでいる。一方，古くから宿場町として産業経済，文化・歴史が発展した緑豊かな「花と歌舞伎と名水のまち小鹿野町」と表されるように，祭りや文化の伝承を通じたそれぞれの地域ならではのつながりは町の強みといえる。

小鹿野町は，1953（昭和28）年に県内唯一の町立病院を建設して地域医療を実践し，1959（昭和34）年以降，養護老人ホーム等の建設や在宅介護支援センター，訪問看護ステーションなどを立ち上げ，医療・福祉の充実を図ってきた。また，保健活動では昭和50年代初頭より町基本構想「健康で明るく住みよい町」に基づき，保健師等が予防活動や訪問活動を行うことで地域に入り込み，地区組織の育成等，住民とともに生活習慣改善の実践に取り組んできた。1991（平成3）年には高齢化社会に向け，保健・医療・福祉が連携し健康づくりを推進するため「健康の町宣言」を行っている。

2 事業の経過と概要

小鹿野町は，「住み慣れた地域でいつまでも健康であり続けること」を最大の目標・願望とし，必要となったときにはすぐに適切な医療や介護が受けられ，安心して生活できるシステムとして，保健，医療，介護，予防，住まい，生活支援サービス等が切れ目なく，一体的に提供される「地域包括ケアシステム」体制を確立させ，有機的な連携に努めている（図6-8）。

地域包括ケアシステムは人が人のためにサービスを提供する連携システムで

図6-8 想いと組織で関わる地域包括ケアシステム

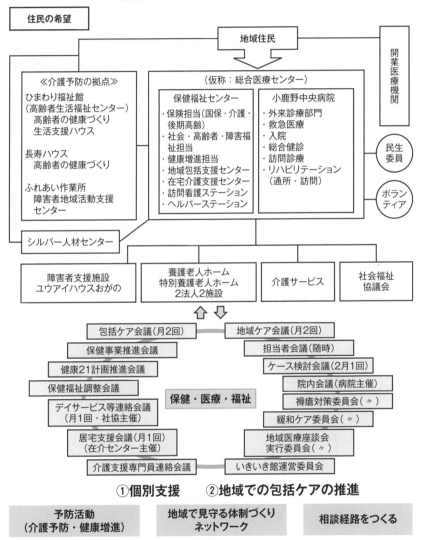

あるため，①相談者の想いを大切にして信頼関係を築き，最大の支援の提供を目指す，②ケースの状況を共有し，ケース中心のケアの一貫性を保つ，③各職種が主体性をもって力を合わせる，④それぞれが役割の理解と認識を深める，⑤職員個々の資質向上を目指す等を意識して，ケースに関わる職員一人ひとりが想いでつなぐチームケアを進めるために動いている。各種連携会議や個々のケースを重ねることで，問題意識のある事例については，どこの相談で浮かび上がっても，つながったシステムにより，関係者間で共有化された支援が地域で受けられるようになっている。

多くの住民は，ずっと住み慣れた家で馴染みの地域の人たちと安心して暮らしたいと望んでいるが，高齢化とともに単身世帯や老老世帯の増加，地域の弱体化も見られ，支える人の負担の増加や介護力の低下が起きている。また，緩和ケアや慢性疾患の療養など医療行為の多い療養者の増加や，認知症による能力の低下などのある高齢者など，多くの課題もある。そのため，予防や相談機能の充実，対象者把握による早期対応，地域でのネットワークを生かした見守り体制強化の展開と個別支援を行っている。

3 事業の具体的内容

①予防の推進

多くの人が参加しやすい行政区ごとに，介護予防や健康づくりに関する身近な集いを数多く開催している。声をかけ合って集まり，馴染みの人々と気軽に話したりできる機会は孤立化の防止となり，支え合いの強化につながっている。

また2009（平成21）年度からは，介護の要因として増えている認知症対策を取り上げ，個人だけでなく周囲の関わりについて理解を深めるよう認知症サポーター養成講座を計画し，さらに介護者の支援として家族会の運営，傾聴ボランティア講座等を実施している。

②相談機能の充実や早期対応の強化

直営の地域包括支援センターは毎年，チェックリストに基づく調査を実施して高齢者のフォローをするとともに，経年の経過からの判断や事業等を通じて

地域の情報を把握してハイリスク者を家庭訪問したり，高齢化の進んだ地域の訪問強化などを行っている。また，困り事が起きたときに早期対応することを意識し，地区担当の保健師等が訪問や状況把握に努め，支援に向けて動いている。

要介護認定申請時には地域包括支援センター職員が面接して状況把握に努め，適切なサービスにつなげるとともに，ケースにより継続的に関わりをもつようにしている。

③地域で見守るネットワークの強化

民生委員や老人クラブの活動のなかでも，声かけが進められている。また20～30世帯ごとに健康サポーターを設置し，住み慣れた地域で馴染みの人たちとの健康づくりを展開している。地域包括支援センターでは，それぞれの組織に依頼するだけでなく，介護者・支援者も支える関わりを意識的に行うことがネットワークの支援と考えている。

また，認知症対策として高齢者見守りネットワーク会議も開催している。高齢者のみでなく，障害担当や生活保護といった行政機関や医療など関係機関も既存のシステムを活用し，役割分担や効果的な関わりができるよう連携を図っている。

④セルフ・ネグレクトへの対応

地域での課題の一つとしてセルフ・ネグレクト事例があり，受診行動が困難になったり，体力の衰えや意欲の低下により生活が困難になる人がいる。本人が了解して解決に向かうためには，信頼関係をつくり，介入する場合でも緊急性や介入時期の判断を検討し，多機関で調整を図った上での計画的な対応が重要である。セルフ・ネグレクト事例からの学びは多くあるが，できるだけ課題が複雑化しない早期に関わることが大切であり，関わりが始まった後も，地域包括支援センターの職員は本人だけでなく，介護者や支援者の苦労を知り，その人たちを支える意識をもつことが必要である。

4 まとめ・今後の課題

　地域包括支援センターは高齢者だけでなく，住民を対象とした健康づくり担当と連携し，介護予防と生活習慣病予防も含めた健康づくりを意識し，生涯を通じた途切れのない関わりの継続や，予防からリハビリテーションまでの一貫した支援の提供を行うことで，個人だけでなく広い視点からの地域づくりを行うことが可能となっている。

　日々の生活のなかで病気や近隣の変化に気づき，相談につなげることや支え合いの気持ちを当たり前に行える関係を継続できる仕組みを検討し，そこに関わる支援者は，専門職としていかによい支援が行えるかを意識し援助技術の向上に努めたい。

第7章

今後の課題

セルフ・ネグレクトの人への支援のために

　ここまで、セルフ・ネグレクトの基本的な考え方や現状、対応や予防のためのポイントなどについて、事例も交えながら紹介してきたが、最後に、セルフ・ネグレクトの人を1人でも少なくしていくために、今後考えていかなければならない課題についてまとめる。

1 セルフ・ネグレクトの判断基準の明確化と支援のあり方

1 判断基準の明確化

　セルフ・ネグレクトについては、海外でもわが国でもいまだに明確な統一された定義が定められていない。これは、セルフ・ネグレクトという概念が非常に幅広い概念であり、具体的にはどの範囲の状態（横軸）がどの程度の状態（縦軸）であればセルフ・ネグレクトとするのか、という基準をつくることが難しいためである。海外ではコホート研究等により、少しずつセルフ・ネグレクトは死亡率が高いことが報告されているが、疫学的な調査は日本ではまだ行われておらず、要因やリスク要因についても、海外の過去の文献やわが国の少数の研究者による知見の結果から導かれたものに過ぎない。
　また、明確な他者からの権利侵害である高齢者虐待と異なり、自らの意思でセルフ・ネグレクトの状態にある人もおり、安易にセルフ・ネグレクトと断定し、何らかの強制力を自治体や専門職がもってしまうことは、権利侵害になる可能性もある。そのため、セルフ・ネグレクトの定義を明確にし、基準を作成するにあたっては、行政の権限行使が個人の権利・利益を侵害することがないように十分に配慮する必要がある。
　しかし、今、多くのセルフ・ネグレクトの高齢者が自己の心身の安全や健康が脅かされる状態に陥っているということも事実である。セルフ・ネグレクトの定義や基準を明確化することはもちろん重要な課題ではあるが、現場ではそ

れを待つのではなく，専門職として客観的に支援が必要な状態に着目し，その生命・生活を守ること，つまり，援助専門職が専門家として客観的に支援が必要と考える状態に対して，いかに対象者の権利を尊重しながら介入していくかが重要である。

2 セルフ・ネグレクトの人への支援のあり方

例えば，高齢者虐待のネグレクトとセルフ・ネグレクトを考えてみたとき，第三者によるものであるか，本人自身によるものかの違いであるが，高齢者の置かれている状況に変わりはない。高齢者虐待では，高齢者が虐待と自覚しているかどうかにとらわれずに，客観的に判断して，本人の権利・利益を守るために虐待として対応している。しかしセルフ・ネグレクトは本人が行っている行為であるため，セルフ・ネグレクトに陥らせている高齢者自身の意思を尊重しながら支援をしていく，あるいはその自己決定が合理的でない場合には，自己決定を含めて支援する必要があるということである。

つまり，まずは客観的に支援が必要かどうかを判断し，その後にその人の人権を尊重しながら支援できるか，あるいは高齢者をエンパワメントし，生きる意欲をもたせ，生命や健康を損なわない自己決定ができるように支援する方法を検討することになる。しかしその判断にしても，人の価値観に関わるので，それぞれの専門職により，また同じ専門職でも個人により異なると思われる。本人の価値観やこれまでのライフストーリーを知り，支援者の価値観を押し付けることなく，関わる支援者による会議により方針を検討し決定していくことが必要であろう。

2 法整備・体制の構築

1 受診や保護などの介入が認められる法律や制度の整備

セルフ・ネグレクトに直接介入できる法の裏付けがないなかで，対応する地域包括支援センター等の職員・支援者は極めて苦慮している。高齢者虐待防止

法に含まれていないために対応が難しいことは，すでに議論になっているところである。しかし，だからといって何もしないわけにはいかない。組織的にセルフ・ネグレクトを発見できるシステムはまだ日本には整っていないが，津村[1]は，東京，大阪の事例では職員が介入することにより，約5～7割に生活等の改善が見られたと報告している。また，現在の老人福祉法でも，高齢者の安全や健康を守ることが定められているので，まったく法制度がないわけではない。

高齢者の安全と健康を守る行政や社会の責任から，高齢者の自己決定への一定の介入が認められる必要があるのではないだろうか。セルフ・ネグレクトは，自立度が高くても，精神疾患などを抱え服薬がされていないことや，地域との関わりをもたないことから，支援が必要になっても助けを求めない可能性があり，生命に関わるリスクが極めて高いと考えられる。もちろん，本人の人権の問題があるため，他者による強い強制力が発動されることには慎重になる必要があるが，明らかに生命や健康が損なわれている状態に陥っている場合には，受診や保護などの介入が認められる法律や制度の整備が必要であると考える。

2 チームで対応する体制

直接的な法の裏付けがないため，対応する職員や支援者が熱意のみで対応してしまうことにより，職員や支援者が疲弊し，バーンアウトにつながることもある。セルフ・ネグレクトに積極的に対応することにより，時には法律に抵触する可能性があることも考えなければならない。ではどうしたらよいのか。高齢者虐待の判断であっても，職員1人や1機関のみで対応することがないように，行政と地域包括支援センター，関係機関を含めて会議でセルフ・ネグレクトを判断し，チームで対応することが必要である。セルフ・ネグレクトに対する「法整備」や「明確な基準や根拠」が示されていないため，職員や関係機関により認識が異なり，温度差が生じやすいが，本書で示したアセスメントツール（第4章参照）などを活用して，複数で議論することにより，判断はより公平で客観的なものになる。

セルフ・ネグレクトは本人の生き方を尊重しながら，生命・健康・生活を守ることを同時に行っていかなければならないため，孤立死の転帰を迎えること

もある。また近隣の苦情から把握されたケースでは，本人の価値観を尊重しながら近隣にも理解を求めなければならない。会議で，支援方針・目的や役割分担について共有し，計画を立てて対応していくことが必要である。また訪問した際に，生命の危険が予測され，緊急に対応しなければならない事態に直面した場合は，警察に通報したり，上司にも判断を仰ぐなど，職員・支援者も自身を守ることをしながら迅速に対応していくことが望まれる。

3 自己決定を支える支援者の育成

1 専門職の育成と支える体制

次に，対象者の「自己決定」を専門職がどう支援するかも含めて，支援者の育成及び体制の課題がある。マンパワーが不足しているなかで，セルフ・ネグレクトの人を頻繁に訪問し，信頼関係を構築していくには，相当な粘り強さとモチベーションの高さが求められる。訪問して「怒られる」「怒鳴られる」「無視される」体験は，支援者の自尊心を低下させ，疲弊させる。拒否する人の心理，拒否する人にどのように対応するのか，あるいは拒否された後にモチベーションをどう保てばよいのかなどについて，関わる支援者が研修等を受講できる体制が必要である。一方で，支援者のコミュニケーション等に関するスキルを向上させることも大切だが，支援者が罪悪感を抱いたり，本人の孤立死という事態になっても自分を責めることがないよう，チームで支援する体制を整えることが求められる。

2 インフォーマルな支援の活用と地域ケアシステムの構築

現在の地域包括支援センターなどではマンパワーが不足しており，センターの職員だけでは対応が手遅れになる可能性がある。セルフ・ネグレクトに陥ってから対応する，あるいは孤立死してから早期に発見するのではなく，潜在的なセルフ・ネグレクトのケースを早く発見し支援するためには，住民との連携，見守りネットワークやボランティアの育成，企業等の民間活力も導入すること

が効果的である（当然ながら，住民やボランティア等も一定の研修を受ける必要がある）。

地域包括ケアが地域の特性にあわせて各自治体で進められているが，セルフ・ネグレクト高齢者が網の目からこぼれ落ちないよう，セーフティーネットを何重にも組み合わせ，セルフ・ネグレクトに陥らない予防の観点を取り入れた地域ケアシステムの構築が望まれる。

4 今後の調査研究の課題

1 エビデンスの追究

セルフ・ネグレクトに関しては，日本のみならず，研究先進国においてもいまだ研究途上と考えられる。特に,その概念規定が明確にされていないこと，要因やリスクファクターが明らかにされていないことが課題である。しかしアメリカの調査結果などから推察すると，日本においても多くのセルフ・ネグレクト事例が発生しているものと予想され，そうだとすれば，高齢者が増えていく日本におけるセルフ・ネグレクトはますます増加する可能性がある。今後は研究を進めるとともに，日本の実態に基づいた予防策や具体的な支援の方策をさらに検討していく必要がある。

セルフ・ネグレクトは非常に複雑な構造をもつ概念である。認知症，精神疾患，アルコール問題，慢性疾患など，何らかの心身機能の低下によるものばかりでなく，さまざまなライフイベントや人間関係のトラブル等でもセルフ・ネグレクトに陥ることがある。セルフ・ネグレクトに至る要因に関しては，追跡研究などエビデンスに基づいた原因論ははっきりしていない。一方で先行研究からは，前述したようなリスクファクターと考えられる要素が見られている。これらはさらに精査していく必要がある。

筆者らは，セルフ・ネグレクトの概念を「主要な概念」と「悪化及びリスクを高める概念」に分類し，また，現時点での「リスクアセスメントシート」「アセスメントシート」「介入の緊急度・状態の深刻度アセスメントシート」を，過去の文献や調査結果から何度もディスカッションを繰り返した結果として本

書で示した。しかしこのアセスメントツールについても，今後調査研究を進めていく上で修正や追加が行われることになると思われる。あくまでも現時点での研究結果からの成果物として活用していただき，実践の現場から修正や追加の意見をいただきたい。

今後のセルフ・ネグレクト研究は，実態調査から予防及び介入方法を検討する上で，そのリスクファクターの特定が必要である。そのためには，今後はリスクファクターを特定するツールの開発，それを使用した実態調査や追跡研究のような，より実証的な研究への発展が不可欠である。

2 対象者の拡大

高齢者のセルフ・ネグレクトについてはわが国でも，実態把握や対応方法の研究がわずかではあるが行われてきたものの，高齢者以外のセルフ・ネグレクトの実態はほとんど明らかにされていない。しかし，アメリカの調査結果からは，障害者のセルフ・ネグレクトも多数報告されている[2]。今後は，高齢者以外のセルフ・ネグレクトの実態について明らかにし，若年におけるセルフ・ネグレクトのリスクファクター，若年のセルフ・ネグレクトが高齢者へと移行するのかを検討する必要がある。それにより，高齢者のセルフ・ネグレクトを予防することにもつながるであろう。

少子高齢化の進展により，わが国のセルフ・ネグレクトを巡る問題はますます深刻化すると思われる。高齢者のみならず，若年者を含めたセルフ・ネグレクトの予防・支援施策の発展に，筆者らの研究や本書が少しでも貢献できれば幸いである。

文献

1) 津村智恵子：セルフ・ネグレクト防止活動に求める法的根拠と制度的支援，高齢者虐待防止研究，5(1), 61-65, 2009.
2) Duke, J.：A National Study of Self-Neglecting about Adult Protecting Services Client, National Aging Resource Center on Elder Abuse，1991.

索引

あ

アウトリーチ	134, 271, 288, 293, 299
アカウンタビリティ	148
悪臭	7, 138
アセスメント	151
アセスメントシート	152
アセスメントツール	152, 317
足立区生活環境の保全に関する条例	274
アルコール依存症	89, 112, 168, 186, 236
アルコール関連障害	89
アルコール性肝障害	218
アルツハイマー病	87
安否確認	107, 116
生きづらさ	146
医師	36, 78
意識障害	89, 91
一時保護	100
意図的なセルフ・ネグレクト	58
いのちをつなぐネットワーク事業	292
医療機関	140
医療保護入院	81
陰性症状	84
うつ病	80, 83
栄養障害	91
栄養不良	79, 111
エンパワメント	71, 144, 313
遠慮	17, 43
オレム, D.E.	3

か

介護	19
介護サービス事業所	140
介護・世話の放棄・放任	21, 98
介護保険	111
介護保険法	93, 95, 145
介入の緊急度・状態の深刻度アセスメントシート	153, 158
家族支援	193, 201
家庭内の不潔	9, 40
看護診断	4, 15, 134
感情障害	83
奇異	8
キーパーソン	189, 221
気兼ね	17, 43
危険因子	15
器質性精神病	87
希死念慮	165
虐待	19
境界性パーソナリティ障害	90
共助	278, 292, 300
強迫神経症	90
居宅介護支援事業所	140
拒否	38, 118, 135, 181, 209, 214, 230, 254
緊急ショートステイ	184
緊急避難	115
金銭管理	8, 260
近隣トラブル	133
苦情	123, 133, 138
ケア会議	35, 73, 153
ケアマネジャー	96, 145
経済的虐待	21, 98
経済的困窮	19, 138
警察	99, 140
ケース会議	125
権利侵害	62, 312
権利擁護	104, 287
後期高齢者	298
公助	278, 292, 300
甲状腺機能低下症	88
行動・心理症状	87
高齢アメリカ人法	56
高齢者あんしんセンターサポート医事業	269
高齢者虐待防止ネットワーク	140
高齢者虐待防止法	3, 21, 55, 92, 96, 117, 286
高齢者見守りネットワーク	148
個人情報保護法	14
こだわり	121, 248
孤独死	12, 24, 33, 47
ゴミ屋敷	7, 40, 46, 76, 78, 119, 151, 187, 193
ゴミ屋敷条例	274

ごみ屋敷対策事業	273
コミュニケーション	18, 74, 222
コミュニティづくり	36
孤立	8, 18, 33, 123, 135, 186, 193, 219, 298
孤立死	12, 24, 33, 47, 139, 141, 292, 299, 314

さ

災害	12
財産管理	8
財産権	44, 78, 115, 275
サバイバーズ・ギルド	20
サロン	304
市営ひかりが丘住宅における相談・生活支援モデル事業	298
自己決定	36, 62, 68, 72, 315
自己決定権	92
自己放任	21
自殺	23, 80
自助	278, 292, 300
自治会	107, 117, 123, 140
執行権	44
質問調査	99
児童虐待防止法	93
シニアクラブ	150
社会的孤立	15, 18, 31, 46
社会福祉協議会	123, 140, 295
借金	258
住環境の悪化	9
住居侵入罪	113, 114
自由権	69, 118
腫瘍性疾患	88
手話通訳士	225
障害者虐待防止法	93, 98
症状性精神病	88
消防	140
障老介護	19
ショートステイ	35, 86, 184
初回訪問	77, 107, 175, 220
食中毒	121
食欲不振	81
徐脈	111
事例検討会	72
ジレンマ	59, 72
心気症	90
神経症性障害	90
人権侵害	93
身体拘束	98
身体的虐待	21, 98
心理的虐待	21, 98
ストレス	90
ストレングス	289
スネップ	17
生活再構築	75, 199
生活不良	79
生活保護	167, 196, 208, 229, 234, 236, 258, 292
精神科医	110
精神疾患	16, 110, 125, 133, 185, 193
精神保健指定医	81
精神保健福祉センター	112, 126, 134, 153, 179
精神療法	84
生存権	70, 92
性的虐待	21, 98
制度の狭間	168
成年後見制度	69, 86, 103, 112, 133, 226, 241
成年後見人	103, 134, 191, 226, 244, 263
セーフティーネット	272, 293, 305, 316
説明責任	148
セルフケアの不足	9
セルフケア理論	3
セルフ・ネグレクト	2, 21, 68, 78, 92, 151, 237, 269, 286, 312
セルフ・ネグレクトアセスメントシート	155
セルフ・ネグレクト重症度スケール	56, 151
セルフ・ネグレクトの構成要素	4
セルフ・ネグレクトの状態	6
セルフ・ネグレクトの定義	2

セルフ・ネグレクト予防ネットワークシステム	141, 143
セルフ・ネグレクトリスクアセスメントシート	154
前頭側頭型認知症	87
全般性発作	89
全米高齢者虐待問題研究所	2, 56
躁うつ病	83, 174
早期介入	152
早期発見	152, 297
双極性障害	83
喪失感	19
測定尺度	151
底つき	112
措置	94, 100, 105

た

対応困難事例	140
大規模団地	298
体重減少	79, 91
ダイヤー,C.B.	15, 56, 151
多職種連携	125
立入調査	99
脱水	111, 117, 134, 211, 224
ため込み	9, 40
ためこみ症	43
多問題家族	201
団地	298
地域ケア会議	72, 96, 145, 289
地域住民	140, 149, 152, 294
地域特性	144
地域福祉ネットワーク	293
地域包括ケアシステム	306, 316
地域包括支援センター	46, 111, 116, 123, 126, 128, 140, 286, 299, 313
地域力	297
チームアプローチ	290
チームワーク	149
中核症状	87
中枢神経変性疾患	87
聴覚障害	219
貯蔵症候群	41

通報義務	99
低栄養	134, 224
ディオゲネス・シンドローム	57
低体温	111
てんかん	89
統合失調症	79, 84, 186
頭部外傷	87
トータルサポート	280
閉じこもり	18
独居	33, 47, 163, 236
独居高齢者	33, 210, 219, 228, 258

な

日常生活自立支援事業	69, 224
日本司法支援センター	232
認知行動療法	84
認知症	16, 68, 81, 87, 111, 133, 168, 193, 226, 258
認知症サポート医	112, 269
ネグレクト	19, 21
熱中症	111, 169
ネットワーク	34, 72, 140, 293
脳血管性認知症	87
脳腫瘍	87
ノーマライゼーション	81

は

パーソナリティ障害	90
パートナーシップ	144
バーンアウト	72, 291, 314
配食サービス	213, 224, 232, 249, 261
ハイリスク者	132
バレンスパトリエ	82
反社会性パーソナリティ障害	91
阪神淡路大震災	12
東日本大震災	12, 20
引きこもり	17, 80
ピック病	87
ビューティフル・ウィンドウズ運動	273
ヒューマンネットワーク	142

評価尺度	151
病的窃盗	91
貧困	18
不安神経症	90
不衛生	7
福祉整理	77
福祉の措置	94
不潔	7, 40
不退去罪	113
部分発作	89
不法侵入	114
プライド	17, 43, 209
ブロークンウィンドウズ理論	273
フローチャート	170
分離	100
弁護士	36, 232
放棄・放任	21
放置	8
法テラス	232
放任	60
訪問看護	103, 110
訪問記録	109
訪問診療	216, 231
ホーディングシンドローム	41, 76
保健師	134, 281, 306
保健所	126, 134, 153
保健センター	126, 134, 140, 153
保護措置	86
保佐人	263
ポピュレーション・アプローチ	54
ボランティア	145, 315
ポリス的	82

ま

見守りサービス	225
見守りシステム	34
見守りネットワーク	141, 142, 149, 180, 309, 315
見守り訪問	132, 169
民生委員	107, 123, 128, 140, 149, 152, 294, 299
妄想	109, 134
モニタリング	145, 148

や

薬物療法	85
痩せ	79, 110, 134
やむを得ない事由	101, 105
陽性症状	84
抑うつ神経症	90
予防	80, 132, 140, 152, 308, 316
予防ネットワークシステム	141

ら

ライフイベント	16
ライフライン	138, 145, 163, 299
リスクアセスメントシート	152
リスクファクター	15, 133, 317
倫理	59
レビー小体型認知症	87
連続飲酒	168
老障介護	20
老人会	150
老人福祉法	93, 94, 314
老人福祉法の措置	95, 101
ロウダー,W.	3, 5, 40
老老介護	19
路上生活者	23
路上放置	186

abc

APS	55, 59
BPSD	87
diogenes syndrome	57
domestic squalor	9, 40
DV防止法	93
hoarding	9, 40
hoarding disorder	43
ICT機器	145
NAAPSA	5, 56
NANDA	4
NCEA	2, 5, 56
SNEP	17
squalor	40

おわりに

　保健師として勤務していた頃，いわゆる「ゴミ屋敷」に住む人や，何度訪問しても「拒否」をしてドアを開けてくれない人に多く出会いました。なかでも印象的だったのは，何度訪問しても1年以上会えなかった人でしたが，ある日，救急隊から，その人を病院に搬送途中であると電話が入りました。急いで病院に駆けつけると，私の名刺の束を持って「何かあったらあなたに連絡しようと思っていた」と嬉しそうに，懐かしそうに話してくれました。私が戸を叩くことで，その人と社会をつなげることができる，他の人とつながる架け橋になることができるのだと確信した瞬間でした。一方で，後悔も多くあります。「ゴミ屋敷」に住む人を何とか説得して，入院してもらいましたが，わずか数日で亡くなってしまったことがあります。「こんなところで，温かいご飯が食べられるなんて…」と言ってくれましたが，今思えば心から喜んでいるようには見えませんでした。

　その人らしい生活を支援すること，これは簡単なことではありません。その人の歴史を知り，どのように生きていきたいかを，時には一緒に考えることが必要です。その人らしい生活を，その人が望む生活に近づけることができたのか，支援者は自問自答を繰り返しながら支援を続けていかなければならない責務があると思います。

　本書を読んで，「拒否」をそのまま拒否として受け止め，手を差し伸べるのをやめてしまうのではなく，「拒否」は何かのサイン，「生命のサイン」「生きようとする叫び」ととらえて，少しでも多くの人が，自分の近くにいるセルフ・ネグレクトの人に手を差し伸べてもらいたいと願っています。セルフ・ネグレクトは，支援を求めることができない人，支援を求める力が低下している人であると考え，支援者から手を差し伸べなければなりません。

　本書の編集に関わってくれた吉岡幸子氏，小宮山恵美氏とセルフ・ネグレクトの書籍を出版したいと熱く語ったときから5年以上が経ったでしょうか。こうして本書を発刊することができ，「セルフ・ネグレクト」を多くの人に知ってもらい，ともに支援をする人を増やすことができれば幸いです。

　そして，本書の執筆に協力していただいた皆様，事例を提供いただいた皆様，これまで研究メンバーとして研究をともに進めてくださった共同研究者の皆様，

現場の視点で多くの示唆と励ましをくださった「看護職のためのエルダーアビューズケア研究会」の皆様に深く感謝申し上げます。また，中央法規出版の塚田太郎氏には，私たちの研究会に足を運んで「セルフ・ネグレクト」に関心をもってくださり，企画から発刊まで多大なご尽力をいただいたことを，ここに厚く御礼申し上げます。

最後に，高齢者虐待研究の先駆者のお一人であり，特にセルフ・ネグレクトについて先駆的に研究を進められていた津村智惠子先生には，私がセルフ・ネグレクトの研究をするにあたり，多くのご助言と励ましの言葉をいただきました。津村先生は今年1月に急逝されましたが，セルフ・ネグレクトについて，特に孤立した高齢者への支援という観点から取り組まれ，多くの示唆を与えてくださいました。心からご冥福をお祈り申し上げますとともに，津村先生の研究成果には及びませんが，先生のご遺志を引き継ぎ，高齢者の孤立予防と孤立した高齢者への支援に尽力できるよう，セルフ・ネグレクトについてさらなる研究・実践に貢献していきたいと思います。

2015年7月

岸　恵美子

本書は，以下の成果の一部であることを申し添える。
- 平成20〜22年度科学研究費補助金　基盤研究（B）「セルフ・ネグレクトに対応する介入プログラムの開発と地域ケアシステムモデルの構築」（課題番号20390577，研究代表者　岸恵美子）
- 平成24〜27年度科学研究費補助金　基盤研究（B）「セルフ・ネグレクト高齢者への効果的な介入・支援とその評価に関する実践的研究」（課題番号24390513，研究代表者　岸恵美子）

編集・執筆者一覧

編集（五十音順）

岸恵美子（きし・えみこ）　※編集代表
　東邦大学看護学部教授

小宮山恵美（こみやま・えみ）
　東京都北区健康福祉部介護医療連携推進・介護予防担当課長

滝沢香（たきざわ・かおり）
　東京法律事務所弁護士

吉岡幸子（よしおか・さちこ）
　埼玉県立大学保健医療福祉学部准教授

執筆（五十音順）

麻生保子（あそう・やすこ）……………………………………第3章4－16～19
　帝京大学医療技術学部准教授

浮文宏（うき・ふみひろ）………………………………………第3章2
　梅島うきクリニック院長

奥田尚子（おくだ・ひさこ）……………………………………第5章
　東京都北区赤羽高齢者あんしんセンター

加藤剛（かとう・つよし）………………………………………第5章
　東京都西東京市富士町地域包括支援センター

岸恵美子（きし・えみこ）……………第1章／第2章1・2／第3章1・4－8～12／第4章3／第7章
　東邦大学看護学部教授

木村正人（きむら・まさと）……………………………………第5章
　東京都荒川区福祉部生活福祉課査察指導員

小長谷百絵（こながや・ももえ）………………………………第4章1
　昭和大学保健医療学部教授

小宮山恵美（こみやま・えみ）……………………第3章4－20・22～24／第6章1
　東京都北区健康福祉部介護医療連携推進・介護予防担当課長

斉藤雅茂（さいとう・まさしげ）………………………………第2章3
　日本福祉大学社会福祉学部准教授

坂本幸恵（さかもと・ゆきえ）…………………………………第5章
　石川県金沢市地域包括支援センターとびうめ

下園美保子（しもぞの・みほこ）………………………………第3章4－5・6
　帝京大学医療技術学部助教

滝沢香（たきざわ・かおり）······第3章3・4－8〜12
東京法律事務所弁護士

寺本紀子（てらもと・のりこ）······第5章
石川県津幡町地域包括支援センター長

中恵美（なか・えみ）······第6章4
石川県金沢市地域包括支援センターとびうめ

野尻由香（のじり・ゆか）······第3章4－1〜4
帝京大学医療技術学部准教授

野村祥平（のむら・しょうへい）······第2章4
法務省横浜保護観察所社会復帰調整官

浜崎優子（はまざき・ゆうこ）······第4章2
金沢医科大学看護学部准教授

林克巳（はやし・かつみ）······第6章5
福岡県北九州市小倉北区市民課長

藤井恭子（ふじい・きょうこ）······第5章
東京都北区みずべの苑高齢者あんしんセンター

細井洋海（ほそい・ひろみ）······第5章／第6章3
兵庫県芦屋市福祉部地域福祉課長

本名良江（ほんな・よしえ）······第5章
埼玉県さいたま市こころの健康センター

松本均（まつもと・ひとし）······第6章6
神奈川県横浜市旭区福祉保健センター担当部長

望月由紀子（もちづき・ゆきこ）······第3章4－13〜15
帝京大学医療技術学部講師

山田大輔（やまだ・だいすけ）······第5章
埼玉県吉川市障がい者相談支援センターすずらん

吉岡幸子（よしおか・さちこ）······第3章4－7・21
埼玉県立大学保健医療福祉学部准教授

吉原治幸（よしはら・はるゆき）······第5章／第6章2
東京都足立区環境部生活環境保全課長

（所属・肩書きは執筆当時）

セルフ・ネグレクトの人への支援
ゴミ屋敷・サービス拒否・孤立事例への対応と予防

2015 年 8 月 1 日 初版発行
2021 年 4 月 15 日 初版第 4 刷発行

編集代表	岸恵美子
編　集	小宮山恵美・滝沢香・吉岡幸子
発行者	荘村明彦
発行所	中央法規出版株式会社
	〒110-0016　東京都台東区台東 3-29-1　中央法規ビル
	営　　　　業　TEL 03-3834-5817　FAX 03-3837-8037
	取次・書店担当　TEL 03-3834-5815　FAX 03-3837-8035
	https://www.chuohoki.co.jp/
装幀・本文デザイン	株式会社ジャパンマテリアル
印刷・製本	新津印刷株式会社

ISBN978-4-8058-5245-3

本書のコピー，スキャン，デジタル化等の無断複製は，著作権法上での例外を除き禁じられています。また，本書を代行業者等の第三者に依頼してコピー，スキャン，デジタル化することは，たとえ個人や家庭内での利用であっても著作権法違反です。

定価はカバーに表示してあります。落丁本・乱丁本はお取り替えします。

本書の内容に関するご質問については，下記URLから「お問い合わせフォーム」にご入力いただきますようお願いいたします。
https://www.chuohoki.co.jp/contact/